Wie Geschwister
Freunde werden

Monika Schloß (Hrsg.)

Wie Geschwister Freunde werden

So helfen Sie Ihren kleinen Rivalen, sich zu verstehen und zu vertragen

Die Oberstebrink Eltern-Bibliothek

Die Oberstebrink Eltern-Bibliothek bietet Lösungen für die wichtigsten Eltern-Probleme und gibt Antworten auf die häufigsten Eltern-Fragen. Von Experten, die in ihrem Fachgebiet auf dem neuesten Wissensstand sind und in ihrer Praxis täglich Eltern beraten und Kinder behandeln. Die Bücher der Oberstebrink Eltern-Bibliothek werden von Kinder- und Jugendärzten, Hebammen, Erzieherinnen, Lehrern und Familien-Therapeutinnen laufend eingesetzt und empfohlen. Eltern schätzen diese Ratgeber besonders, weil sie leicht verständlich sind und sich alle Ratschläge einfach und erfolgreich in die Tat umsetzen lassen.
Eine Übersicht über alle Bücher finden Sie auf den letzten Seiten dieses Buches.

2. Auflage, 2008
© 2006 by Oberstebrink Verlag GmbH
Alle Rechte liegen beim Verlag

Fotos:	Kunterbunt, privat
Gestaltung:	Oberstebrink
Lektorat:	Brigitte v. Waldens
Satz:	AALEXX Druck GmbH
Herstellung:	AALEXX Druck GmbH · Printed in Germany
Verlag:	Oberstebrink Verlag GmbH
	Tel. 0 21 02 / 771 770 - 0 · Fax 0 21 02 / 771 770 - 21
	e-mail: verlag@oberstebrink.de
	www.oberstebrink.de
Vertrieb:	Cecilie Dressler-Verlag GmbH
	Poppenbütteler Chaussee 53 · 22397 Hamburg
ISBN:	978-3-934333-16-0

Geschwister sind nicht nur Rivalen

Von Hartmut Kasten

Geschwister sind ganz normale Kinder. Mit eigenem Kopf, individuellen Eigenschaften und dem Bedürfnis, sich im Familienverbund zu behaupten. Das bedeutet: Geschwister sind Konkurrenten, die um Spielzeug, Süßigkeiten und das letzte Stück Kuchen am sonntäglichen Kaffeetisch streiten, aber vor allem um die Anerkennung und Zuneigung der Eltern kämpfen. Doch sie müssen erkennen, dass kein Kind die ganze Aufmerksamkeit für sich allein bekommt, sondern die Zuwendung der Eltern stets mit den anderen teilen muss.

Das hindert aber kein Kind der Welt daran, alles daran zu setzen, so oft wie möglich das volle Interesse seiner Eltern zu gewinnen. Zugleich wird eifersüchtig darüber gewacht, dass alle gleich behandelt und gleich lieb gehabt werden. Kinder spüren genau, wenn Vater oder Mutter eins von ihnen bevorzugt – das nehmen die übrigen Geschwister ziemlich übel. Es werden Allianzen geschmiedet, Konflikte ausgetragen, Rivalitäten ausgefochten und Positionen verteidigt. Das Kinderzimmer verwandelt sich zum Trainingscamp, in dem sich die Geschwister aneinander messen.

Für die persönliche Entwicklung ist dieses Austesten der eigenen Möglichkeiten immens wichtig. Durch den unmittelbaren Vergleich mit den anderen erkennt jedes Kind seine Stärken und Schwächen – und wird idealer Weise angespornt, an sich zu arbeiten. Hin und wieder ein bisschen Zoff unter Geschwistern gehört einfach zum Familienleben. Das liegt in der Natur der Sache. Solange die Kabbeleien im Rahmen bleiben, gibt es für Sie keinen Anlass, sich Sorgen zu machen.

Kinder streiten – aber sie vertragen sich auch wieder. Denn die Gemeinschaft vermittelt auch Verlässlichkeit und Schutz. Die Ankündigung *„Gleich hole ich meinen großen Bruder"* hat in so mancher handgreiflichen Auseinandersetzung mit Nachbarskindern schon Wunder gewirkt. Abseits von den alltäglichen Rempeleien gehen Geschwister zumeist partnerschaftlich miteinander um. Weil sie viel mehr Zeit gemeinsam verbringen als mit Eltern oder Freunden, werden sie zu idealen Spielgefährten, aber auch zu Tröstern oder Ratgebern in problematischen Situationen. Geschwister können offen miteinander reden, weil sie viel voneinander wissen und sich sozusagen auf gleicher Augenhöhe begegnen. Denn sie haben denselben familiären Hintergrund.

Ebenfalls sollten Sie den Lerneffekt nicht unterschätzen, den Ihre Kinder gegenseitig aufeinander ausüben. Die jüngeren werden sich zuerst immer am Verhalten der älteren orientieren. Sie gucken ab, womit der Große Erfolg hat und machen es nach. Das ältere Kind bringt seinen jüngeren Geschwistern vieles bei, was es selbst schon gelernt hat.

Geschwister erleben Tag für Tag ein Wechselbad der Gefühle: Neid auf den anderen, Enttäuschung, Angst vor Verlust und Versagen – aber auch die Sicherheit von Zusammengehörigkeit und gegenseitigem Vertrauen. Erwachsene haben gelernt, ihre Emotionen unter Kontrolle zu halten. Kinder dagegen reagieren noch impulsiv und zeigen offen, was ihnen passt und was nicht. So kann es leicht passieren, dass die harmonische Stimmung plötzlich umkippt und die Rangelei losgeht.

Das Verhältnis zwischen Geschwistern ist also nicht immer ganz einfach. Aber im Geschwisterleben überwiegen in aller Regel die positiven Elemente. Einen Bruder oder eine Schwester zu haben, bedeutet für jedes Kind in erster Linie einen Gewinn an Sicherheit, Zusammengehörigkeitsgefühl, Vertrauen, Erfahrung im Umgang miteinander und persönlichen Entwicklungsmöglichkeiten, die Einzelkinder nicht erleben. So sagte einmal ein Geschwisterkind über einen Freund, der Einzelkind war: *„Der Ärmste muss die ganze Erziehung allein aushalten."* Die meisten Geschwister bilden innerhalb der Familie ein starkes Team – und das nicht nur im Kindesalter, sondern oft ein Leben lang.

Sie als Eltern können viel dazu beitragen, bei Ihren Kindern die positiven Aspekte des Geschwisterlebens zu stärken. Wichtig ist, dass Sie immer wieder versuchen, die Dinge einmal aus der Sicht Ihrer Kinder zu betrachten: Wie ist das zum Beispiel für ein Kind, wenn sich ein zweites Baby ankündigt und man plötzlich nicht mehr die Hauptrolle in der Familie spielt? Auf einmal soll man der große, vernünftige Bruder sein. Wie hätten Sie an seiner Stelle reagiert?

Dieses Buch wird Ihnen helfen, Ihre Kinder zu verstehen und sie aus diesem Verständnis heraus zu unterstützen, zu fördern und zu führen. Sie können zahlreiche Situationen erleben, die typisch für Geschwisterbeziehungen sind. Dabei erfahren Sie, wie Sie am besten darauf reagieren. Und was Sie unbedingt vermeiden sollten. Lesen Sie, wie andere Eltern mit ähnlichen Situationen fertig geworden sind – selbst schwierige Fälle lassen sich lösen.

Eine glückliche Familie entsteht nicht von allein. Jeder muss seinen Teil dazu beitragen. Nur so kann sich ein tief verankertes Wir-Gefühl entwickeln, das aus einer Familie ein starkes Team macht, das gemeinsam durch Dick und Dünn geht. Leisten Sie als Eltern Ihren persönlichen Beitrag dazu. Gewähren Sie Ihren Kindern den Freiraum, den sie brauchen – aber auch den nötigen Halt, um unbeschwert aufwachsen zu können. Oder um ein altes Sprichwort zu zitieren: *„Kleinen Kindern müssen wir helfen, Wurzeln zu fassen. Großen Kindern müssen wir Flügel schenken."* Denn starke Wurzeln beflügeln.

Geben Sie Ihren Kindern die Wurzeln der Sicherheit und die Flügel der Freiheit. Damit sie die Welt erkunden und immer wieder unbeschadet zurückkommen können. Zurück in eine glückliche Familie.

Ich wünsche Ihnen eine interessante Lektüre und gutes Gelingen.

Zur Person:
Prof. Dr. Dr. Hartmut Kasten ist Frühpädagoge und Familienforscher am Staatsinstitut für Frühpädagogik in München und außerplanmäßiger Professor für Psychologie an der Universität München. Ein Schwerpunkt seiner Forschungs- und Lehrtätigkeit ist das Thema „Geschwister", zu dem es auch zahlreiche Publikationen von ihm gibt.

Geschwister haben oder nicht – was bedeutet das eigentlich?

Von Gabriele Haug-Schnabel

- *„Würdest du dich über einen kleinen Bruder freuen?"* fragt der Vater die kleine Corina. *„Ich würde ihn aus dem Fenster werfen"*, entgegnet das Mädchen.
- Wenige Tage nach dem 5. Geburtstag von Maxi finden seine Eltern morgens vor ihrer Schlafzimmertür den neuen Bären sitzen. Neben ihm ein Zettel mit den Worten: *„liber eine schwesta"*.

Es scheint, Geschwister können entweder heiß ersehnt sein oder total abgelehnt und verwünscht. Emotionen scheinen eine Rolle zu spielen, unbeteiligt lässt dieses Thema kaum jemanden. In Kindheit und Jugend zum Zusammensein verdonnert, zeitlebens verbunden, sich gegenseitig verpflichtet, manchmal in Liebe und Respekt, manchmal in Hass und Verachtung.

Wer keine Geschwister hat, sich aber immer welche gewünscht hat, sieht das Leben mit Geschwistern durch eine rosarote Brille: nie allein sein, immer jemanden zum Spielen und Sprechen, jemanden zur Seite haben, der die gleichen Ideen und Wünsche hat, jemanden, der sogar gegen Elternübermacht hilft, gegen Angst vor Dunkelheit, Gewitter und blöden Klassenkameraden.
Das Einzelkind, das sich Geschwister wünscht, sieht die zuverlässige Gemeinschaft, spürt die Solidarität und erlebt Geschwister als starkes Team. Es sieht aber nicht den Kampf um die Liebe der Eltern, um Anerkennung und den besten Platz. Alles, wirklich alles immer teilen zu müssen, mit einem oder mehreren Schatten an der Seite leben zu müssen und nie genau zu wissen, wie hoch der Eigenanteil am Familienglück ist.
Wer Geschwister hat, weiß, dass mit Geschwistern beglückende und vernichtende Erfahrungen gemacht werden können. Geschwister können als Schutzfaktoren im eigenen Entwicklungsverlauf wirken – sie können aber auch Risikofaktoren sein, die weit über den Auszug aus dem Elternhaus hinaus

Einfluss auf das eigene Leben nehmen. Das haben Geschwisterkinder erlebt und Geschwisterforscher detailliert untersucht.

Geschwisterkinder ahnen nicht, wie mühsam es ist, immer sozialkompetent zu sein, denn das ist die Voraussetzung für Einzelkinder, um Mitspieler zu bekommen, die ja nicht automatisch mit im Zimmer oder im Garten sind. Geschwisterkinder ahnen auch nicht, dass als einziges Kind im Mittelpunkt zu stehen, nicht unbedingt ein Platz an der Sonne sein muss, sondern oft ein „heißer Stuhl".

Freunde können keine Geschwister ersetzen

Geschwistererfahrungen sind nur mit Geschwistern zu machen, übrigens für immer weniger Kinder. Brüder und Schwestern sind etwas ganz anderes als Freunde.

Nur einige Beispiele zum Reindenken und Nachspüren:
- Freunde sucht man sich und kann wählen, Geschwister bekommt man oder findet sie vor.
- Mit Freunden muss man sich verabreden, Geschwister sind immer da.
- Freunde sind meist im gleichen Alter, haben die gleichen Vorlieben, die gleichen Probleme und können vieles gleich gut. Geschwister sind meist älter oder jünger, sie sind jemand „vor mir" oder „nach mir", interessieren sich für meine Themen vielleicht nicht mehr oder noch nicht, können mir aber ein viel breiteres Spektrum an Angeboten machen: Zukunftsvisionen, wie man größer wird, aber auch Rückerinnerung und Nachbearbeitungsmöglichkeiten: *„Wie war das bei mir? „Wie habe ich die Situation empfunden?"*
- Freunde können wegziehen. Über einiges aus ihrem Leben weiß man überhaupt nicht Bescheid, weil man keinen Anteil daran hat. Geschwister bleiben im Normalfall. Man kennt sie besser, manchmal schon in- und auswendig, weiß was ihnen gefällt, ihnen weh tut und was sie tröstet.
- Mit Freunden kann man einfach mal Krach haben, sich eine gegenseitige Auszeit nehmen.
- Bei Geschwisterstreit sind immer die Eltern beteiligt, und man kann sich nicht aus dem Weg gehen.

Die Lebensstil-Forschung macht darauf aufmerksam, dass Geschwister untereinander oft gleiche, aber durchaus auch unterschiedliche Lebensstile wählen. Die älteren Kinder sind meist Vorbild für die jüngeren. Besonders häufig teilen übrigens Schwestern ihren Lebensstil. Es ist aber genau so möglich – und in vielen Familien kann man dieses Phänomen genau beobachten – dass sich die etwas jüngeren Kinder von den etwas älteren möglichst unterscheiden wollen. Um ihrer eigenen Identität willen. Sie suchen nach einer eindeutigen Abgrenzung, vergleichbar mit der manchmal heftigen Abnabelung von den Eltern in der Pubertät.

Warum das so ist, kann man nicht genau sagen, weil zu viele Faktoren eine Rolle spielen. Eine sehr große gegenseitige Sympathie kann für Angleichung sorgen. Aber Temperamentsunterschiede, die Position in der Geschwisterreihe, der Platz in der Geschlechterfolge und -verteilung – all das kann Einfluss in Richtung „ähnlich" oder „nicht ähnlich" nehmen. Es geht auch darum, welche Positionen in einer Familie bereits vergeben sind und welche Nischen noch frei sind: Papas Liebling, Mamas Stolz, die Schöne, der Wilde, die Zarte, der Geschickte, das Sorgenkind, der Sonnenschein.

Jedes Kind trägt seinen Teil zur Familiendynamik bei – als Junge, als Mädchen, als älteres Kind, als jüngstes, als mittleres. Und bei jedem Kind wird von den Eltern etwas anderes bevorzugt wahrgenommen – vorrangig das, was man von sich selbst oder vom Partner kennt, an ihm schätzt, wenn nicht sogar liebt, aber auch was einen an ihm stört oder bislang gefehlt hat. So wie Eltern unterschiedlich wahrnehmen, so erziehen sie auch unterschiedlich. Und die Fremdwahrnehmung durch andere Familienmitglieder, ihr Verhalten und ihre Reaktionen ihm gegenüber, lassen ein Kind einen bestimmten Platz in der Familie bevorzugt einnehmen. In den Familien ihrer Freunde nehmen sie oft eine ganz andere Position ein. Denn mal jemand anderes sein zu dürfen, entlastet.

Alle aus einem Stall – und trotzdem so verschieden

Zwillinge sind besondere Geschwister, eineiige noch besonderer. Eineiige Zwillinge sind sich besonders ähnlich. Eineiige Zwillinge haben bis aufs i-Tüpfelchen die gleichen Gene, sie sind sozusagen natürliche Klone, während zweieiige Zwillinge nur ungefähr 50 % ihrer Gene (genauer gesagt ihrer Allele) gemeinsam haben, also nicht mehr als normale Geschwister auch.

Es liegt nahe, die Ähnlichkeit der eineiigen Zwillinge auf die gemeinsame Genetik zurückzuführen. Es kann aber auch die ähnlichere Umwelt der Beiden sein, die zu größeren Ähnlichkeiten führt. Und tatsächlich fand man heraus, dass eineiige Zwillinge mehr Zeit gemeinsam verbringen, häufiger dieselben Lehrer haben, häufiger im selben Raum schlafen und die Eltern sie ähnlicher behandeln, als das Eltern von zweieiigen Zwillingen tun. Suchen gengleiche Zwillinge vielleicht schon aus eigenem Antrieb gleiche Umwelten auf, und zweieiige Zwillinge teilen ähnlichere Umwelten als normale Geschwister?

In der Wissenschaft gibt es die Begriffe **geteilte** und **nicht geteilte Umwelten.**

- **Geteilte Umwelt** (miteinander geteilt)
  Gemeinsam aufwachsende Kinder erleben z. B. ein ähnliches Familienklima, das entspannt oder spannungsreich sein mag, das geistige, künstlerische oder lebenspraktische Leistungen höher oder geringer einschätzt und deshalb mehr oder weniger fördert. Auch leben Familien in besseren oder schlechteren Wohngegenden, und die Kinder in der Nachbarschaft und in der Schule stammen häufig aus ähnlichem Milieu. Kurzum, Kinder aus derselben Familie erleben deutlich ähnlichere Umwelteinflüsse als zufällig ausgewählte Angehörige einer Vergleichspopulation. Diese Einflüsse kennzeichnen die mit den Geschwistern geteilte Umwelt von Geschwistern. Diese geteilte Umwelt hat z. B. bedeutenden Einfluss auf die geistige Entwicklung von Kindern.
  Geschwister können aber das identische familiäre Erziehungsklima und die für alle gleichermaßen erlebbare tägliche Erziehungspraxis der Eltern unterschiedlich wahrnehmen, weil ihre Wahrnehmung von der jeweiligen individuellen Persönlichkeit abhängt und somit unterschiedlich empfunden und verarbeitet wird.

- **Nicht geteilte Umwelt** (nicht miteinander geteilt)
  Und dann gibt es noch die so genannte nicht geteilte, individuumsspezifische Umwelt, d. h. die Auswirkung unterschiedlicher Behandlung von Geschwistern durch die Eltern, der Einfluss unterschiedlicher Lehrer und Schultypen, unterschiedlicher Freundschaftsgruppen und gewisser Rollenverteilungen zwischen den Kindern in der Familie. Gerade die Persönlichkeitsentwicklung wird entscheidend durch diese ganz persönlichen Erfahrungen, die nicht mit Geschwistern geteilte Umwelt geprägt.

Die Geschwisterforschung zeigt, dass Unterschiede im Entwicklungsverlauf mindestens ebenso wahrscheinlich sind wie vergleichbare Ähnlichkeiten. Geschwister mit demselben Vater und derselben Mutter leben in einer Familie zusammen, sie sind aber zumeist in jeweils anderen Phasen der familiären Entwicklungsgeschichte hinzugestoßen – und das bedeutet einen anderen Start.
So gibt es zum Beispiel:
- das erste Kind, das nicht geplant, aber willkommen war
- das Kind, das möglichst bald nach dem ersten geboren werden sollte
- das Kind nach Ausbildung und Hausbau
- das Kind nach der Krise
- das erste bewusst erlebte Kind
- das Kind, als unsere Freunde schon fast Großeltern wurden
- das Kind in meinem neuen Leben als Atelierbesitzerin
- etc.

Aus genau diesen Gründen müssen sich Geschwister, die ursprünglich in unterschiedlichen Familien starteten, gar nicht unbedingt so viel mehr voneinander unterscheiden. Vielfalt kann Reichtum bedeuten. So lassen große wie kleine Altersunterschiede zwischen den Kindern verschiedene Interaktionen zu, die über das Normalmaß hinausgehende, höchst förderliche Geschwister-Erfahrungen möglich machen. Wenn das Patchwork gelungen ist, wird häufig von Außenstehenden auf die Ähnlichkeit der „Geschwister" hingewiesen. Es sind nicht die Gene, sondern die Familienrituale und gemeinsam gelebten Werte, die alle einbinden, ihren Platz finden und ihre Bedeutung spüren lassen. Ein

Grund dafür, warum in allen Familien-Konstellationen immer das Individuum mit seinen Besonderheiten, Vorlieben, Interessen und Abneigungen zu sehen, zu beantworten und zu schätzen ist.

Zur Person:
Priv.-Doz. Dr. rer. nat. Gabriele Haug-Schnabel, Mutter zweier Kinder, ist Verhaltensbiologin. Sie arbeitet als Privatdozentin an der Universität Freiburg, ist Inhaberin der selbständigen *Forschungsgruppe Verhaltensbiologie des Menschen (FVM)* und Autorin diverser Rundfunksendungen und Fachbücher zum kindlichen Verhalten. Sie ist an mehreren interdisziplinären Forschungs-Projekten beteiligt, bei denen es auch um das Thema „Geschwister" geht.

1 ALTE MUSTER – GLEICHE FEHLER

Als Mutter ein Kind war.
Wie Erlebnisse von früher das Verhalten von heute beeinflussen 19

- Aus Erfahrungen soll man lernen. Tun Sie's! 20
- Von Freud' und Leid, eine Hauptperson zu sein 22
- Gemeinsam gegeneinander oder zusammen gegen die Eltern 25
- Gute Zeiten, schlechte Zeiten: Eltern erzählen 27
- Tun oder lassen: Die Eltern-Ampel 30

2 DIE ANGST VOR DEM TEILEN

„Papi und Mami gehören mir allein."
Warum Geschwister zu Rivalen in Sachen Liebe werden 31

- Brüderchen oder Schwesterchen – Ihr Kind will keins von beiden 32
- Konkurrenz in Mamis Bauch.
  Jetzt braucht Ihr Großes besondere Zuwendung 39
- *„Niemand kümmert sich um mich."*
  Hilferufe, die Sie erst nehmen sollten 42
- *„Auf in den Kampf!"* Kinder wetteifern um Liebe und Anerkennung 47
- Konkurrenz in Kinderschuhen: Eltern erzählen 53
- Tun oder lassen: Die Eltern-Ampel 58

3 NULL BOCK AUF HARMONIE

„Tobias nervt schon wieder."
Was Kinder und Eltern auf die Palme bringt 59

- Typisch Trotzkopf: Immer kommt er den Großen in die Quere 60
- Der Macho im Kindergarten. Kleine Angeber groß im Form 63
- Mit sich und jedem im Clinch. Teenager haben es schwer 65

Inhalt

- Probleme mit der Rangfolge: *„Wer ist hier der Boss?"*   70
- Wenn die Chemie nicht stimmt: Die ungleichen Brüder   71
- Aggressionen ohne Ende. Vielleicht liegt es an Ihnen   73
- Reine Nervensache: Eltern erzählen   75
- Tun oder lassen: Die Eltern-Ampel   78

4 VERGLEICHEN BRINGT ÄRGER

„Nimm dir mal ein Beispiel an Sophie!"
Weshalb Bruder und Schwester nicht zum Vorbild taugen   79

- „Hässliches Entlein" und „Stolzer Schwan". Unterschiede können sehr weh tun   80
- Jedes Kind hat seine starke Seiten. Fördern Sie sie   85
- *„Das schaffst du bestimmt!"* Trauen Sie jedem Ihrer Kinder was zu   86
- Faire Chancen für alle. Zu Hause herrscht kein Wettbewerb   89
- Es lebe der Unterschied: Eltern erzählen   95
- Tun oder lassen: Die Eltern-Ampel   98

5 VOM UNSINN DER GLEICHBEHANDLUNG

„Wen von uns magst du am liebsten?"
Wie Eltern jedem Kind individuell gerecht werden   99

- Zuwendung aufs Gramm genau. Diesen Stress können Sie sich sparen   100
- *„Ich bin ich."* Selbstbewusstsein zeigt Stärke   102
- Papas heimlicher Liebling. Kein Grund, sich schuldig zu fühlen   104
- Ihr Kind, das unbekannte Wesen. Entdecken Sie seine verborgenen Qualitäten   108
- Kämpfe um die Bonbontüte: Eltern erzählen   113
- Tun oder lassen: Die Eltern-Ampel   116

6 PRINZESSIN ODER ASCHENPUTTEL

Jeder macht Theater.
Warum Kinder eine Rolle spielen — 117

- „Das erwarte ich von dir."
  Wenn Vater und Mutter die Regie übernehmen — 118
- Der Traum vom Wunderkind. Was Eltern sich so alles wünschen — 122
- „Mein Bruder ist ein Schwächling." Eine Bewertung mit Folgen — 125
- Vom Applaus überfordert. Der Star der Familie hat es nicht leicht — 127

- Szenenwechsel zwischen Lachen und Weinen: Eltern erzählen — 134
- Tun oder lassen: Die Eltern-Ampel — 137

7 FAMILIENLEBEN MIT HANDICAP

„Alles dreht sich nur um Mischa."
Warum Problemkinder ganz normal behandelt werden sollten — 139

- Krankheit ist kein Tabu.
  Machen Sie die Sache in der Familie zum Thema — 140
- Schuldgefühle. Wenn die Kinderseele Kummer hat — 143
- Gesellschaftsfähig: Gut vorbereitet für die Umwelt — 148
- Zeit für die anderen. Auch gesunde Kinder brauchen Zuwendung — 157

- Schwierig, aber nicht unmöglich: Eltern erzählen — 159
- Tun oder lassen: Die Eltern-Ampel — 161

Inhalt

8 DER KRIEG DER KIDS

Bis die Nase blutig ist.
Wenn im Kinderzimmer die Fäuste fliegen   **163**

- *„Und plötzlich hat er zugeschlagen."* Auch Kinder können hassen   164
- Alles nur Spaß – oder blutiger Ernst? Gratwanderung für die Eltern   168
- Gestörte Familienverhältnisse. Schlägertypen sind hausgemacht   173
- *„Strafe muss sein."* Oder etwa nicht?   179
- Wie ein Wichtel auf Ecstasy: Eltern erzählen   182
- Tun oder lassen: Die Eltern-Ampel   185

9 ZEIT FÜR INTERESSANTE VERHÄLTNISSE

Neues Glück in der Patchwork-Familie.
Wenn aus fremden Kindern plötzlich Geschwister werden   **187**

- Frisch gemischt und bunt gewürfelt.
  Im neuen Verbund ist vieles anders   188
- Beständigkeit hat ausgedient.
  Ihre Kinder brauchen Orientierungshilfe   192
- Alles auf Anfang. Wie sich Positionen verändern   195
- Alles wird gut. Denn Familie hat Zukunft   200
- Villa Kunterbunt: Eltern erzählen   203
- Tun oder lassen: Die Eltern-Ampel   206

1
Alte Muster – gleiche Fehler

**Als Mutter ein Kind war.
Wie Erlebnisse von früher
das Verhalten von heute beeinflussen**

In diesem Kapitel erfahren Sie, ...

- wie stark die Erfahrungen aus der Kindheit
  Ihr jetziges Denken und Handeln beeinflussen
- weshalb manche Probleme von damals noch bis heute wirksam sind
- warum Sie die Verhaltensweisen der eigenen Eltern
  nicht auf die Erziehung Ihrer Kinder übertragen sollten
- warum es nicht leicht ist, ein Einzelkind zu sein
- wie Sie Ihre Kinder aufbauen – aber auch schwächen können
- was andere Eltern aus ihrer Vergangenheit gelernt haben
- was Sie in Zukunft tun oder lassen sollten

Kapitel 1: Alte Muster – gleiche Fehler

Aus Erfahrungen soll man lernen. Tun Sie's!

Wenn Sie selbst mit Geschwistern aufgewachsen sind, werden Sie – als Mutter oder Vater mehrerer Kinder – bald feststellen, dass sich zwischen damals und heute nicht viel geändert hat. Was Sie mit Ihren Geschwistern im Guten wie im Schlechten erlebt haben, hat Sie nicht nur nachhaltig geprägt, sondern wird Ihr Denken und Handeln auch weiterhin beeinflussen. Denn bestimmte Verhaltensmuster aus der Kindheit bleiben ein Leben lang erhalten. Vielleicht wurden Sie selbst schon früh auf eine bestimmte Rolle im Familienverbund festgelegt, die Sie bis heute perfekt weiterspielen. Etwa die Tüchtige, die alles im Griff hat, oder die Verständnisvolle, die für die Fehler anderer stets eine Entschuldigung findet, oder die Mimose, die so sensibel ist, dass sie keine Auseinandersetzung verkraftet.

Sogar die Wahl des Partners kann davon abhängen, wie Sie von Ihren Brüdern und Schwestern behandelt wurden. Denn in der Beziehung zu den Geschwistern wird oft der Grundstein dafür gelegt. Wurden Sie beispielsweise als einziges Mädchen in der Familie von Ihren großen Brüdern beschützt, liegt es nahe, dass Sie sich auch als erwachsene Frau zu einem starken, verlässlichen Beschützer hingezogen fühlen. Vielleicht waren Sie jedoch die dominante Kraft unter den Geschwistern, die gern das Kommando übernahm. Dann könnte es gut sein, dass Sie in einer späteren Zweierbeziehung ebenfalls der Boss sind, weil Sie instinktiv einen Partner ausgewählt haben, der weniger willensstark ist als Sie.

Alte Wunden, die niemals heilen

Was Ihre Geschwister Ihnen vor Jahren angetan haben, kann Sie noch heute beschäftigen. Auch wenn Sie sich dessen nicht bewusst sind: Sobald man an die alten Wunden rührt, beginnen sie wieder zu schmerzen. Das Spektrum der Verletzungen ist immens. Da gibt es den Nachkömmling, der von den Älteren gnadenlos untergebuttert wird und als Erwachsener unter Versagensängsten

Aus Erfahrungen soll man lernen. Tun Sie's!

leidet. Oder die kleine Mollige unter den Mädels, die ihre Minderwertigkeitskomplexe nie losgeworden ist. Während die schöne Schwester, von klein auf an Bewunderung gewöhnt, nun panische Angst vor dem Älterwerden hat. Kinder, die gelernt haben, ihren Willen mit körperlicher Gewalt durchzusetzen, werden später kaum zu Softies mutieren. Sandwich-Geschwister, die altersmäßig zwischen dem erstgeborenen und dem jüngsten Kind liegen, entwickeln sich häufig zu geschickten Diplomaten. Denn sie trainieren von Kindesbeinen an, wie man gegenüber beiden Seiten erfolgreich argumentieren kann.

Zwangsläufigkeit gibt es nicht

- Das alles kann so eintreffen, muss es aber nicht. Jedes Kind hat ein eigenes Naturell und reagiert deshalb in bestimmten Situationen möglicherweise anders als vermutet. Lassen wir also die Schubladen zu – Kinder passen sowieso nicht in genormte Kisten. Spielen wir statt dessen lieber die genannten Beispiele noch einmal durch um zu sehen, dass Geschwister-Beziehungen auch ganz andere Auswirkungen haben können.
- Der kleine Bruder, der von den älteren Geschwistern ständig gepiesackt wird, wird vielleicht eines Tages den Spieß umdrehen und zum Gegenangriff starten. Mit der Zeit kennt er sämtliche Tricks, um sich selbst gegen überlegene Gegner durchzuboxen. Diese Kenntnisse wird er auch später erfolgreich anwenden. Denn er weiß genau: Wer liegen bleibt, hat bereits verloren.
- Das Mädchen, das wegen seines Babyspecks immer neue Hänseleien einstecken muss, braucht deshalb nicht sein Selbstbewusstsein zu verlieren. Irgendwann wird sich vielleicht der Kummer in Wut verwandeln. Und bald steht der Entschluss fest: *„Jetzt zeige ich es allen!"* Mit Zähigkeit und Willensstärke wird die kleine Molly es schaffen, sich gegenüber den anderen zu profilieren und Anerkennung zu finden. Eine Methode, die auch für die Zukunft gut ist. Ihre große hübsche Schwester dagegen nimmt aus ihrer Kindheit die Erfahrung mit, dass man für sein Aussehen etwas tun muss – und gut gepflegt gelassen älter werden kann.
- Auch zu Aggressionen neigende Kinder müssen nicht zwangsläufig dem eingeschlagenen Weg folgen. Vielleicht erfahren sie am Beispiel ihrer Ge-

schwister, dass man durch Fairness und Liebenswürdigkeit genauso schnell und wesentlich leichter zum Ziel kommt. Nicht von ungefähr liefert das Nachahmen von Vorbildern eine wichtige Orientierungshilfe im kindlichen Lernprozess. Vielleicht holen sie sich auch selbst einmal eine blutige Nase, was sie zur Vernunft bringt. Oder sie sind im Kern eigentlich ganz weich und gutmütig – und warten sehnsüchtig darauf, so wahrgenommen zu werden. Hier ist in besonderer Weise das Einfühlungsvermögen der Eltern gefragt, die mit erhöhter Aufmerksamkeit auf die versteckten Signale ihrer ruppigen Sprösslinge achten sollten.

Ebenso wenig ist gesagt, dass die mittleren Geschwister in jedem Fall stets das Beste aus ihrer Position machen. Viele Kinder, die als Nummer 2 oder 3 aufwachsen, fühlen sich gegenüber den anderen im Nachteil, zu wenig beachtet, nicht genug geliebt. Dieser Eindruck des Zu-kurz-Kommens wird sie unter Umständen noch jahrelang begleiten und den Status der Mittelmäßigkeit manifestieren, falls sie nicht ausbrechen und nach der Position an der Spitze suchen.

Wie ein Kind seine Erlebnisse moralisch bewertet, steht auf einem anderen Blatt. Was gut oder böse ist, erfährt Ihr Kind durch die Reaktion der Umwelt, also in erster Linie durch seine Eltern und seine Geschwister. Jeder in der Familie kann dazu beitragen, dass Kinder den Unterschied zwischen Falsch und Richtig begreifen und verinnerlichen. Mit anderen Worten: Das, was die Umwelt als Lehrmeister einem Kind in seiner Entwicklung beibringt, wird sein späteres Verhalten als Erwachsener nachhaltig bestimmen.

Von Freud' und Leid, eine Hauptperson zu sein

Hatten Sie das Glück – oder je nach Sichtweise das Pech – als Erstgeborene(r) auf die Welt zu kommen? Dann waren Sie in jedem Fall etwas Besonderes. Denn Sie hatten das, was sich Ihre Geschwister vergeblich wünschten: die ungeteilte Aufmerksamkeit Ihrer Eltern.

Von Freud' und Leid, eine Hauptperson zu sein

In allen Familien passiert bei der Geburt des ersten Kindes das Gleiche. Alles dreht sich um „Baby One", das so gut wie keine Minute aus den Augen gelassen wird. Kommen später Geschwister hinzu, wird sich diese Beachtung nicht im selben Maße wiederholen. Denn mit jedem Kind wächst die Routine. Die Eltern kennen sich inzwischen bestens aus und wissen – salopp gesprochen – wie der Hase läuft. Zudem ist der Reiz des Neuen, Einzigartigen verflogen, der beim ersten Baby noch voll durchschlug.

Simone de Beauvoir berichtet aus ihrer Kindheit: *„Ich war für meine Eltern ein neues Erlebnis gewesen; meine Schwester hatte weit größere Mühe, sie in Staunen zu setzen oder aus der Fassung zu bringen. Mich hatte man noch mit niemandem verglichen; sie aber verglich ein jeder mit mir."*

Außerdem fehlt den Eltern die Zeit, jedem ihrer Kinder die volle Zuwendung zukommen zu lassen. Geschwister müssen von Anfang an lernen zu teilen – eine Erfahrung, die dem Kind Nummer 1 etliche Zeit lang erspart bleibt.
Die intensive Beschäftigung der Eltern mit dem erstgeborenen Kind führt häufig dazu, dass es über einen vergleichsweise hohen Intelligenzgrad verfügt, der über dem IQ der Geschwister liegt. Denn Jungen und Mädchen, die aktiv gefördert werden, entwickeln sich schnell zu aufgeweckten, wissbegierigen Kindern. Oftmals lernen sie rascher sprechen als Zweit- oder Drittgeborene und besitzen bereits früh ein ausgeprägtes Selbstwertgefühl.
Das ist die eine Seite der Medaille. Es gibt aber auch eine andere. Beim ersten Baby ist noch alles neu und ungewohnt. Aus Besorgnis, etwas falsch zu machen, reagieren manche Eltern übervorsichtig. Wie war das bei Ihnen? Wurden Sie als Kind auch sorgsam behütet, damit Ihnen ja nichts passiert? Diese Unsicherheit der Eltern überträgt sich mit der Zeit auf das Kind. Es wird ängstlich und traut sich nicht, selbständig etwas zu unternehmen, was möglicherweise mit einem Risiko verbunden ist. Die Eltern wollen auch gar nicht, dass ihr Kind auf eigene Faust auf Entdeckungsreise geht. Deshalb wird es sofort „zurückgepfiffen", wenn es sich einmal nicht so benimmt, wie es sich die Eltern vorstellen.
Was aus diesen „lieben" Kindern wird, ist nicht vorauszusagen, weil sich jedes Kind auf seine Art weiterentwickeln wird. So kann es sich gemäß seiner bis-

herigen Lebensspur auch später Menschen suchen, die ihm sagen, wie und wo es langgeht. Oder es wird irgendwann spüren, dass es einen ungeheuren Nachholbedarf an selbst gemachten Erfahrungen hat und nach dem Gefühl von Selbstwirksamkeit dürstet. Und dann gibt es kein Halten mehr. Motiviert, initiativ und aktiv wird auf der Basis erhaltener Zuwendung nach neuen Wegen und Mitgestaltungsmöglichkeiten gesucht.

Konflikt zwischen Strenge und Nachsicht

Erstgeborene werden leicht zu einem Versuchsobjekt in Erziehungsfragen. Frischgebackene Eltern neigen nämlich oft zum Experimentieren. Das Baby schreien lassen oder jedes Mal nachschauen, sich rund um die Uhr kümmern oder sich auch einmal eine Auszeit für persönliche Interessen gönnen, ungehorsame Kinder gleich bestrafen oder Milde walten lassen: Die Auswahl an Erziehungsmöglichkeiten macht eine Entscheidung schwer – zumal Eltern für ihr Kind das Beste wollen. Vielleicht haben auch Sie als Kind das vielfältige Spektrum von konventionell bis antiautoritär kennen gelernt. Dann werden Sie sich daran erinnern, dass ein Hin und Her zwischen unterschiedlichen Erziehungs-Stilen ein Kind stark verunsichern kann. Woher soll es wissen, wie es sich verhalten soll, wenn das, was gestern noch erlaubt war, heute verboten ist? Seien Sie froh, wenn Sie das Versuchsfeld Ihrer Kindheit gut hinter sich gebracht haben. Sicher haben Sie aus dem Verhalten Ihrer Eltern die richtige Konsequenz gezogen und werden bei Ihren eigenen Kindern auf derartige Erziehungs-Experimente verzichten und mehr Struktur und Orientierung vorgeben.
Noch ein Wort zum typisch mädchenhaften Rollenverhalten. Soziologen haben herausgefunden, dass Mädchen mit den klassischen Merkmalen wie Anpassungsfähigkeit, Nachgiebigkeit und sanftem Wesen überdurchschnittlich häufig nur Schwestern haben. Schwestern unter sich verstehen sich in aller Regel besser und gehen auch freundlicher miteinander um. Brüder stören diesen Frieden offensichtlich. Denn kommt ein „Mann" dazu, wird wesentlich mehr gestritten als vorher in der rein weiblichen Gemeinschaft. Brüder ohne Schwestern dagegen vermissen ein weibliches Regulativ in ihren Reihen kaum. Sie

fechten so oder so ihre Machtkämpfe aus; eine Schwester würde da vermutlich nur stören. Ist dagegen eine Schwester vorhanden, verstehen es die Brüder ausgezeichnet, davon zu profitieren. Besonders, wenn die Schwester älter ist und sich um die kleinen Brüder kümmert. Ein Talent, das große Schwestern eigentlich nie ganz verlieren.

Gemeinsam gegeneinander oder zusammen gegen die Eltern

Kommt Ihnen das bekannt vor? Verhaltensstrukturen aus der Kinderzeit, die längst vergessen waren, werden bei bestimmten Anlässen reaktiviert – und plötzlich ist alles wie damals. Familienfeste sind solche Zeitmaschinen, die Verwandte und Anverwandte zurück in die Vergangenheit katapultieren. Das folgende Szenario findet so oder ähnlich alle Jahre wieder an den Weihnachtsfeiertagen in Tausenden von Familien statt.

- Pünktlich zur Bescherung kommen sie aus sämtlichen Himmelsrichtungen angereist, um im Elternhaus nach alter Tradition Weihnachten zu feiern. Die große Schwester mit Ehemann, selbst inzwischen Mutter von drei Kindern. Die mittlere Schwester, trotz Schwangerschaft immer noch voll im Job als Sekretärin im Handwerksbetrieb ihres Mannes. Selbst der kleine Bruder hat es geschafft, diesmal ohne Verspätung einzutreffen. Mit dabei seine Dauerverlobte und zwei Freunde, die er unterwegs getroffen und der Einfachheit halber gleich mitgenommen hat.

„Macht nichts", meint die Mutter zu den Überraschungsgästen. „Der Junge hat immer schon seine Freunde mitgebracht. Hauptsache, er ist überhaupt gekommen." „Na toll", bemerkt die ältere Schwester. „Wenn ich früher mal mit Freunden nach Hause kam, hieß es immer: Das hättest du uns aber sagen müssen, auf Überraschungsgäste sind wir nicht eingerichtet." Damit ist der Startschuss für ein bemerkenswertes Ritual gefallen, in dem die Beteiligten unversehens in das alte Rollenverhalten aus der Vergangenheit zurückfallen. **Martina**, die Älteste der Geschwister, übernimmt das Regiment und erteilt den anderen klare Vorgaben. Die jüngere Schwester deckt den Tisch, Brüderchens Braut soll derweil auf die Kinder ihrer künf-

Kapitel 1: Alte Muster – gleiche Fehler

tigen Schwägerin aufpassen, während Sohn **Markus** und seine Freunde den Auftrag erhalten, die Geschenke hereinzubringen. Martina selbst verschwindet in der Küche, schickt die Mutter raus (*„Du ruhst dich jetzt aus! Das Essenkochen erledige ich"*) und schaut nach der Gans. Gleich darauf steckt Markus den Kopf zur Tür herein: *„He, Schwesterherz, ich will gerade mit Tom und Hannes noch mal in die Stadt auf einen Glühwein. Kümmerst du dich um die Geschenke? Danke, du bist ein Schatz! Zum Essen sind wir bestimmt wieder zurück."* – und verschwindet.

Schwester **Carola** macht sich derweil unwillig ans Tischdecken. *„Immer ich"*, murrt sie. *„Kann das nicht mal jemand anders machen?! Ich habe schließlich bis eben noch über der Buchhaltung gesessen und würde mich gern für einen Moment ausruhen. Aber nein – wenn Martina befiehlt, müssen alle spuren."* Auch **Anke**, die Schwägerin in spe, zeigt sich mit dem Kinderhüten leicht überfordert. *„Was soll ich denn mit den Blagen anfangen? Keine Ahnung. Ich bin doch nicht hierher gekommen, um Babysitter zu spielen!"* Der Vater hört es und bemerkt: *„Wird Zeit, dass du endlich damit anfängst. Wie lange wollt ihr eigentlich noch mit dem Heiraten warten? Wenn du nicht aufpasst, bist du bald zu alt zum Kinderkriegen."* *„Mach' dir keine Sorgen um mein Alter"*, gibt Anke eingeschnappt zurück. *„Und außerdem haben Markus und ich beschlossen, vorläufig keine Kinder zu bekommen. Erst kommt der Beruf, und dann sehen wir weiter."* *„Dummes Zeug! Das ist sicher deine Idee, Markus würde so etwas nie denken"*, wettert der künftige Schwiegervater. *„Aber ich habe ihm ja gleich gesagt, dass du mit deiner Karrieresucht und deinem Emanzipationsfimmel nicht in unsere Familie passt!"* *„Wie kannst du so etwas sagen?"*, nimmt Carola Partei. *„Ich hätte auch viel lieber noch mit dem Baby gewartet, bis es geschäftlich richtig gut läuft. Aber Mutti und du habt mich ja so unter Druck gesetzt, dass meine biologische Uhr bald abläuft. Da habe ich eben kapituliert."*

Sie können sich leicht vorstellen, wie es an diesem Abend weiter geht. Der Vater beharrt auf seinem Standpunkt, die beiden jungen Frauen opponieren, die älteste Schwester bangt um ihre sorgfältige Festtagsplanung, die Mutter wird wie immer bei familiären Zwistigkeiten ihren Migräneanfall bekommen, und der Bruder beschließt, schnellstmöglich nach Hause zu fahren, um doch noch last minute einen Trip in den Süden zu buchen.

Weshalb kommt es ausgerechnet bei Familientreffen, die eigentlich ganz im Zeichen der Harmonie stehen sollten, zu solchen Auseinandersetzungen? Ist es so schwierig, für einige Stunden ohne Streitigkeiten miteinander auszukommen?

Das ganze Jahr über haben die erwachsenen Kinder ihr eigenes Leben mit eigenen Regeln geführt. Jetzt kommen sie zurück in das Haus ihrer Kindheit und treffen auf Eltern, die sie immer noch als Kinder sehen und nicht so sehr als selbständige erwachsene Menschen. Dadurch wird das alte Verhältnis „Eltern – Kind" neu belebt; alle Beteiligten fallen in die traditionellen Muster zurück. Das bedeutet aber häufig, dass verdrängte Konflikte wieder aufbrechen, noch offene Rechnungen beglichen und Schuldzuweisungen hin und her geschoben werden.

Die Beziehung zwischen Eltern und Kindern ist – genau wie die Beziehung zwischen Geschwistern – niemals neutral. Und sie wird es auch niemals werden. Natürlich kann es sein, dass man sich später arrangiert und gelassener miteinander umgeht. Doch gewachsene Strukturen werden bleiben, je nachdem schwächer oder stärker ausgeprägt. Das gilt nicht nur für Differenzen. Auch wenn Geschwister zum Beispiel ein besonderes inniges Vertrauensverhältnis zueinander oder auch zu ihren Eltern haben, wird das ein Leben lang bestehen.

Gute Zeiten, schlechte Zeiten: Eltern erzählen

Viele Eltern erinnern sich noch gut an bestimmte Verhaltensweisen der eigenen Eltern oder Geschwister, die das Zusammenleben in der Familie stark beeinflusst haben. Hier sind einige persönliche Berichte, aus denen Sie vielleicht das eine oder andere für die eigene Situation nutzen können.

Kapitel 1: Alte Muster – gleiche Fehler

- **Esther**, eine junge Frau, die bis heute unter dem Pharisäertum in ihrem Elternhaus leidet, berichtet: *„Bei uns zu Hause war es streng verboten, miteinander zu streiten. Alle Konflikte wurden unter den Teppich gekehrt mit dem Argument: Wir sind eine Familie und müssen uns alle lieb haben. Dabei stimmte das gar nicht. Ich habe meine Schwester nie leiden können, weil sie immer an mir herumerzogen hat. Wenn ich nicht so tat, wie sie wollte, hat sie mich an den Haaren gezogen, geschlagen und bei nächster Gelegenheit bei den Eltern verpetzt. Weder mein Vater noch meine Mutter haben jemals eingegriffen, auch wenn ich mich über die oft ungerechte Behandlung bitter beschwerte. Denn es konnte ja nicht sein, was nicht sein durfte. Also habe ich meine Abneigung unterdrückt, weil ich sonst von meinen ‚lieben' Eltern unweigerlich streng bestraft worden wäre. Bis heute schaffe ich es nicht, ein klärendes Gespräch darüber zu führen. Meine Eltern verdrängen einfach die Wahrheit und stemmen sich dagegen, die Realitäten zu sehen."*

- Nachdenklich stimmt auch der Bericht von **Manuel**: *„Von Anfang an war ich Papis Bester. Ich durfte alles, konnte alles und war überhaupt der King in der Familie. Meine Brüder konnten machen, was sie wollten: Nie bekamen sie von meinem Vater die Anerkennung, die ich für viel weniger erhielt. Klar, dass sich meine Brüder gegen mich verbündeten. Doch es nutzte nichts. Ich war und blieb Vaters Liebling. Selbst als ich anfing, eigene Fehler abzustreiten und meine Brüder fälschlich zu beschuldigen, hat er mir geglaubt. Heute tut mir das leid und ich würde gern mit meinen Geschwistern ein besseres Verhältnis haben Aber der Weg ist verbaut. Meine Brüder haben den Kontakt mit mir schon lange abgebrochen. Andererseits kann ich meinem Vater keinen Vorwurf machen, dass er mich früher immer bevorzugt hat. Dadurch habe ich eine tolle Kindheit gehabt. Aber ich sehe natürlich ein, dass sein Verhalten gegenüber den anderen unfair war, und werde deshalb versuchen, meine Jungs gleich zu behandeln."*

- *"Wir waren zu Hause drei Schwestern"*, erzählt **Marianne**. *"Mit der ältesten habe ich mich prima verstanden. Wir steckten ständig zusammen, haben Freud und Leid geteilt und waren richtig gute Freundinnen. Unsere jüngste Schwester mochten wir aber beide nicht. Die hat immer ‚rumgezickt' und ist ihren eigenen Weg gegangen. Als wir ins Teenager-Alter kamen, wurde es mit der Kleinen fast unerträglich. Allein die Klamotten, die sie damals trug. Man musste sich ja schämen. Überall ist sie angeeckt und hat es bewusst darauf angelegt zu provozieren. Schnell hatte sie sich durch ihr Verhalten einen miserablen Ruf erworben, der auf die ganze Familie zurückfiel. Später als Erwachsene haben wir uns von ihr distanziert, weil es keine Basis für eine gegenseitige Verständigung mehr gab. Übrigens: Inzwischen ist sie nach Amerika ausgewandert, wo sie was mit Kunst aufziehen will. Passt zu ihr, denn was Normales kommt für sie wohl nicht in Frage. Meine große Schwester und ich sind uns auf jeden Fall einig: Wir werden unseren Töchtern niemals erlauben, so auszuflippen wie unsere kleine Schwester."*

- **Jens** hat ganz andere Erfahrungen gemacht: *"Können Sie nachvollziehen, wenn die Geschwister allesamt Supertypen sind, denen alles und jedes im Handumdrehen gelingt – du selbst aber ein kleines Würstchen bist, das Schwierigkeiten mit dem Lernen hat und außerdem nicht besonders gut aussieht? Ich sage Ihnen – es ist die Hölle. Im Kindergarten, in der Schule und später im Studium habe ich mich abgestrampelt, um mit meinen Brüdern konkurrieren zu können. Meine Eltern haben noch Öl ins Feuer gegossen, indem sie mir meine erfolgreichen großen Brüder immer als leuchtendes Vorbild hingestellt haben. Meine Kindheit und Jugend bestand für mich darin, den anderen hinterher zu hetzen. Heute sind wir alle im Beruf, und ich kann eigentlich ganz zufrieden sein. Bin es aber nicht, weil ich mir immer sage, dass ich mit etwas Anstrengung noch mehr erreichen könnte. Meine Familie hat darunter

Kapitel 1: Alte Muster – gleiche Fehler

zu leiden, wenn ich abends über meinem Fernstudium sitze, um mich weiterzuqualifizieren. Meine Frau beschwert sich bereits, ich sei ein Bücherwurm und kein Ehemann. Aber was soll's. Was meine Brüder geschafft haben, schaffe ich schon lange. Denen werde ich es eines Tages schon zeigen."

Diese wenigen Live-Berichte machen deutlich, in welch hohem Maße Kindheitserlebnisse bis heute nachwirken und unser Handeln beeinflussen. Sollten wir diesem Einfluss nachgeben oder besser probieren, aus unseren Kindheitserfahrungen das Beste für uns selbst und für unsere Familie zu machen? Die Antwort ist wohl klar.

Die Eltern-Ampel verdeutlicht noch einmal, was Sie künftig besser tun oder lassen sollten.

Tun oder lassen: Die Eltern-Ampel

- Belasten Sie Ihre Kinder nicht mit der eigenen nicht bewältigten Vergangenheit.
- Übertragen Sie Ihre gespeicherten Verhaltensmuster nicht auf Ihre Familie.

- Erzählen Sie Ihren Kindern von Ihrer Kindheit – Schönes und weniger Schönes – damit sie das Kind in Ihnen entdecken und spüren können.
- Suchen Sie nach dem Besonderen in jedem Ihrer Kinder.
- Lassen Sie Ihre Kinder die Stärken Ihrer Familie erleben.
- Machen Sie nicht alles anders – aber vieles besser.

2
Die Angst vor dem Teilen

„Papi und Mami gehören mir allein."
Warum Geschwister zu Rivalen in Sachen Liebe werden

In diesem Kapitel erfahren Sie, ...

- was für ein weiteres Baby spricht und was nicht
- weshalb Ihr Erstgeborenes die Konkurrenz in Ihrem Bauch fürchtet
- wie Sie Ihrem Kind die Angst vor dem neuen Baby nehmen
- warum Geschwister von Geburt an Rivalen sind
- wann Sie bei Streitigkeiten im Kinderzimmer eingreifen sollten und wann nicht
- wie andere Eltern auf die Rivalität unter Geschwistern reagieren
- was Sie in Zukunft tun oder lassen sollten

Kapitel 2: Die Angst vor dem Teilen

Brüderchen oder Schwesterchen – Ihr Kind will keins von beiden

Eines Tages nimmt die Mutter ihren kleinen Sohn auf den Schoß und sagt: *"Schätzchen, Papi und Mami haben eine große Überraschung für dich. Bald bekommst du ein Geschwisterchen. Jetzt sag' mal: Was möchtest du lieber haben – ein Brüderchen oder ein Schwesterchen?"* Worauf der Kleine lakonisch antwortet: *"Einen Hund!"*

Wenn es Ihnen ähnlich ergehen sollte, reagieren Sie bitte nicht schockiert. Ihr Kind hat zwei aus seiner Sicht nachvollziehbare Gründe, den in Aussicht gestellten Familienzuwachs abzulehnen. Einer der Gründe ist vordergründig und damit leicht durchschaubar. Es wünscht sich schon seit langem nichts sehnlicher als einen Hund (oder eine Katze, ein Meerschweinchen, ein Häschen ...). Also nutzt es die Gelegenheit, das noch einmal deutlich zu verkünden. Der zweite Grund ist subtiler. In Ihrem Kind steckt tief verwurzelt die Angst, die Liebe seiner Eltern in Zukunft teilen zu müssen. Sie meinen, Ihr Kind sei mit seinen drei Jahren noch viel zu jung für solche Überlegungen? Die Wissenschaft hat anderes herausgefunden.

Schon ein neun Monate altes Baby weiß genau, dass es mit seinem Verhalten die Aufmerksamkeit der Umwelt auf sich ziehen kann. Sobald so ein Baby anfängt zu lächeln oder munter vor sich hin brabbelt, macht sich bei den Erwachsenen Entzücken breit. Es dauert nicht lange, bis das Baby gelernt hat, automatisch zu lächeln und zu brabbeln, wenn ein Erwachsener in Sicht ist. Denn es hat in seinem bereits erstaunlich entwickelten Gehirn abgespeichert: Lächeln bedeutet Zuwendung. Zugleich spürt das Kleine schon, dass andere Kinder in seiner Nähe, die sich ebenso bezaubernd verhalten, eine ernsthafte Konkurrenz sein können. Damit ist die Eifersucht vorprogrammiert. Unterschätzen Sie deshalb niemals das Eifersuchtspotenzial bei Ihren Kindern. Selbst die Kleinsten entwickeln mehr oder weniger stark ausgeprägte Rivalitätsgefühle.

Brüderchen oder Schwesterchen – Ihr Kind will keins von beiden

Warum eigentlich noch ein Baby?

Grundsätzlich gibt es keine Regel, die besagt, wie viele Kinder eine Familie am besten haben sollte. Es liegt ganz allein bei Ihnen und Ihrem Partner, ob Sie sich für ein Kind, zwei, drei oder ein halbes Dutzend und mehr entscheiden. Trotzdem will der Entschluss, noch ein Kind zu bekommen, gut überlegt sein. Nicht nur, weil Ihr Erstgeborenes dagegen protestieren könnte.
Vorab sollten Sie sich klar darüber werden, ob Sie überhaupt ein weiteres Kind wollen – und wenn ja, weshalb eigentlich? Nur ein Kind zu haben, bedeutet heute kein Manko mehr. Viele Eltern sind mit ihrem Einzelkind sehr glücklich; immerhin wächst in Deutschland bereits jedes vierte Kind ohne Geschwister auf. Die Befürchtung, Einzelkinder würden sich zu verzogenen Egoisten entwickeln, ist völlig unbegründet. Wenn Sie Ihr Kind rechtzeitig mit Altersgenossen zusammenbringen – vielleicht in einer Krabbelgruppe und später dann im Kindergarten – , hat es beste Chancen, ein ausgewogenes Sozialverhalten zu erlernen.

Kinder, Kinder!
Eins, zwei, drei, ganz viele

Jedes Kind findet seinen Platz in der Familie. Aber auch unter den Geschwistern herrscht eine gewisse Rangfolge. Daraus ergibt sich ein typisches Rollenverständnis.

- **Das Einzelkind**
  Sehnlichst erwartet und streng behütet: Einzelkinder sind für ihre Eltern immer etwas Besonderes. Oft entscheiden sich junge Paare bewusst dafür, nur ein Baby in die Welt zu setzen. Das ist zum Beispiel häufig der Fall, wenn beide berufstätig sind und nicht auf ihre Karriere verzichten wollen. Dieser Elterntyp stellt bereits früh hohe Ansprüche an sein Kind. Es soll möglichst schnell selbständig werden, es soll in der Lage sein, mit anderen Bezugspersonen (etwa einer Tagesmut-

Kapitel 2: Die Angst vor dem Teilen

ter) klar zu kommen und es soll kontaktfreudig und aufgeschlossen auf andere Kinder zugehen.

Es gibt natürlich auch Eltern, die sich zwar mehrere Kinder wünschen, aber nur eins bekommen können. Auf dieses eine Kind konzentriert sich fortan alle Liebe und Fürsorge. Es wird zum Mittelpunkt, um den sich alles dreht. Für Vater und Mutter existiert nur noch eine Aufgabe: Alles Schlimme und Gefährliche von ihrem Goldstück abzuwehren. Eine Haltung, die manchmal in Übervorsicht mündet. Das Kind wird verzärtelt und so abgeschirmt, dass es keine Chance hat, seine eigenen Erfahrungen – auch mit riskanten Ereignissen – zu machen. Solche Kinder bleiben dann lange unfähig, Dinge selbst in die Hand zu nehmen und Verantwortung zu tragen. Sie scheuen Konflikte und neigen auch in späteren Jahren noch zur Ängstlichkeit.

Andererseits stellen Eltern an ihr einziges Kind oft sehr hohe Erwartungen. In allem und jedem wird überdurchschnittliche Leistung gefordert, was rasch zu einer Überforderung führen kann. Damit verbunden ist dann die Furcht vor dem Versagen, die unter Umständen ein Leben lang erhalten bleibt.

Wenn ein Kind im Elternhaus ein starkes Sozialverhalten erlernt hat, wird es sich zu einer anpassungsfähigen Persönlichkeit entwickeln, die neben einem ausgeprägten Selbstbewusstsein auch über Teamfähigkeit und Kooperationsbereitschaft verfügt. Sozial empfindende Kinder sind selten Egoisten, aber durchaus wählerisch in der Wahl ihrer Freunde. Sie suchen sich genau aus, wem sie vertrauen können und wem nicht. Ist die Entscheidung erst einmal gefallen, hält die Freundschaft nicht selten bis ins hohe Alter.

Tipp für Sie:
Vermeiden Sie, Ihr Kind unter Druck zu setzen, damit es Ihre Erwartungen erfüllt. Überprüfen Sie bitte, ob Ihre Wünsche mit den Fähigkeiten Ihres Kindes deckungsgleich sind. Anderenfalls stecken Sie

Ihre Ziele zurück und geben Ihrem Kind die Möglichkeit, sich seinen Begabungen gemäß weiterzuentwickeln. Außerdem ist es ratsam, für Kontakt zu anderen Kindern zu sorgen. Auf diese Weise lernt Ihr Kind nicht nur, mit anderen Menschen umzugehen, sondern erfährt zudem, dass es nicht immer die Hauptperson sein kann – aber trotzdem dazugehört.

- **Das älteste Kind**
Zunächst ist es wie beim Einzelkind: Alles konzentriert sich auf den Stammhalter oder die Kronprinzessin. Aber auch dann, wenn sich ein weiteres Kind anmeldet, bleibt die Mutter in vielen Fällen ihrem Erstgeborenen am engsten verbunden. Denn durch dieses Kind ist sie erstmals zur Mutter geworden – ein Erlebnis, das unauslöschbare Spuren hinterlassen hat.
Diese starke Mutterbindung kann dazu führen, dass das Älteste nach der Geburt eines neuen Babys hypersensibel reagiert. Weil es nämlich bis jetzt die ganze Liebe von Mami bekommen hat und nun fürchtet, diese Zuwendung zu verlieren. Übersteht das Kind seine „Entthronung" jedoch ohne schwerwiegende emotionale Blessuren, nimmt es schnell die Rolle des großen Bruders oder der großen Schwester an. Älteste Geschwister verhalten sich daher häufig dominant, sagen den Kleinen, was sie dürfen und was verboten ist.
Diese Führungseigenschaften, kombiniert mit Durchsetzungskraft und Selbstvertrauen, kommen ihnen später im Beruf zugute. Daher verwundert es nicht, in verantwortungsvollen Positionen häufig Leute anzutreffen, die als Älteste einer Geschwisterschar aufgewachsen sind.

Tipp für Sie:
Geben Sie Ihrem Ältesten genügend Aufmerksamkeit. Denn es ist bis zur Ankunft des neuen Kindes Ihr Ein und Alles gewesen. Unterstützen Sie Ihr Kind in seiner neuen Rolle des „Großen", aber verlangen

Sie nicht zu viel von ihm. Auch wenn Ihr Ältestes schon sooo vernünftig scheint – es ist doch immer noch ein Kind. Stoßen Sie Ihr Ältestes nicht in die Rolle eines Ersatzelternteils. Familienpflichten können Sie angemessen verteilen, aber Elternpflichten sind allein Ihre Aufgabe.

- **Das mittlere Kind**
Zwischen dem Ältesten und dem Jüngsten zu stehen, kann Probleme bringen. Während die beiden anderen viel elterliche Beachtung finden, wird dem „Sandwich-Kind" weniger Bedeutung zugemessen. Eltern halten das mittlere Kind – gar nicht mal böswillig – oft für nicht so „wichtig". Unter diesem Mangel an Aufmerksamkeit haben Kinder, die dazwischen liegen, häufig noch lange zu knabbern. Sie versuchen daher mit allen möglichen Tricks, das Interesse ihrer Eltern zu wecken. *„Seht doch mal, ich bin auch was Besonderes!"* Die einen mimen den Clown, die anderen werden zum Rebellen, die dritten geben den Tollpatsch, dem stets etwas danebengeht. Oder sie werden zu geschickten Diplomaten mit Argumenten für beide Seiten.
Mittleres Kind zu sein, hat aber Vorteile. Weil es nicht im Fokus der Aufmerksamkeit steht, kann es sich bereits früh frei entfalten, wird rasch selbständig und kann seine eigenen Ideen ungestört realisieren. Vielfach lässt sich auch eine Neigung zum Risiko beobachten. Auf Bäume klettern, mit dem Chemiebaukasten experimentieren, sich mit Freunden auf gefährliche Wetten einlassen – die Gefahr, erwischt und bestraft zu werden, ist für ein mittleres Kind wesentlich geringer als für seine Geschwister.
Ein mittleres Kind orientiert sich häufig an seinen älteren Geschwistern oder Spielkameraden. Dazu besitzt es nicht selten eine bemerkenswertes Talent, Kompromisse zu schließen und zwischen verschiedenen Parteien zu vermitteln.

Tipp für Sie:
Ihr mittleres Kind hat es verdient, dass Sie sich intensiv mit ihm beschäftigen. Lassen Sie es nicht um Ihre Wertschätzung kämpfen, sondern geben Sie ihm ein hohes Maß an Zuwendung. Denn es hat viele positive Eigenschaften, die es zu fördern gilt.

- **Das jüngste Kind**
Ob ungeplanter Nachzügler oder heiß ersehntes Wunschkind: Das Nesthäkchen nimmt in jedem Fall eine Sonderstellung in der Familie ein. Weil alle um das Jüngste herum viel älter und größer sind, muss es erst einmal lernen, sich gegen diese geballte Autorität durchzusetzen. So dauert es meist nicht lange, bis aus dem Benjamin ein kleiner Trotzkopf wird. Die Phase des Contragebens kann ziemlich lange dauern. In dieser Zeit lernt das Kleinste perfekt, seinen Willen durchzusetzen – mal mit Bitten, mal mit Schmeicheln, mal mit Charme und mal mit Nerven und Gebrüll.

Dabei kommt den Kleinsten der Babybonus zugute. Während die älteren Geschwister noch „richtig" erzogen wurden, bekommen Nesthäkchen von den Eltern ein Maximum an Freiheit, Nachsicht und Verständnis. Und: die Kleinen verstehen schnell, diese Toleranz für sich zu nutzen.

Das jüngste Kind hat meist den größten Handlungsspielraum, den es zuerst einmal noch mehr zu vergrößern versucht. Hier sind klare, konsequente Grenzen wichtig. Denn weshalb sollte man von sich aus auf eventuell möglichen Spielraum verzichten?

Andererseits müssen die Jüngsten erfahren, dass sie sich noch so anstrengen können – die älteren Geschwister werden immer alles besser wissen und besser können. Dieses Gefühl des Unterlegenseins spornt oftmals die Phantasie an, irgendetwas zu finden, worin man den Großen überlegen ist. Das erklärt, weshalb das Jüngste in einer Familie sich plötzlich für eine Sache interessiert, die für die übrigen noch nie ein

Kapitel 2: Die Angst vor dem Teilen

Thema war. Mit Beharrlichkeit wird sich das Nesthäkchen nun auf sein Spezialgebiet konzentrieren, bis es die nötige Perfektion besitzt, seine Kompetenz zu beweisen und sich so gegenüber den Geschwistern erfolgreich zu profilieren.

Tipp für Sie:
Möchten Sie am liebsten, dass Ihr Jüngstes immer so klein wie jetzt bleibt, damit Sie es möglichst lange verhätscheln und verwöhnen können? Verständlich. Trotzdem sollten Sie es zur Selbständigkeit erziehen und ihm genügend Freiraum zur persönlichen Entwicklung lassen. Wenn Sie von Ihren älteren Kindern etwas enttäuscht sind, weil die Ihre Erwartungen nicht oder nur unvollständig erfüllt haben, dann setzen Sie bitte jetzt nicht alle Hoffnung auf das jüngste Kind. Das wäre im höchsten Grade unfair. Und: Auch ein Nesthäkchen hat ein Recht auf ein individuelles Leben.

Ein zweites Kind heißt auch, als Mutter die eigene Karriereplanung nochmal um einige Jahre zurückzustellen, sofern die Oma nicht bereit ist, zusätzlich zum ersten Enkel auch noch den Neuankömmling tagsüber mitzuversorgen. Sie können natürlich auch überlegen, eine Tagesmutter anzuheuern, falls es die Haushaltskasse erlaubt, oder nach einem guten Platz in einer Tageseinrichtung zu suchen.

Ein zweites Kind bedeutet: Wieder schlaflose Nächte, noch mehr zu waschen und zu putzen, Lärm, Stress und Aufregung. Außerdem vergessen Sie nicht Ihr großes Kind, das jetzt besonders viel Aufmerksamkeit von Ihnen bekommen sollte. Alles kein Problem? Ausgezeichnet!

Zahlreiche Paare planen einen Familienzuwachs im zweiten oder dritten Lebensjahr des ersten Kindes. Die Entscheidung hat vieles für sich. Das Erstgeborene ist aus dem Gröbsten heraus, der Körper der Mutter hat sich von den Strapazen der ersten Schwangerschaft erholt. Außerdem sind die beiden Geschwister altersmäßig nah genug beieinander, um Spielgefährten zu werden.

Aber diese Empfehlung sollten Sie nicht sklavisch befolgen. Was für andere gilt, muss für Ihre Familie nicht unbedingt in Frage kommen. Deshalb wählen Sie in jedem Fall die Lösung, die Ihnen am besten erscheint. Auch ein kleiner Nachzügler kann eine wertvolle Bereicherung für Ihre Familie sein. Selbst dann, wenn Ihr erstes Kind schon zur Schule geht.
Nun werden Sie als verantwortungsbewusste Eltern das Für und Wider genau abgewogen haben, bevor Sie sich für das nächste Kind entscheiden. Jetzt sind Sie erneut schwanger, was für die gesamte Familie erhebliche Veränderungen mit sich bringt. Wie bereiten Sie nun Ihr erstes Kind auf die Ankunft eines Geschwisterchens vor?

Konkurrenz in Mamis Bauch. Jetzt braucht Ihr Großes besondere Zuwendung

Solange Ihr erstes Kind unangefochten die Nummer 1 in der Familie ist, können Sie sich voll auf seine Bedürfnisse konzentrieren. Was aber, wenn zu dem umhegten Einzelkind ein Geschwisterchen hinzukommt? Dann wird sich der Familienalltag grundlegend ändern. Nicht nur für Sie als Eltern, sondern ganz besonders für das „Große", das sich plötzlich in einer völlig neuen Rolle wiederfindet. Dabei kann es Probleme geben.
Um das so weit wie möglich zu vermeiden, sollten Sie Ihr Kind von Anfang an mit in die Schwangerschaft einbeziehen. Je eher es begreift, dass hier etwas ganz Natürliches abläuft und das, was da in Mamis Bauch heranwächst, nichts Bedrohliches ist, desto besser für das spätere Zusammenleben mit dem neuen Baby. Kinderkriegen ist kein Tabu, sondern ein Umstand, der die gesamte Familie glücklich macht. Diese Erkenntnis müssen Sie Ihrem Kind von Anfang an überzeugend vermitteln.
Selbst Zweijährige merken schnell, dass die Mami irgendwie anders geworden ist. Sie tobt nicht mehr mit dem Kleinen herum, nimmt es nicht mehr so oft auf den Arm und hat häufig keine Lust zum Spielen. Statt dessen sitzt sie in sich gekehrt auf dem Sofa, streichelt ihren Bauch, der immer runder wird, und scheint ihren Liebling zuweilen ganz vergessen zu haben.

Sensibel, wie kleine Kinder nun mal sind, wird Ihr Kind bald feststellen, dass Ihr verändertes Verhalten mit Ihrem dicken Bauch zu tun hat. In diesem Moment ist ein wichtiger Punkt erreicht, an dem Sie die Dinge nicht einfach weiterlaufen lassen sollten.

Ihr Kind spürt, dass sich in Ihrem Bauch etwas befindet, das ihm Konkurrenz macht. Bevor sich der Gedanke festsetzt, dass dieses Etwas böse und feindlich ist, müssen Sie gegensteuern. Natürlich können Sie einem Kleinkind von zwei, drei Jahren den Ablauf von Schwangerschaft und Geburt nicht detailliert erklären; aber Sie können ihm in einfachen Worten erzählen, was passiert. Etwa so: *„Stell' dir vor, mein Schatz: In Mamis Bauch wächst ein Baby. So bist du auch mal gewachsen, bis du groß genug warst, um auf die Welt zu kommen. Mit dem neuen Baby dauert es aber noch ein bisschen. Zu Ostern, wenn du mit Papi wieder in den Wald gehst und Eier suchst, ist es bestimmt schon da."* Lassen Sie Ihr Kind am Bauch horchen und streicheln. Wenn sich das Baby dann gerade bewegt, machen Sie Ihr Kind darauf aufmerksam: *„Hast du gesehen – das Baby strampelt. Sicher freut es sich, dass du es so lieb gestreichelt hast."*

Ganz schön aufgeklärt: „Mama, wo kommen die Babys her?"

Kinder im Vorschulalter möchten genauer wissen, wie die Sache mit den Babys funktioniert. Flüchten Sie sich bitte nicht in das Märchen vom Klapperstorch, sondern stehen Sie Rede und Antwort. Sollte sich Ihr Kind also neugierig erkundigen, wie das Baby denn in den Bauch hineingekommen ist und wie es wieder herauskommt, erzählen Sie es. Aber sagen Sie nie *„Dafür bist du noch zu klein!"* So lässt sich ein wissbegieriges Kind nicht abspeisen. Es wird hartnäckig auf das Thema zurückkommen, bis es eine befriedigende Antwort erhalten hat.

Aber wie sag ich's meinem Kind? Am besten so, dass Sohn oder Tochter es verstehen. Praktisch bedeutet das, nur solche Ausdrücke zu verwenden, die Ihrem Kind geläufig sind. Umschreiben Sie beispielsweise die Vorgänge beim Sex mit Liebhaben oder Schmusen. Mit diesen Begriffen kann Ihr Kind etwas anfangen. Möchten Sie lieber gleich mit den entsprechenden Fachausdrücken

Konkurrenz in Mamis Bauch.
Jetzt braucht Ihr Großes besondere Zuwendung

operieren? Dann ist es sinnvoll, diese in Bezug zu den bislang verwendeten Wörtern zu setzen. *„Wie du weißt, haben Jungs einen Pimmel und Mädchen ein kleines Loch unter dem Bauch. Man kann dazu auch Penis und Scheide sagen."*
Es ist auch keineswegs nötig, jetzt einen umfassenden Aufklärungsunterricht zu inszenieren. Zum einen würden Sie den kleinen Fragesteller mit langen Vorträgen und detaillierten biologischen Beschreibungen nur überfordern, zum anderen will er gar nicht alle Einzelheiten wissen. Verfolgen Sie daher eine Häppchen-Strategie: Geben Sie Ihrem Kind auf seine Fragen so viele Informationen wie nötig. Möchte es mehr erfahren, wird es schon fragen – und dann gibt es weitere Häppchen dazu.
Werden Sie bei Ihren Schilderungen nicht allzu abstrakt. Jetzt, wo das zweite Baby unterwegs ist, bietet sich eine ideale Möglichkeit, Ihrem Ersten von seiner eigenen Geburt zu erzählen. Sagen Sie, dass sich Papi und Mami sehr lieb hatten, als sie ihren kleinen Liebling machten. Schildern Sie, wie sehnlich Sie darauf gewartet haben, dass das Baby endlich zur Welt kommt, und wie Sie sich gefreut haben, als es endlich da war. So vermitteln Sie Ihrem Kind, wie wichtig es für seine Eltern war und ist. Sie können auch seine alten Babyfotos mit ihm anschauen: *„Guck mal, wie winzig du damals warst. So klein wird auch das neue Baby sein."*
Eine weitere Möglichkeit, ein Kind auf den Neuankömmling vorzubereiten, ist das Rollenspiel. Mit Puppen oder Spielfiguren können Sie gemeinsam mit Ihrem Kind die neue Situation in der Familie nachstellen. Dabei können Sie gut beobachten, wie Ihr Sohn oder Ihre Tochter mit der Aussicht auf Familienzuwachs zurecht kommt. Oder Sie lassen Ihr Kind ein Bild malen, auf dem die vergrößerte Familie dargestellt ist. Auch daraus können Sie eine Menge ablesen. Steht Ihr Kind zum Beispiel im Mittelpunkt, die Eltern dicht daneben – und wird das erwartete Baby ganz mickrig an den Rand gedrängt? Dann wissen Sie, dass Ihr Erstgeborenes noch Probleme hat. Reden Sie mit ihm über sein Gemälde: *„Schau mal, das Baby ist ja ganz allein. Meinst du nicht, es würde ihm viel besser gefallen, wenn es ein bisschen näher bei dir wäre? Dann fühlt es sich bestimmt nicht so einsam."* Und: Nehmen Sie Ihr Kind in den Arm und geben ihm das sichere Gefühl, nach wie vor geliebt zu werden. Auch wenn

ein neues Kind im Anmarsch ist – zwischen Ihnen und Ihrem Kind hat sich nichts geändert.

Der Prozess, mit dem Sie Ihr Kind auf das Baby vorbereiten, ist keine Sache von einigen Tagen. Bringen Sie das Thema immer mal wieder zur Sprache, damit sich Ihr Kind an den Gedanken gewöhnt, dass bald ein Geschwisterchen ins Haus kommt. Erklären Sie ihm ruhig, dass Kinderkriegen ziemlich anstrengend ist und Mami deshalb öfter müde oder gereizt ist. Ihr Kind wird dann besser verstehen, weshalb Sie manchmal anders reagieren als sonst.

Zeigen Sie Ihrem Kind, dass es gerade jetzt von seiner Mutter gebraucht wird. *„Wenn ich dich nicht hätte, wüsste ich gar nicht, was ich machen sollte!"* Bitten Sie Ihr Kind um Rat und Hilfe: *„Wo soll das Babybettchen stehen? Welche Farbe gefällt dir für das Kinderzimmer am besten? Wie wär's, wenn du aus deinen Babysachen etwas Passendes zum Anziehen für das neue Geschwisterchen heraussuchen würdest?"*. Überlegen Sie gemeinsam, wie das Baby heißen könnte. Holen Sie den Kinderwagen vom Speicher und sehen nach, ob noch alles in Ordnung ist. Und nehmen Sie Ihr Kind das nächste Mal zum Arzt mit, damit es per Ultraschall einen ersten Blick auf das neue Baby werfen kann – bestimmt eine spannende Sache, die es brennend interessiert. Darüber hinaus sollten Sie und Ihr Mann während der Schwangerschaft viel zusammen mit Ihrem Kind unternehmen, damit es nie das Gefühl hat, wegen des Babys zu kurz zu kommen.

Sie können sicher sein: Mit so einem intensiven Vorbereitungskurs aufs neue Baby bauen Sie eine Menge Angstgefühle ab, die bei jedem Kind, dem ein Geschwisterchen angekündigt wird, latent vorhanden sind. Und vielleicht freut sich Ihr Kind dank Ihres Einfühlungsvermögens und Ihrer behutsamen Unterstützung eines Tages genauso auf das zu erwartende Baby, wie Sie es tun.

„Niemand kümmert sich um mich." Hilferufe, die Sie ernst nehmen sollten

Hurra, das neue Baby ist da! Gesund, munter und supersüß. Allerdings: Ihr Kind teilt diese Meinung offensichtlich nicht. Es versteht nicht, wie man dieses schreiende, runzelige Wesen so toll finden kann. Vor allem: Das Baby darf

„Niemand kümmert sich um mich."
Hilferufe, die Sie ernst nehmen sollten

alles. Brüllen, in die Windeln machen, nachts die Eltern aufwecken, während man selbst gar nichts mehr darf. Immerzu muss man still und artig sein, weil man ja schon so „groß" ist. Überhaupt dreht sich alles nur um dieses hässliche Kind, das man – Gipfel der Zumutung – auch noch gern haben soll. Während Sie mit Ihrem Baby den Himmel auf Erden erleben, durchleidet Ihr Kind furchtbare Höllenqualen. *„Niemand hat mich mehr lieb!"* Wenn Sie in dieser Konfliktsituation an das Verständnis des älteren Kindes appellieren, weil es doch schon groß und vernünftig ist, erreichen Sie das Gegenteil. Denn es hat gelernt: Wenn man klein und hilflos ist, bekommt man die ganze Zuwendung der Eltern. *„Deshalb will ich nicht mehr groß sein."*
Mit allen Mitteln wird Kind Nummer 1 nun versuchen, die Aufmerksamkeit von Mami und Papi zurückzugewinnen. Es gewöhnt sich alte Unarten an, die es längst abgelegt hatte, tobt herum, wirft sich auf den Boden, stampft mit den Füßen und brüllt sofort los, wenn ihm etwas nicht passt. Möglicherweise fällt Ihr Kind sogar in die Babyallüren zurück, will plötzlich wieder aus dem Fläschchen trinken oder gepampert werden.
Kurzum: Das ehemals goldige Wesen entwickelt sich bald zu einer Nervensäge, die die Geduld von Mutter und Vater arg strapaziert. Aber enttäuscht wird Ihr „großes" Kind feststellen, dass es mit Ungehorsam nicht weiterkommt. Seine Mutter weist es zurück und schimpft, statt es zu trösten. Eine traumatische Erfahrung für ein Kind, das bislang unangefochten die Hauptrolle in der Familie spielte. Erschrecken Sie nicht, wenn über kurz oder lang die Aufforderung kommt: *„Schick das Baby doch zurück!"* Mit diesem ultimativen Hilferuf will Ihr Kind Ihnen sagen, dass es nicht mehr weiter weiß.
Bestrafen wäre jetzt grundverkehrt. Ihr Kind ist nicht böse, sondern todunglücklich. Lassen Sie zu, dass es seine Wut und Enttäuschung artikuliert. Wenn sie es aber zwingen, seine negativen Gefühle zu unterdrücken, wird die Eifersucht nur noch zunehmen. Das Verhältnis zwischen den Geschwistern ist dadurch von Anfang an stark belastet und wird sich auch später nur schwer bessern. Wenn Ihr Sohn oder Ihre Tochter das neue Schwesterchen oder Brüderchen wieder einmal in die Wüste schicken möchte, nehmen Sie diesen Ärger zum Anlass, ruhig und vertrauensvoll mit Ihrem großen Kind zu sprechen. Machen Sie ihm klar, dass Sie das Baby nicht weggeben können. Denn

„ich habe das Kleine genauso lieb wie dich. Und dich würde ich auch niemals wegschicken." So schaffen Sie es, die angespannte Lage zu entschärfen und Ihrem Kind gleichzeitig zu zeigen, wie viel es Ihnen bedeutet.

Stiller Kummer oder laute Wut

Aber nicht jedes Kind reagiert offensiv auf die neue Konkurrenz. Es ist sogar gut möglich, dass Sie lange Zeit gar nichts von dem Kummer bemerken, den Ihr älteres Kind mit sich herumschleppt. Gerade introvertierte Kinder neigen dazu, das, was sie bedrückt, in sich hineinzufressen. Sie werden stiller und stiller, verlieren ihre sonstige fröhliche Lebendigkeit, verweigern unter Umständen das Essen und werden mit der Zeit richtig krank. Achten Sie zum Beispiel darauf, ob sich Ihr Kind auf einmal wieder wie ein Säugling benimmt. Daumenlutschen, mit dem Schnuller im Mund herumlaufen, ununterbrochen auf den Arm wollen, Angst, im Dunkeln einzuschlafen oder plötzlich wieder ins Bett machen – das alles sind Anzeichen einer problematischen Störung.

Andere Kinder verwandeln sich nach der Geburt des zweiten Babys unerwartet in wahre Musterkinder. So lieb und angepasst waren sie noch nie! Freuen Sie sich nicht zu früh. Auch dieses Verhalten zeigt deutlich, dass irgendetwas nicht stimmen kann. Denn ein Kind ist durchaus in der Lage, sein Leiden vor anderen zu verbergen. Die Spuren auf der Seele, die dieses verborgene Leid hinterlässt, bleiben aber oft ein Leben lang erhalten.

Im schlimmsten Fall äußert sich der psychische Konflikt in einer schlimmen Aggressivität, die sich nicht unbedingt gegen das Baby selbst richten muss. Gott sei Dank kommt es nur selten zu solchen Eskalationen, in denen ältere Kinder den kleinen Bruder aus dem Fenster werfen wollen oder die kleine Schwester mit der Schere traktieren oder mit Haushaltsreiniger füttern. Der Hass wendet sich oft gegen andere, die als Stellvertreter herhalten müssen. Das Haustier etwa, ein Spielzeug oder ein jüngeres Kind aus der Nachbarschaft.

„Warum verhält sich mein Kind so?", fragen sich die betroffenen Eltern verzweifelt. Weil es aus seiner Eifersucht keinen Ausweg mehr weiß. Versetzen Sie sich doch einmal in seine Lage. So lange Ihr Kind denken kann, stand es im Mittelpunkt. Alle seine Fortschritte wurden von den Eltern, Großeltern und

Verwandten mit Begeisterung verfolgt. Ihr Kind war selbstverständlich das schönste, klügste und geschickteste Kind weit und breit. Aber von jetzt auf gleich ist es mit der allgemeinen Bewunderung vorbei. Da zieht ein Rivale ins Kinderzimmer ein, der nur mal zu brüllen braucht, und schon springen die Eltern herbei. Wenn andere Leute zu Besuch kommen, ist das Baby die Hauptperson. Für das erstgeborene Kind interessiert sich keiner mehr. Besonders schlimm: Wenn das große Kind wie früher mit Mami kuscheln will, hat meistens schon das Baby den Platz auf dem Schoß okkupiert und wird gefüttert. *„Gleich, Till. Du siehst doch, ich muss mich erst einmal ums Baby kümmern"*, heißt es dann. Und Till zieht traurig von dannen, während seine Eifersucht auf den unerwünschten Anderen wächst und wächst. Schwer nachzuvollziehen? Dann stellen Sie sich bitte folgendes vor:

„Mein Mann hat eine Neue" – So fühlt sich Eifersucht an

Bei diesem Gedankenspiel werden Sie hautnah erleben, wie sich brennende Eifersucht anfühlt. (Liebe Väter: Natürlich funktioniert diese Geschichte auch anders herum. Ersetzen Sie bitte „die neue Frau" durch einen „neuen Mann". Und schon passt es wieder.)
Bis vor kurzem waren Sie und Ihr Partner noch ein glückliches, verliebtes Paar. Nichts kann uns trennen, haben Sie immer fest geglaubt. Wieso auch? Denn Sie führten gemeinsam eine Bilderbuch-Ehe. Jede freie Minute verbrachten Sie zusammen, hatten die gleichen Interessen, kannten sich gegenseitig durch und durch, vertrauten einander bedingungslos und verstanden sich auch im Bett ausgezeichnet. Natürlich kam es hin wieder zu kleinen Reibereien, aber das kommt schließlich in den besten Familien vor. Deshalb traf es Sie wie ein Blitz aus heiterem Himmel, als Ihnen Ihr Mann kürzlich mit einem freundlichen Lächeln eröffnete: *„Liebling, nächsten Monat wird eine zweite Frau bei uns einziehen und zusammen mit uns leben. Du wirst sie bestimmt mögen, denn sie ist so lieb und süß."*

> *Ich freue mich schon riesig darauf, sie immer bei uns zu haben."* Bevor Sie Ihre Sprache wieder finden, nimmt Sie Ihr Göttergatte liebevoll in den Arm und tröstet Sie: *„Sicher verstehst du, dass ich mich anfangs viel um sie kümmern muss. Schließlich kennt sie sich noch nicht aus und fühlt sich bei uns noch fremd. Deshalb werde ich nicht mehr so viel Zeit mit dir verbringen können. Aber das ist ja nicht so schlimm. Du bist ja mein großes, vernünftiges Mädchen. Und bitte: Sei nett zu der neuen Frau. Denn sie gehört jetzt zur Familie."* Während Sie meinen, den Boden unter den Füßen zu verlieren, setzt Ihr Mann noch eins drauf: *„Es besteht überhaupt kein Grund, eifersüchtig zu werden. Ich liebe dich natürlich genauso sehr wie bisher. Wie wär's, wenn wir uns gleich am Wochenende dranmachen würden, das Gästezimmer für die Süße herzurichten? Oder möchtest du lieber dein Zimmer zur Verfügung stellen, weil es so schön gemütlich ist?"*
> Peng! Das hat getroffen. Sie spüren, wie sich Panik breit macht. Ihnen wird übel, Tränen schießen in die Augen, Sie fühlen sich getäuscht und verraten. Alles kreist um die Frage: *„Warum tut er mir das an? Wozu braucht er eine zweite Frau?"*

Dieses Beispiel zeigt, welche Eifersuchtsgefühle die Konfrontation mit einer Rivalin oder einem Rivalen auslösen kann. Aber wie so viele Vergleiche, so hinkt auch dieser. Denn es gibt einen wesentlichen Unterschied zwischen Geschwister-Eifersucht und der Eifersucht zwischen Sexualpartnern: Bei Sexualpartnern geht es in der Regel um „Entweder – Oder". Ein Geschwisterkind bedeutet aber nicht nur Konkurrenz, sondern immer auch Bereicherung und Verstärkung. Wichtig ist nur, dass Sie Ihrem Kind das vermitteln.

Vorsicht vor übertriebener Anteilnahme

Auf den vergangenen Seiten haben Sie viel darüber erfahren, wie wichtig es ist, auf das so genannte „Entthronungs-Trauma" Ihres Erstgeborenen ange-

„Auf in den Kampf!"
Kinder wetteifern um Liebe und Anerkennung

messen zu reagieren. Angemessen heißt: Mit dem richtigen Maß. Fallen Sie also nicht aus lauter Besorgnis um Ihr älteres Kind ins andere Extrem. Es ist normal, dass das ältere Kind verunsichert und knatschig wird, wenn sein jüngeres Geschwisterchen zur Welt kommt. Sie dürfen aber nicht den Fehler machen, dieses Verhalten durch übertriebene Anteilnahme zu fördern. Dadurch laufen Sie Gefahr, Ihr zweites Kind von Geburt an zu benachteiligen. Denn dann solidarisieren Sie sich mit Ihrem Großen, indem Sie ihm zu verstehen geben, dass seine Befürchtungen begründet sind. Je öfter Sie auf die Einwände gegen das neue Baby eingehen, desto mehr bestärken Sie Bruder oder Schwester in ihrer ablehnenden Haltung. Schließlich kommt es so weit, dass Sie selbst anfangen, Ihr zweites Kind distanziert zu betrachten. Einfach deshalb, weil es offensichtlich eine negative Wirkung auf das erste Kind ausübt. Und das wird sehr schnell merken, dass Mami auf seiner Seite steht. Wie wollen Sie später ausschließen, dass Ihr erstes Kind irgendwann im Streit mit dem Jüngeren diese Trumpfkarte ausspielt: *„Hau doch ab. Mami hat dich sowieso nie gewollt!"* Danach werden Sie viel, viel Zeit brauchen, um den seelischen Schaden bei Ihrem Jüngsten zu reparieren.

Sie tun Ihrem Erstgeborenen keinen Gefallen, wenn Sie seine Ängste gegenüber dem erwarteten Baby überbewerten. Seine Verunsicherung wird derart zunehmen, dass der Aufbau einer halbwegs normalen Beziehung zu dem neuen Geschwisterchen kaum möglich ist.

Entscheidend ist: Geben Sie Ihrem Erstgeborenen sie Sicherheit, dass Sie es lieben und es deshalb keinen Grund hat, das neue Baby abzulehnen.

„Auf in den Kampf!" Kinder wetteifern um Liebe und Anerkennung

Weil die Tatsache, einen Bruder oder eine Schwester zu haben, nicht zu ändern ist, muss man sich als Kind damit abfinden. Das bedeutet aber nicht kampfloses Akzeptieren, sondern einen ständigen Kampf um Positionen. Selbstverständlich gibt es genügend Beispiele, die zeigen, dass es auch anders geht. Statt miteinander zu konkurrieren, solidarisieren sich die Geschwister miteinander,

spielen zusammen und sind wirklich ein Herz und sine Seele. Dieses Verhalten lässt sich aber nicht erzwingen. Meistens verstehen sich Geschwister dann sehr gut, wenn sie sich charakterlich ziemlich ähneln. Natürlich hängt auch viel von den Eltern ab. Wenn die darauf achten, kein Kind dem anderen vorzuziehen, lässt sich aufkeimende Rivalität leichter vermeiden.
Aber selbst dann, wenn sich die Geschwister gut vertragen, werden sie doch immer um die Liebe der Eltern wetteifern. Zahlreiche Kinderpsychologen und Geschwisterforscher sind der Ansicht, dass die gleichzeitige Existenz von negativen und positiven Gefühlen typisch für das Verhältnis von Geschwistern untereinander ist. Konkurrenz und Gemeinsamkeit – zwei Faktoren, die Geschwister von klein auf unter einen Hut bringen müssen. Im Idealfall gelingt das – und die Geschwister werden ein eingespieltes Team, das sich perfekt ergänzt und gegenseitig hilft. Es gibt aber auch genügend andere Beispiele, in denen Brüder und Schwestern wie Hund und Katze sind. Kaum treffen sie zusammen, geht die Streiterei los.

Das Märchen von Gleichheit und Brüderlichkeit

Brüder und Schwestern rivalisieren aber nicht allein um die Anerkennung der Eltern, sondern treten auch miteinander in Konkurrenz. Der eine fühlt sich benachteiligt, der zweite ist neidisch auf das Können des anderen, die dritte findet sich weniger hübsch als die Schwester, der Größte spottet über den Kleinsten, der Mittlere reagiert gekränkt, weil er zu wenig Beachtung findet.
Eltern, die diesen geschwisterlichen Trend zum Vergleichen unterstützen, schüren logischerweise das Konkurrenzdenken. Verkneifen Sie sich deshalb, Eigenschaften oder Begabungen Ihrer Sprösslinge gegenüberzustellen. Auch wenn Ihr Großer tausendmal sportlicher ist als der Jüngste oder das Goldengelein die weniger hübsche Schwester tatsächlich aussticht: *Aus*gleichen ist besser als *Ver*gleichen. Vermeiden Sie also abwertende Bemerkungen und loben statt dessen jedes Kind für seine speziellen Pluspunkte. So hat jedes die Chance, auf seinem ureigenen Feld zu gewinnen.

„Auf in den Kampf!"
Kinder wetteifern um Liebe und Anerkennung

Wenn Sie die Verhaltensweisen Ihrer Kinder genauer analysieren, werden Sie eine erstaunliche Feststellung machen: Obwohl die Geschwister in derselben Umgebung mit demselben sozialen Hintergrund aufwachsen, reagieren sie auf gleiche Ereignisse unterschiedlich. Sogar eineiige Zwillinge mit identischen Genen empfinden in einer bestimmten Situation nicht unbedingt dasselbe. Ihre Kinder, obwohl jedes von ihnen das Erbgut der Eltern in sich trägt, sind individuelle Persönlichkeiten mit eigenen Empfindungen und Wahrnehmungen. Ebenso unterschiedlich sind charakterliche Eigenschaften, geistige und körperliche Fähigkeiten ausgeprägt. Diese Verschiedenartigkeit wirkt sich auch auf die Beziehung untereinander aus. Während beispielsweise Schwester Marie ihren Bruder Lukas ganz toll findet und wie ein Hündchen hinter ihm herläuft, erklärt der, die blöde Tussi könne er nicht ausstehen. *„Die ist einfach ätzend. Außerdem kann meine Schwester ziemlich fies sein und richtig böse, wenn ihr was nicht in den Kram passt"*, lautet das herbe Urteil von Lukas.

Alles, was zählt, ist Leistung

Die Rivalität unter Geschwistern wird aber auch von dem Verhalten unserer leistungsorientierten Gesellschaft begünstigt. Nur wer etwas leistet, wird belohnt und anerkannt. Dieses Denken beeinflusst schon die Erziehung der Kleinsten. Erinnern Sie sich bitte an die ersten Fortschritte Ihrer Kinder. Waren Sie nicht stolz, dass der Junge so früh sauber wurde? Dass die Kleine schon mit einem Jahr allein laufen konnte und zu sprechen anfing? Dagegen waren die Kinder Ihrer Freundin noch weit zurück. Eine Erkenntnis, die Ihnen ehrlich gesagt eine gewissen Befriedigung verschaffte.
Im Kindergarten wird das Leistungsprinzip weiter perfektioniert. Dort gehört es zur Tagesordnung, die Frühwerke der Kleinen miteinander zu vergleichen. Wie oft trifft man Eltern, die bewundernd vor den an der Wand versammelten Malkünsten der Kinder stehen und insgeheim die Bilder der Kiddies miteinander vergleichen. *„Hast du das Geklecksel von dem kleinen Paul Meier gesehen? Da ist unser Oliver aber schon viel weiter. Auf seinem Bild kann man die Kühe richtig gut erkennen."*

Kapitel 2: Die Angst vor dem Teilen

Das Lob von Kindergärtnerinnen und Eltern bleibt den Kleinen natürlich nicht verborgen. Und so wird der Grundstein für das Bewusstsein *„Ich bin besser als der"* oder *„Der kann das besser als ich"* gelegt. Eine Entwicklung, die sich in der Schule, wo es mehr denn je auf Leistung ankommt, fortsetzt. Es liegt auf der Hand, dass sich der angelernte Zusammenhang zwischen Leistung und Anerkennung in der häuslichen Beziehung zwischen Geschwistern voll niederschlägt. Denn eins lässt sich nicht bestreiten: Konkurrenz dominiert unser Leben in allen Bereichen – Partnerschaft und Familie eingeschlossen.

Viel hängt jedoch davon ab, wie Sie als Eltern damit umgehen. Lassen Sie nicht zu, dass das Kinderzimmer zum Haifischbecken wird, in dem die Schwächeren von den Stärkeren gefressen werden. Geben Sie jedem einzelnen Ihrer Kinder eine faire Chance, sich im Rahmen seiner individuellen Möglichkeiten zu entwickeln und das Beste aus sich zu machen.

Wenn Eltern Schiedsrichter spielen

Neigen Sie auch dazu, alles stehen und liegen zu lassen, wenn wieder einmal ein lauter Streit das Kinderzimmer zum Beben bringt? Zählen Sie lieber bis hundert, bevor Sie sich zum Eingreifen entschließen. Denn oft können Kinder ihre Probleme selbst lösen. Wenn Mami oder Papi nämlich bei jedem Anzeichen von Krach sofort angelaufen kommen, stehen Kinder nie vor der Aufgabe, ihre Konflikte selbst lösen zu müssen.

Mehr noch: Kinder sind clever und setzen häufig den Streit als Mittel zum Zweck ein. Sie wissen nämlich aus Erfahrung, dass sie damit ein gemeinsames Ziel erreichen: Die Eltern kümmern sich um sie. Deshalb zanken sich Kinder besonders gern dann lautstark und heftig, wenn Vater oder Mutter in der Nähe sind. Im Umkehrschluss heißt das für Sie: Wenn Sie sich künftig weitgehend aus den Kabbeleien im Kinderzimmer heraushalten, werden Ihre Kinder höchstwahrscheinlich nicht mehr so viel aneinandergeraten. Einfach deshalb, weil sie einsehen müssen, dass sie mit ihrem Zanken nicht die gewünschte Aufmerksamkeit erreichen. Damit wird Streiten als Druckmittel uninteressant.

Diese Entwicklung können Sie nun positiv nutzen. Schenken Sie Ihren Kindern immer dann besondere Zuwendung, wenn sie harmonisch miteinander

„Auf in den Kampf!"
Kinder wetteifern um Liebe und Anerkennung

spielen. So lernen sie, dass friedliches Miteinander von den Eltern durch mehr Aufmerksamkeit belohnt wird.

Gesetzt den Fall, Sie mischen sich in die geschwisterliche Fehde ein. Dann tappen Sie leicht in die Schiedsrichter-Falle, weil Sie den Schuldigen finden wollen, der den Streit vom Zaun gebrochen hat: Wer hat angefangen? Wem ist Unrecht geschehen? Wer muss sich entschuldigen oder sogar bestraft werden? Und schon nehmen Sie, ob Sie wollen oder nicht, für die eine oder andere Seite Partei. Damit entscheiden Sie gleichzeitig, wer von den Streithähnen der Gewinner und wer der Unterlegene ist. Aber sind Sie sicher, dass Sie wirklich fair geurteilt haben? Wenn Ihre Kinder streiten, sollte es weder Sieger noch Verlierer geben Alle müssen gewinnen. Sonst macht sich bei denen, die diesmal den Kürzeren gezogen haben, Wut und Frust breit – in dem Gefühl, wieder einmal benachteiligt zu werden. Gehen Sie deshalb diplomatisch vor. Geben Sie jedem Kind Gelegenheit, aus seiner Sicht den Streit zu schildern. Erkundigen Sie sich, wie das Problem aus dem Weg geräumt werden könnte. Kommt kein akzeptabler Vorschlag von Ihren Kindern, können Sie selbst verschiedene Möglichkeiten ins Gespräch bringen. Diskutieren Sie mit Ihren Kindern in aller Ruhe, wie es nun weitergehen soll. Am Ende sollten Sie sich auf eine Lösung einigen, die jedem gerecht erscheint.

Ist Ihnen aufgefallen, dass die Frage nach dem Anstifter dabei überhaupt keine Rolle spielt? Es kommt gar nicht darauf an, wer mit dem Streiten angefangen hat. Viel wichtiger ist, dass Ihre Kinder das Gefühl haben, von Ihnen objektiv und fair behandelt worden zu sein. Das gibt Vertrauen und stärkt Ihre Position als Mittler zwischen den Fronten.

Zeit, die Notbremse zu ziehen

Manchmal kommen Sie aber nicht darum herum, in den Streit einzugreifen. Kritisch wird die Auseinandersetzung beispielsweise dann, wenn eins Ihrer Kinder sich nicht wehren kann und das andere diese Situation gnadenlos ausnutzt. Wenn die Aggression über die üblichen Raufereien hinausgeht und in Gewalttätigkeit ausartet. Treten, Prügeln oder Werfen mit gefährlichen Gegenständen können Sie keinesfalls durchgehen lassen. Hier können Sie nicht darauf warten, dass Ihre Kinder den Konflikt allein lösen. Hier müssen Sie eingreifen und helfen.

Versuchen Sie unbedingt zu verhindern, dass sich Ihre Kinder gegenseitig Schmerzen zufügen. Verfallen Sie aber nicht in den Fehler, Ihrerseits den Angreifer zu attackieren. Weder verbal, noch mit körperlicher Züchtigung. Erfolgversprechender ist es, Ihrem Kind eine Alternative für sein aggressives Verhalten aufzuzeigen: *„Stopp, Sebastian! Hier wird nicht geschlagen. Ich kann ja verstehen, dass du stinksauer auf deinen Bruder bist, weil er dein Feuerwehrauto auf den Boden geworfen hat. Deshalb musst du aber nicht gleich nach ihm treten. Du kannst ihm doch die Meinung sagen, ohne ihm weh zu tun. Sag' ihm, dass du eine Riesenwut hast. Und mach' ihm klar, dass er in Zukunft besser aufpassen soll."*

„Jetzt sehe ich rot." Wut braucht ein Ventil

„Er redet mit Händen und Füßen." Ist Ihnen schon einmal aufgefallen, dass dieser Satz besonders auf Kinder zutrifft? Gerade dann, wenn sie noch klein sind und keinen großen Wortschatz haben, nehmen sie Hände und Füße zuhilfe, um sich verständlich zu machen. Da kann es bei Meinungsverschiedenheiten schon mal zu einem heftigeren Körpereinsatz kommen. Solche Balgereien sind nichts Außergewöhnliches, wenn sie im Rahmen bleiben. Sie wirken als Ventil, damit sich der Zorn Luft machen kann. Ein Kind, dass seinen Unmut nie herausschreien und nie im Eifer des Gefechts den Kontrahenten schubsen oder auch mal boxen darf, wird irgendwann richtig explodieren. Und dann brechen alle Dämme.

Genau wie wir Erwachsene unsere Wut oft mit Gebrüll, Fluchen, lautem Türenknallen oder auf den Tisch schlagen abreagieren, müssen Kinder die Möglichkeit bekommen, Dampf abzulassen. Das lässt sich selten über den Kopf steuern. Kinder beherrschen noch nicht die Kunst der verbalen Nadelspitzen, um den anderen per Wortduell schachmatt zu setzen. Kinder toben, stampfen mit den Füßen, schmeißen ihr Spielzeug an die Wand und werden vor lauter Ärger leider auch mal grob gegenüber Bruder oder Schwester, wenn die den Zoff angezettelt haben. Keine Angst: Kinder, die aus Wut gelegentlich ausrasten, sind deshalb noch lange keine Schlägertypen.

Dieses Plädoyer für das Recht auf Zornigsein bedeutet aber nicht freie Bahn für Gewalt im Kinderzimmer. Sie als Eltern müssen Ihren Kindern Grenzen setzen, die nicht übertreten werden dürfen. Wo diese Grenzen zu ziehen sind, lässt sich nicht verallgemeinern. Sie entscheiden in Ihrer Familie ganz individuell, was noch vertretbar ist und was nicht. Wichtig: Alle müssen sich an diesen Kodex halten – Kinder und Eltern. Natürlich sollten diese Streitregeln immer wieder überprüft und gegebenenfalls neu aufgestellt werden. Denn je älter und vernünftiger Ihre Kinder werden, umso gesitteter sollte der Umgang miteinander sein.

Konkurrenz in Kinderschuhen: Eltern erzählen

Der Burgfrieden im Kinderzimmer ist oft nur von kurzer Dauer: Beim geringsten Anlass geht das Gerangel wieder los. Viele Eltern können ein Lied davon singen. Einige signifikante Berichte von Eifersüchteleien, Neidkomplexen und Protestaktionen unter Geschwistern lesen Sie hier.

- *„Es hat einige Zeit gedauert, bis ich durchschaut habe, was zwischen meinen beiden Söhnen wirklich lief"*, erzählt **Klaus**. Seine Söhne im Alter von acht und fünf Jahren fetzen sich oft, wobei es stets sehr lautstark zugeht. *„Eines Tages war es wieder mal so weit"*, erinnert sich der junge Vater. *„Aus dem Kinderzimmer ertönte Gebrüll, es rummste und schepperte. Ich nichts wie hin und sah, wie Sven, mein Ältester, wie wild auf den Eisenbahnwaggons herumtrampelte, die verstreut auf dem Boden lagen. Mich packte der Zorn, denn wir hatten die Anlage vor einiger Zeit in gemeinsamer Anstrengung Stück für Stück aufgebaut. Und jetzt – nur Bruch. Ich nahm Sven am Schlaffittchen, schob ihn recht unsanft zur Tür hinaus und schrie: ‚Was denkst du dir dabei, die teure Eisenbahn kaputt zu machen? Bist du jetzt völlig verrückt geworden? Na warte, Bürschchen, hier ist das letzte Wort noch nicht gesprochen. Vier

Kapitel 2: Die Angst vor dem Teilen

Wochen kein Taschengeld und auch kein Fernsehen! Das ist schon mal klar.' Sven riss sich los, trat nach mir und rannte wortlos nach draußen. Zufällig fiel mein Blick auf Ole. Mein Jüngster machte den Eindruck, als gehe ihn das alles nichts an. Dabei grinste er merkwürdig triumphierend vor sich hin. Das kam mir natürlich komisch vor, worauf ich den Kleinen ins Gebet nahm. Und was musste ich hören? Nicht Sven war der Schuldige, sondern der Kleine. Voller Absicht hatte Ole die Eisenbahnanlage zerstört, um Sven wütend zu machen. Das ist ihm ja auch bestens gelungen. Und wie so oft ist dann bei Sven das Temperament durchgegangen.
Leider habe ich das nicht sofort erkannt, sondern gedacht, er habe das Chaos verursacht. Es tut mir furchtbar leid, dass ich unserem Großen verdächtigt habe. Natürlich bin ich ihm sofort hinterher, habe mich entschuldigt und ihm als Wiedergutmachung die langersehnte Baseball-Ausrüstung versprochen." Nachdenklich fährt Klaus fort: „*Aber Sorgen macht mir das Verhalten meines Jüngsten. Was treibt einen Fünfjährigen dazu, mit raffinierten Tricks seinen Bruder anzuschwärzen und ins Unrecht zu setzen? Das hätte ich ihm nie zugetraut. Ich weiß zwar, dass er auf Sven immer eifersüchtig ist, aber dass diese Eifersucht solche Ausmaße annehmen würde, hätte ich nicht gedacht.*"

- Eifersucht empfinden auch schon die ganz Kleinen. **Beate** berichtet von ihren Erfahrungen: „*Kaum war Annes Schwesterchen auf der Welt, ging das Theater los. Einmal habe ich unsere Dreijährige überrascht, wie sie am Babybettchen stand und die kleine Pia mit der Schere pieksen wollte. Meine erste Reaktion war: Hinstürzen, ausschimpfen und einen deftigen Klaps auf den Po. War Anne zum Monster mutiert? Dann habe ich tief durchgeatmet und Anne auf den Schoß genommen. ,Sag mal', habe ich sie gefragt, ,Weshalb wolltest du Pia denn weh tun? Magst du deine Schwester denn gar nicht leiden?' ,Nö', kam die spontane Antwort. ,Warum denn nicht?', wollte ich wissen. ,Weil du immer*

Konkurrenz in Kinderschuhen: Eltern erzählen

nur mit Pia schmust und nie mit mir spielst.' Erwischt, dachte ich mir und antwortete: ‚Du möchtest, dass ich mehr Zeit für dich habe, nicht wahr? Das kann ich gut verstehen. Aber dann musst du mir auch ein bisschen mit dem Baby helfen.' ‚Wie denn?', fragte Anne. ‚Pass auf. Du hilfst mir mittags, Pia ins Bettchen zu bringen und dann haben wir viel Zeit, um miteinander zu spielen. Du musst mir aber etwas versprechen: Du darfst deiner Schwester nie mehr weh tun.' ‚Gut', entgegnete sie. ‚Dann spielen wir jetzt Ball.'"

Manchmal ist es für Eltern nicht so leicht festzustellen, dass ihr Kind eifersüchtig auf das neue Baby ist. Denn alles läuft reibungslos: Das ältere Kind kommt offensichtlich mit der veränderten Familiensituation ohne Probleme zurecht und akzeptiert den Nachwuchs vom ersten Tag an. Erst allmählich bemerken die Erwachsenen, dass im Verhalten des großen Kindes irgendwas nicht stimmt.

- Marlene und Jürgen ist es so ergangen: *„Natürlich hatten wir Anke so gut wie möglich auf die bevorstehende Geburt ihres Brüderchens vorbereitet. Als meine Frau dann mit dem Baby aus der Klinik nach Hause kam, hatten wir am Anfang doch ein mulmiges Gefühl. Ob das mit den beiden Geschwistern gut gehen würde? Wir waren überrascht, wie gut es ging. Anke hatte sehr schnell die neue Rolle als ältere Schwester angenommen und half ihrer Mutter eifrig, das Baby zu versorgen. Kurz darauf kam Anke in den Kindergarten, voller Stolz, jetzt ein großes Mädchen zu sein."*
„Doch fast unmerklich veränderte sie sich", fuhr Marlene fort. *„Sie wirkte in sich gekehrt, wurde schweigsam, fing grundlos an zu weinen, mäkelte am Essen herum und wollte schließlich nicht mehr in den Kindergarten gehen. Wenn ich sie morgens hinbringen wollte, klammerte sie sich an mich und schluchzte: ‚Ich will nicht zu den anderen Kindern, ich will bei dir bleiben. Du willst mich bloß wegschicken, weil du mich nicht mehr lieb hast!'*

Kapitel 2: Die Angst vor dem Teilen

Ich sagte, sie solle nicht albern sein, schließlich sei sie doch schon vernünftig und wisse genau, dass wir sie niemals wegschicken würden. Nach einiger Zeit bekamen wir dann einen Anruf von der Kindergärtnerin, die ihre Besorgnis über das gestörte Verhalten unserer Tochter äußerte. Sie berichtete, dass Anke nicht mehr mit den anderen spielte, lethargisch in der Ecke saß und deutliche Anzeichen eines depressiven Verhaltens zeigte. Die übertreibt, dachten wir uns. Vielleicht steckt Anke in einer Phase, in der sie nicht toben und spielen will.
Aber einige Wochen später wurde es dann plötzlich ernst. Anke war mit hohem Fieber nach Hause gekommen, das auch in den darauffolgenden Tagen nicht sinken wollte. Der Kinderarzt verschrieb Medikamente, aber am schlechten Zustand des Kindes änderte sich nichts." „Meine Frau verbrachte Stunden an Ankes Krankenbett. Wenn sie nur kurz das Zimmer verließ, liefen die Tränen", beschrieb der Vater die kritische Situation. „Mami, Mami, Mami. Nur wenn Mami da war, fand die Kleine Ruhe. Ich selbst, Opa und Oma, die Lieblingstante waren abgemeldet. Nur gut, dass die Verwandten einsprangen, um bei der Babypflege zu helfen. Meine Frau hatte dafür ja kaum noch Zeit übrig."
„Und das war der Knackpunkt", berichtete Marlene. „Es hat lange gedauert, bis wir dahinter kamen. Anke ist aus Eifersucht krank geworden, weil sie den Verlust an Zuwendung nicht verkraftet hat. In ihren Augen hat ihr kleiner Bruder ihr alle Liebe der Eltern weggenommen. Zunächst hatte sie noch versucht, die Rivalität zu unterdrücken und als große Schwester souverän damit umzugehen. Irgendwann war unser kleines Mädchen dann aber mit diesem Konflikt körperlich wie seelisch überfordert. Mit viel Aufmerksamkeit haben wir uns bemüht, ihr verlorenes Vertrauen zurückzugewinnen. Das war eine richtige Gratwanderung, weil wir unseren kleinen Sohn darüber nicht vernachlässigen durften. Mittlerweile ist zwischen den beiden eine Art Waffenstillstand eingekehrt. Anke hat gelernt, dass sie durch Rasmus nicht ins Hintertreffen gerät, sondern von uns ohne Abstriche genauso lieb gehabt wird wie früher.

Konkurrenz in Kinderschuhen: Eltern erzählen

Trotzdem bricht die Verlustangst ab und zu noch bei ihr durch. Beispielsweise versucht sie, ihre Mutter von der Beschäftigung mit dem Baby abzubringen. Oder sie besteht auf einer Gute-Nacht-Geschichte gerade dann, wenn der Kleine sein Fläschchen vor dem Einschlafen bekommen soll. Aber im Großen und Ganzen haben wir uns in der Familie arrangiert und hoffen, dass beide Geschwister in Zukunft immer besser miteinander auskommen werden. Wichtig war nur, dass wir das Problem erkannt haben."

Diese Fallbeispiele aus der Praxis zeigen noch einmal, wie sehr Eltern von der Aggressivität ihrer miteinander konkurrierenden Kinder überrascht werden. In dieser Situation fällt es schwer, die Nerven zu behalten und besonnen zu reagieren. So kann es schnell passieren, dass einer Mutter ungewollt mal die Hand ausrutscht. Trotzdem sollten Sie sich darüber klar sein, dass Sie als Eltern eine Vorbildfunktion haben. Sie können Ihre Kinder ermahnen und Regeln aufstellen. Aber alles gute Zureden hilft nicht viel, solange Sie selbst nicht Ihre Worte in Taten umsetzen. Kinder orientieren sich an dem, was Sie *tun* – und nicht so sehr an dem, was Sie *sagen*. Deshalb ist es wichtig, die eigene Streitkultur zu überprüfen. Sonst müssen Sie sich nicht wundern, dass Ihr Sohn seiner Schwester gegenüber ein rüdes Schimpfwort gebraucht und auf Ihre vorwurfsvolle Bitte, das künftig zu unterlassen, ganz cool kontert: *„Reg dich ab, Papa sagt das doch auch immer!"*
Die Eltern-Ampel gibt Ihnen einige Tipps, wie Sie mit den Rivalen im Kinderzimmer besser zurecht kommen können.

Kapitel 2: Die Angst vor dem Teilen

Tun oder lassen: Die Eltern-Ampel

- Das neue Baby keinesfalls bevorzugen
- Das ältere Kind nicht überfordern. Vergessen Sie nicht, dass Ihr Großes auch noch klein ist.
- Bestrafen Sie Ihr Kind nicht, wenn es auf den Nachwuchs eifersüchtig ist. Ihnen würde es in einer ähnlichen Situation genauso gehen.
- Übertreiben Sie es nicht mit Vernunft-Appellen. Ihr Erstgeborenes könnte aus Trotz nun gerade aggressiv werden.

- Beziehen Sie Ihr Kind in die Schwangerschaft mit ein. Damit bauen Sie Ängste ab und tragen dazu bei, auf die Ankunft eines zweiten Kindes vorzubereiten.
- Nehmen Sie sich unbedingt Zeit für Ihr Älteres.
- Rechtzeitig auf Hilferufe und veränderte Verhaltensweisen reagieren
- Hören Sie zu, statt zu schimpfen.
- Bei Streitereien eingreifen, ohne Partei zu ergreifen
- Allen Kindern eine faire Chance geben. Lassen Sie die Geschwister nach Möglichkeit ihre Probleme selbst lösen.
- Machen Sie aus der Familie ein echtes Team.

3
Null Bock auf Harmonie

„Tobias nervt schon wieder."
Was Kinder und Eltern auf die Palme bringt

In diesem Kapitel erfahren Sie, ...

- wie Sie und die Familie die Trotzphase Ihres Kindergartenkindes überstehen und dabei die Nerven behalten
- warum kleine Kinder so gern starke Sprüchen machen
- was in der Pubertät Ihrer Kinder auf Sie zukommt – und wie Sie damit fertig werden
- weshalb sich Geschwister manches Mal wie Hund und Katze benehmen
- wie Sie das richtige Maß zwischen Autorität und Freizügigkeit finden
- was andere Eltern mit ihren Trotzköpfchen erleben
- was Sie in Zukunft tun oder lassen sollten

Typisch Trotzkopf: Immer kommt er den Großen in die Quere

- **Tobias** (drei Jahre alt) ist ein Streithammel. Bei der geringsten Gelegenheit schaltet er auf stur oder bekommt einen seiner gefürchteten Tobsuchtsanfälle. Mit hochrotem Kopf wälzt es sich auf dem Boden, schlägt um sich, geht mit den Fäusten auf seine Geschwister los und lässt sich kaum noch bändigen. Die ganze Familie leidet unter seinem Verhalten. Will die Familie am Wochenende ins Freibad gehen, schießt er garantiert quer. *„Och, das olle Freibad. Ich will lieber in den Zoo!"* Wollen seine beiden große Brüder mit Freunden in die Disco, brüllt Tobias das Haus zusammen. *„Heiner und Tommy sollen hier bleiben. Ich will mit! Ihr seid alle so gemein."*

Wenn Sie oder die Geschwister jetzt seinem Jammern nachgeben, um endlich Ruhe zu haben, hat der Quälgeist sein Ziel erreicht. Und sofort wird dieses Erfolgserlebnis für künftige Gelegenheiten abgespeichert: *„Brüllen lohnt sich. Je lauter ich schreie, desto schneller bekomme ich meinen Willen."*
Seine Geschwister sind natürlich auch nicht auf den Kopf gefallen und versuchen, so viel wie möglich vor Tobias geheim zu halten: *„Mensch, sei bloß leise. Wenn Tobias mitkriegt, dass wir heute Nachmittag zum Fußball wollen, ist wieder der Teufel los."* Zwingen Sie Ihre Großen nicht, den Kleinen mitzunehmen – auch wenn der noch so bettelt und weint. Es macht keinen Sinn, Kinder zu gemeinsamen Aktivitäten zu drängen, die nicht von allen gewollt sind. Wenn Sie trotzdem darauf bestehen, provozieren Sie nur Streit unter den Geschwistern. Wesentlich klüger ist es, Ihrem Trotzkopf eine reizvolle Alternative anzubieten – zum Beispiel so: *„Weißt du, Heiner und Tommy wollen heute mal etwas mit ihren Freunden allein unternehmen. Das verstehst du doch, denn du möchtest ja auch nicht, dass dich deine Brüder beim Baukastenspielen stören. Aber deshalb brauchst du nicht gleich zu weinen. Ich habe nämlich eine tolle Idee für uns zwei. Wir gehen nachher auf den Rummel zum Karussell-

fahren. *Dann kannst du deinen Brüdern morgen beim Frühstück eine Menge erzählen."*
Wenn sich Tobias immer an die Großen hängt, kann das aber auch eine andere Ursache haben: Vielleicht ist er nicht fähig, sich selbst zu beschäftigen. Kaum haben Sie ihn ins Kinderzimmer zum Spielen geschickt, kommt er wieder zurück in die Küche und hält Sie von der Arbeit ab. Die Begabung, allein zu spielen, wird einem Kind nicht in die Wiege gelegt. Selbstbeschäftigung will gelernt sein. Am besten geht das durch Nachahmung. Also denken Sie sich eine Beschäftigung aus, die Sie zunächst mit Ihrem Kind zusammen einüben. Beispielsweise malt jeder ein Bild mit einer Erinnerung an den letzten Urlaub. Wenn Sie feststellen, dass Ihr Kleiner Spaß daran hat, bitten Sie ihn das nächste Mal, für Sie eine schöne Blume zu malen. Oder Sie legen gemeinsam ein Puzzle und spornen seinen Ehrgeiz an, es allein fertig zu stellen. Ob basteln, modellieren mit Knetmasse, mit den Stofftieren eine Zirkusschau veranstalten, die Puppen neu frisieren und umkleiden – die Liste der Möglichkeiten ist endlos. Lassen Sie Ihrer Phantasie einfach mal freien Lauf. Sie werden bestimmt etwas zur Selbstbeschäftigung finden, das Ihr Kind begeistert annehmen wird.

Warten, bis der Zorn verraucht. Bleiben Sie ganz gelassen

Kinder in der Trotzphase sind häufig unerträglich. Bevor Sie zum x-ten Mal aus der Haut fahren, machen Sie sich klar: Zwischen dem zweiten und vierten Lebensjahr ist es ganz normal, dass Kinder trotzig werden. Das gehört zur kindlichen Entwicklung dazu, weil Kinder in diesem Alter ihre Persönlichkeit entdecken und die ersten Abnabelungsversuche unternehmen. Der eigene Wille wird stärker und damit der Wunsch, alles selbst zu machen. Ihr kleiner Trotzkopf will sich nicht mehr helfen lassen, sondern seine eigenen Wege gehen. Doch dabei stößt er an Grenzen – sei es aus eigenem Unvermögen, das eine oder andere noch nicht selbst zu können, oder durch Verbote und Einschränkungen, die Sie als Eltern setzen. Sobald Ihr Kind so einem Hindernis begegnet, ist es überfordert. Aus Verzweiflung und Wut, den Konflikt nicht lösen zu können, zieht es sich auf seine Trotz-Position zurück: *„Ich will nicht, was du willst!"* Übrigens: Die Anlässe für diese Verweigerungshaltung sind aus Sicht der Erwachsenen meist läppisch. Zum Beispiel reicht es schon aus, wenn Ihr Kind seine Schuhe nicht zubinden kann. Aus lauter Zorn über die eigene Hilflosigkeit beginnt es zu toben – und Sie fragen sich wieder einmal: *„Wie reagiere ich bloß richtig auf die Trotzhaltung meines Kindes?"*

Im Idealfall reagieren Sie souverän und warten, bis sich Ihr Kind wieder beruhigt hat. Machen Sie bitte nicht den Fehler, Ihrem Kind in dieser dramatischen Situation nachzugeben. Beim nächsten Mal wird es dann erneut alles daran setzen, durch sein Generve seine Vorstellungen durchzusetzen. Versuchen Sie es statt dessen mit Ablenkung, indem Sie sein Interesse auf etwas anderes richten. Etwa *„Tut mir leid, aber ich habe keine Kekse mehr im Haus. Aber schau doch mal, hast du das Eichhörnchen da vorn auf dem Baum gesehen?"*

Selbstverständlich müssen Sie in bestimmten Situationen auch eingreifen; und zwar immer dann, wenn der Wutanfall solche Ausmaße annimmt, dass sich Ihr Kind zu verletzen droht. Ebenso müssen Sie nicht ruhig mit ansehen, dass Ihr Porzellan zu Bruch geht oder Bücher aus dem Fenster fliegen.

Überlegen Sie sich eine Strategie, mit der Sie gegensteuern können. Verhindern lässt sich ein Trotzanfall so zwar nicht, aber oftmals abschwächen. Also: Unterstützen Sie sein Selbständigwerden nach Kräften. Gehen Sie dazu über, Ihr Kind selbst entscheiden zu lassen, was es selbst entscheiden kann. Legen Sie ihm beispielsweise morgens nicht einfach den blauen Pulli hin, sondern lassen Sie Ihr Kind selbst wählen, was es anziehen möchte. Kaufen Sie ihm nicht nur ein Eis, sondern die Sorte, die es haben möchte. Überlassen Sie ihm die Wahl, ob es sonntags ins Phantasialand, zum Ponyreiten oder zur Zaubervorstellung auf dem Stadtfest geht. Fällt Ihrem Kind das Auswählen schwer? Dann helfen Sie ihm: *„Ich fürchte, es gibt gleich Regen. Wollen wir zusammen in die Reithalle zu den Ponys gehen? Dann werden wir nicht nass und du kannst mir zeigen, wie gut du schon reiten kannst."*

Geben Sie Ihrem Kind die Möglichkeit, sich rechtzeitig auf eine neue Situation einzustellen. Sagen Sie nicht *„Jetzt ist Schluss mit Spielen. Das Essen steht auf dem Tisch"*, sondern besser: *„Wenn die Uhr in der Diele sechs Mal schlägt, kommt Papi bald nach Hause. Dann wird es Zeit fürs Abendbrot."* So

bereiten Sie den Jungen darauf vor, dass er die Sache, mit der er gerade beschäftigt ist, allmählich zu Ende bringen muss. Damit entfällt für ihn ein Grund, spontan auf eine unerwünschte Änderung trotzig zu reagieren.
Bleiben Sie in Ihrem eigenen Verhalten konsequent, damit sich Ihr Kind voll auf Sie verlassen kann. Mit ständigem *„Hüh und Hott"* stiften Sie nur Verwirrung. *„Nein"* ist Nein, *„Ja"* ist Ja, versprochen ist versprochen. Auf diese Weise lernt Ihr Kind, dass es Grenzen gibt und nicht alles nach seinem Kopf gehen kann. Andererseits erfährt es aber auch, dass es Mami und Papi vertrauen kann, weil die Eltern zu ihrem Wort stehen.
Kalkulieren Sie ein, dass Verbote für Ihr Kind eine negative Erfahrung bedeuten können. Sie können ihm helfen, diese zu bewältigen. Sie sollten aber nicht versuchen, Sohn oder Tochter generell vor Enttäuschungen, Misserfolgen oder Ärger zu beschützen. Auch wenn Trotzreaktionen zumeist der Ausdruck von Scheitern sind, tragen sie doch dazu bei, Kinder auf dem mühsamen Weg in die Selbständigkeit zu unterstützen. Ihr Kind wird dadurch lernen, besser mit Konflikten umzugehen und begreifen, dass es auch einmal verzichten muss. Diese Erkenntnis fördert sein soziales Verhalten in hohem Maße. Sie werden erleben, dass Ihr Kind peu á peu kompromissbereiter wird, sich leichter anpasst und öfter Rücksicht auf andere nimmt.
Und eines Tages wird die Familie erleichtert feststellen, dass die aufreibende Trotzphase zu Ende ist. Genießen Sie die Ruhe vor dem neuen Sturm. Denn mit der Pubertät kommt der Trotz mit doppelter Wucht zurück. Aber dieses Thema behandeln wir später. Denn zunächst begegnet uns ein ganz anderes Problem: Der Macho im Kindergarten.

Der Macho im Kindergarten.
Kleine Angeber groß in Form

- **Timo** (drei Jahre alt) ist „stolz wie Oskar". Endlich gehört er auch zu den Großen, denn ab nächste Woche geht es in den Kindergarten. Vergessen sind die Trotzanfälle. *„Mami, ich will nicht!"*, so was machen doch nur Babys. Ein großer Junge wie Timo hat jetzt ganz andere Interessen. Mode zum Beispiel. Klar, für den Kindergarten müssen extra Klamotten her. Coole Car-

Kapitel 3: Null Bock auf Harmonie

gohosen, eine Baseball-Kappe und natürlich genau solche Turnschuhe, wie sie Maximilian von nebenan auch hat. Super wäre außerdem ein bunter Rucksack im Bärenlook, den Timo beim letzten Stadtbummel mit Mami entdeckt hat.

Amüsiert registrieren die Eltern das plötzlich erwachte Modebewusstsein ihres Jüngsten und gehen dann vergnügt mit Timo zum Shoppen. Zum ersten Mal ohne Gezeter und Gezerre einkaufen! Was für ein Erlebnis.

Von Kopf bis Fuß chic ausstaffiert, begibt sich Timo am Montag darauf in den Kindergarten. In den kommenden Wochen läuft alles locker und easy. Der Junge macht einen ausgeglichenen Eindruck, berichtet mit Begeisterung, was er Neues im Kindergarten gelernt hat, und kann es kaum erwarten, am Morgen wieder losziehen zu können. Bis dann der Anruf von der Erzieherin kommt, die sie um ein Gespräch bittet.

Dort erfahren die Eltern dann zu ihrem großen Erstaunen, dass Timo durch seine Macho-Allüren zu einem wahren Unruhestifter geworden ist. *„Er mischt den ganzen Kindergarten mit seinem Ich-bin-der-Größte-Gehabe auf. Immer drängt er sich vor und lässt den kleineren Kindern keine Chance, auch einmal etwas vorzuführen. Ich wäre Ihnen dankbar, wenn Sie auf Timo einwirken könnten, damit er dieses angeberische Verhalten ablegt."*

Nachdenklich geht die Mutter nach Hause. In der Rückschau stellt sie fest, dass sich Timo in letzter Zeit wirklich wie ein kleiner Superman benimmt. Beispielsweise versucht er öfter, seinen neunjährigen Bruder zu provozieren: *„Wetten, dass ich stärker bin als du?"* Das lässt der nicht auf sich sitzen, und schon ist die schönste Rauferei im Gange. Auch die kleine Schwester nimmt Timo gern aufs Korn, besonders dann, wenn sie gerade tief versunken mit ihrer Puppe spielt. *„Doofi, du bist ja noch ein Baby. Geh zu Mami und hol dir 'nen Schnuller."* Woraufhin das Sensibelchen Karin weinend zur Mutter läuft: *„Mami, der Timo ist immer so böse zu mir."*

„Am besten, ich bespreche die Sache heute Abend mal mit meinem Mann", beschließt die Mutter. Vielleicht fällt uns beiden was Gescheites ein, wie wir Timo von seinem hohen Ross wieder runterbringen. Doch bevor es dazu kommt, leistet sich Timo einen Ausrutscher, der es in sich hat. Als er beim Abendessen eine Kartoffel fallen lässt, weist ihn sein Vater zurecht: *„Timo,*

kannst du nicht aufpassen? Du hast doch schon gelernt, ordentlich mit Messer und Gabel zu essen."* Timo reckt daraufhin den Mittelfinger empor und sagt: *"Leck mich, du alte Sau!"* Das hat gesessen.

Sie sollten die frechen Sprüche Ihres Kindes auf keinen Fall überbewerten. Denn: Kinder im Vorschulalter benutzen Schimpfwörter gern als Versuchsballons, um die Reaktion der Erwachsenen zu testen. Zumeist reagieren wir entsetzt, wenn wir aus dem Mund eines Fünfjährigen Wörter wie *"Scheiße"* oder *"Blödes Schwein"* hören. Begeistert stellen Kinder daraufhin fest, dass sie mit solchen Ausdrücken die Großen aus der Fassung bringen können. Und dann machen sie mit Vehemenz weiter.
Im Umkehrschluss heißt das für Sie: Je weniger Sie solchen Sprüchen Beachtung schenken, desto uninteressanter werden Schimpfwörter für Ihr Kind. Bleiben Sie also cool, statt empört in die Luft zu gehen. Machen Sie sich klar, dass der kleine Macho oder das taffe Supergirl Sie persönlich bei weitem nicht in dem Maße beleidigen und attackieren will, wie Sie im ersten Moment meinen. Mit seiner Ausdrucksweise möchte der Gernegroß sagen: *"Schaut her! Ich bin der King und kann mir alles erlauben."*
Natürlich sollten Sie Ihrem Kind klar machen, dass Sie solche Ausdrücke nicht mögen. Aber bitte erst, wenn die aktuelle Situation vorbei ist. Lässt Ihr Kind wieder mal einen seiner peinlichen Sprüche ab, ignorieren Sie's. Später erklären Sie in aller Ruhe, dass Sie so ein Wort nicht mehr hören wollen. Vergewissern Sie sich, ob Ihre Ansage verstanden worden ist. Gebraucht Ihr Sprössling die Schimpfwörter weiterhin, müssen Sie massiver vorgehen: *"Sag mal, willst du mich ärgern? Was ist los mit dir? Weshalb bist du so sauer? Erzähl' es mir, damit wir gemeinsam überlegen, wie wir das Problem lösen können."*

Mit sich und jedem im Clinch. Teenager haben es schwer

Nachdem Sie und Ihre Familie die Trotzphase Ihres Jüngsten und das Imponiergehabe Ihres Kindergartenkindes gut hinter sich gebracht haben, wartet auf Sie die nächste große Herausforderung: Die Pubertät. Sobald aus Kindern Teen-

Kapitel 3: Null Bock auf Harmonie

ager werden, ist zumeist erst einmal Schluss mit der Familienidylle. Denn nun beginnt für den Jugendlichen der schwierige Prozess des Erwachsenwerdens, der alle Familienmitglieder vor eine harte Zerreißprobe stellen kann.
Es ist nicht einfach, auf die vielfältigen pubertären Verhaltensmuster von Jugendlichen die richtige Antwort zu finden. Manche Eltern wollen beispielsweise nicht einsehen, dass nun der Zeitpunkt zum langsamen Loslassen gekommen ist. Je stärker Sohn oder Tochter ihr Recht auf Unabhängigkeit einfordern, desto strenger werden die elterlichen Kontrollen und Verbote. Daraus entsteht ein Machtkampf, in dem beide Seiten eigentlich nur verlieren können. Als ultima ratio wird der aufsässige Teenager in ein Internat oder ein Heim gesteckt, Vater und Mutter stehen vor den Scherben ihrer Erziehung.
Im anderen Extrem lassen die Eltern alles laufen. Es ist ihnen ziemlich gleichgültig, wohin das Kind geht und mit wem es zusammen ist. Eine riskante Haltung, die bei dem betroffenen Jugendlichen den Eindruck hervorruft, seinen Eltern egal zu sein. Zudem potenziert sich die Gefahr, auf die schiefe Bahn zu kommen, in so einem Fall von Desinteresse beträchtlich.
Und schließlich ist da noch die Gruppe von Eltern, die vordergründig ihren heranwachsenden Kindern viele Freiheiten einräumt, im Gegenzug aber darauf besteht, über alles und jedes informiert zu werden. Das führt dazu, dass diese Kinder sich nicht wirklich frei entfalten können. Denn die Nabelschnur, die sie mit den Eltern verbindet, wird nicht gelockert, sondern bei jedem Versuch der Abnabelung ein Stück fester geknüpft.

Trotzdem gibt es einige Erfahrungsgrundsätze, wie Sie in der kritischen Zeit der Pubertät mit Ihren Kindern umgehen sollten:

- Verkneifen Sie sich Kritik an Outfit, Musik und Vorlieben Ihrer Kinder. Was Sie total hässlich finden, halten Teenager für „supergeil".
- Versuchen Sie nicht, mit Ihren Kindern in punkto Jugendlichkeit zu wetteifern. Erwachsene, die sich auf Disco-Look trimmen, wirken nur peinlich.

Mit sich und jedem im Clinch.
Teenager haben es schwer

- Klammern Sie nicht, aber halten Sie sich im Hintergrund bereit. Auch Teenager brauchen ab und zu dringend elterlichen Beistand.
- Stellen Sie akzeptable Regeln auf, wobei Sie Ihren Kindern einen gewissen Spielraum zugestehen sollten. Werden die gesetzten Grenzen trotzdem überschritten, geben Sie den Teenys eine zweite Chance. Das kommt gut und festigt das Vertrauen.
- Versuchen Sie, Ihr Verhältnis zu den Kindern auf eine neue Basis zu stellen: Allmählich weg von der elterlichen Autorität und hin zu einem partnerschaftlichen Miteinander.
- Reagieren Sie auf Provokationen gelassen. Und rächen Sie sich nicht bei nächster Gelegenheit für das freche Verhalten, indem Sie Ihr Kind bloßstellen oder lächerlich machen. Denn Teenager-Seelen sind empfindsam.
- Lassen Sie Ihre Kinder an der langen Leine, damit sie ihre eigenen Erfahrungen machen können. Denn aus Fehlern kann man lernen.
- Biedern Sie sich nicht an. Wenn Sohn oder Tochter mit Freunden zum Rockkonzert gehen, haben Sie dort nichts verloren.
- Suchen Sie Kontakt mit Eltern in ähnlichen Situationen. Gegenseitiger Erfahrungsaustausch kann sehr hilfreich sein.

Belastungsprobe für die Geschwister-Beziehung

Aber auch die Geschwister kommen häufig nicht damit klar, dass sich die liebe große Schwester auf einmal wie eine alberne Gans benimmt oder der verständnisvolle große Bruder keine Zeit mehr zum gemeinsamen Fußballspielen hat, sondern jede freie Minute mit seiner doofen Clique unterwegs ist. Je nach Alter und Charakter reagieren Geschwister unterschiedlich darauf. Ältere Jugendliche, die schon aus der Pubertät heraus sind, werden müde lächelnd abwinken. Schließlich ist es noch gar nicht so lange her, dass sie dasselbe durchgemacht haben. Jüngere dagegen finden die neue Auf-

Kapitel 3: Null Bock auf Harmonie

müpfigkeit ihrer älteren Geschwister unter Umständen toll. So kann es passieren, dass Sie Ihre Neunjährige ebenfalls mit Lidschatten und Make-up vor dem Spiegel hantieren sehen oder Ihr Zehnjähriger das geliebte Hundebaby-Poster über seinem Bett gegen ein Plakat einer Punk-Band austauscht. Weil sie genauso „groß" sein wollen wie ihre älteren Geschwister.

Bei einer besonders engen, herzlichen Geschwisterbeziehung stößt der Abnabelungsprozess von der Familie bei den Jüngeren oft auf Unverständnis. Die Kleineren können nicht nachvollziehen, weshalb die Älteren auf einmal eigene Wege gehen wollen, warum Familienausflüge plötzlich ätzend sind, wieso Monopoly-Spielen am Nachmittag nur was für Langweiler ist. Werden sie zudem von den Teenager-Geschwistern zurückgestoßen – *„Lass mich bloß in Ruhe, du Ei!"* – erhält das festgefügte Familienbild erste Risse.

In so einer Situation hilft es leider nicht viel, an die Vernunft der pubertierenden Jugendlichen zu appellieren. Bine und Stefan haben im Moment ganz andere Dinge im Kopf als solchen uninteressanten Kinderkram. Als „starker Mann", der in der Clique einen Ruf zu verlieren hat, kann sich Stefan unmöglich mit seinem jüngeren Brüder abgeben. Und Bine will beim Date mit ihrem Heiko auch nicht unbedingt die kleinere Schwester im Schlepp dabei haben und als „Super Nanny" verspottet werden.

Jetzt ist Ihr ganzes Einfühlungsvermögen gefordert. Schildern Sie den jüngeren Geschwistern, dass sich Bine oder Stefan zur Zeit in einer komplizierten Phase befinden. *„Wisst ihr, euer Bruder wird langsam erwachsen. Ihr habt sicher schon gemerkt, dass seine Stimme viel tiefer geworden ist und er bekommt sogar schon einen Bart. Bald muss er sich wie Papi jeden Morgen rasieren. Aber Erwachsenwerden ist gar nicht so leicht. Man ist kein richtiges Kind mehr, aber auch noch nicht richtig erwachsen. Deshalb benimmt sich Stefan im Moment manchmal auch so komisch. Das müsst ihr aber nicht übel nehmen. Lasst ihn einfach mal zufrieden. Aber wenn er wirklich böse zu euch ist, dann kommt ihr sofort zu mir. Außerdem: Wir können ja auch ohne Stefan was unternehmen. Macht doch mal einen Vorschlag."*

Zickenalarm: Mädchen mobben anders

Jungen sind aggressiver als Mädchen. Darüber waren sich Verhaltensforscher lange Zeit einig. Auch Eltern und Lehrer teilten diese Meinung angesichts tretender, boxender und schlagender Knaben. Sicherlich tritt die Aggression bei Jungen offener zu tage, was aber nicht bedeutet, dass Mädchen reine Unschuldsengel sind.

Viele weibliche Teenager beherrschen vielmehr die Klaviatur der verborgenen, hinterhältigen Aggression in perfekter Weise. Das Mobbing von Mädchen fällt subtiler aus und zielt vornehmlich auf die Verletzung der Seele. Dazu gehören beispielsweise das Verbreiten von bösartigen Gerüchten, Manipulationen und die bewusste Ausgrenzung oder die Drohung, die Freundschaft aufzukündigen. Im Gegensatz zum sichtbaren aggressiven Verhalten von Jungen bleibt das Vorgehen von Mädchen meist unentdeckt und damit auch ohne Konsequenzen für die Täterin. Aber nicht für die Opfer. Während derjenige, der von einem Jungen körperlich attackiert wird, in der Regel mit einigen Blessuren davonkommt, trägt das Mobbing-Opfer nachhaltig Schäden davon. Denn häufig zielen die verbalen Angriffe eines Mädchens auf Schwachstellen ab, die der Kontrahentin sowieso zu schaffen machen. Etwa Figurprobleme, Defizite im Aussehen oder mangelnde Sportlichkeit. Sticheleien in diesen Bereichen führen dazu, dass die Betroffene ihr Selbstbewusstsein verliert, die Angreiferin sich dagegen immer besser fühlt.

Übrigens: Wenn Sie mitbekommen, dass Ihre Teeny-Tochter beispielsweise die beste Freundin mobbt, werden Sie es schwer haben, ein Eingeständnis zu erhalten. Denn unter Mädchen gelten Aggressionen als verpönt. Deshalb wird es Ihre Tochter wohl weit von sich weisen, selbst aggressiv zu sein. Vielleicht fragen Sie mal bei ihren Klassenkameraden oder im Freundeskreis nach. Gegebenenfalls bekommen Sie hier eine ehrlichere Auskunft.

Kapitel 3: Null Bock auf Harmonie

Probleme mit der Rangfolge:
„Wer ist hier der Boss?"

Kennen Sie das? Sie kommen am Abend abgespannt nach Hause und hören schon von weitem wütendes Gebrüll aus dem Kinderzimmer schallen. *„Bitte nicht schon wieder!"*, flehen Sie innerlich. *„Müssen sich unsere drei denn permanent in die Wolle kriegen?"*
Ursachen für so eine Dauerfehde gibt es viele. Einige haben wir in diesem Buch bereits angesprochen. Ein Grund dafür, dass bei Ihnen der Haussegen schief hängt, kann im dominanten Verhalten eines Kindes gegenüber den anderen liegen. Häufig ist es der Älteste, der im Geschwisterverbund die Rolle des Erziehers übernimmt. Gerade dann, wenn Sie und Ihr Mann berufstätig sind, fühlt sich Ihr Großer befugt, in Ihrer Abwesenheit die Autoritätsperson zu spielen. Kein Wunder, dass sich seine Geschwister gegen diese Anmaßung zur Wehr setzen. *„Holger und Karin, ihr räumt jetzt sofort die Spielsachen ins Regal!" „Ja, nachher." „Nein, sofort." „Reg' dich ab. Wir räumen schon auf." „Nein, das tut Ihr nicht, Ihr labert nur rum und lasst dann doch alles rumliegen." „Also gut, Ben. Bevor du die Krise kriegst..." „Na, geht doch. Ich helfe euch auch, damit es schneller geht. Und Mami wird sich nachher freuen, dass wir alle so prima aufgeräumt haben."*
Wie kommt Ihr Großer dazu, sich als Boss aufzuführen? Gerade erstgeborene Kinder sind häufig leistungsorientiert und wollen immer alles richtig machen. Diesen Wunsch nach Perfektion übertragen sie vielfach auch auf andere. Sie kümmern sich um die kleineren Geschwister, beschützen sie – und gehen ihnen mit ihrer überbordenden Fürsorglichkeit zuweilen ziemlich auf den Keks. Besonders dann, wenn der Altersunterschied nicht sehr groß ist. Oft werden sie von den Jüngeren in ihrer Führungsrolle aber auch akzeptiert, weil diese den angestammten Rang des Zuerst-da-Gewesenen anerkennen.
Gar nicht selten unterstützen Eltern sogar das erzieherische Verhalten des ältesten Kindes. *„Ich wüsste gar nicht, was ich ohne meine Große machen würde"*, lobt eine Mutter. *„Sie hilft mir im Haushalt, sorgt dafür, dass die Kleine*

pünktlich in den Kindergarten kommt, und beaufsichtigt auch noch die Hausaufgaben ihres jüngeren Bruders. Ich bin unglaublich stolz auf sie."
Trotzdem ist Ihr ältestes Kind kein Elternersatz für die anderen. Es gehört nicht zu seinen Aufgaben, seine Geschwister zu erziehen. Ebenso können Sie dem Großen nicht jedes Mal die Verantwortung dafür geben, wenn im Kinderzimmer etwas schief gelaufen ist. Mit anderen Worten: Lassen Sie Ihr Kind ein Kind bleiben. Vermeiden Sie, Ihr Ältestes zu überfordern. Sicher darf es die kleineren Geschwister beaufsichtigen und betreuen, aber bitte nicht im Fulltime-Job. Auch große Kinder wollen spielen. Wenn nötig, müssen Sie die Geschwisterbeziehung auf eine neue, demokratische Basis stellen. Der große Bruder ist kein Diktator, nach dessen Pfeife alles tanzt. Die große Schwester ist keine Gouvernante, deren Anweisungen ohne Wenn und Aber gehorcht werden muss. Bringen Sie Ihrem großen Kind in einem Vier-Augen-Gespräch bei, wie es künftig in angemessener Weise mit den anderen umgehen soll: Verantwortungsbewusst, aber nicht autoritär. Bei Ihrem Erstgeborenen können Sie damit rechnen, dass es einsichtig und vernünftig ist. Deshalb wird sich das Verhältnis im Kinderzimmer sicherlich bald entspannen.

Wenn die Chemie nicht stimmt: Die ungleichen Brüder

- Zwar sehen sich Geschwister rein äußerlich meist sehr ähnlich, doch charakterlich liegen oftmals Welten zwischen ihnen. Wie beispielsweise bei **Philip** und **Erik**. Während Philip – der Ältere von beiden – ein sensibler kleiner Träumer ist, der seinen Gedanken nachhängt, entwickelt sich sein Bruder zu einem echten Draufgänger. Kein Baum ist ihm zu hoch, keiner Rauferei geht er aus dem Weg, von morgens bis abends steht er unter Volldampf. Auch sonst sind die beiden wie Feuer und Wasser. Philip hängt mit großer Zärtlichkeit an seiner Mutter, hält seine Sachen in Ordnung und beschäftigt sich am liebsten allein. Erik dagegen blüht im Chaos auf, begleitet den Vater zum Free-Climbing und bringt häufig eine Schar von Freunden mit nach Hause.

Kapitel 3: Null Bock auf Harmonie

Es bleibt nicht aus, dass es bei diesen divergierenden Veranlagungen zu Reibereien unter den Brüdern kommt. Als betroffene Eltern müssen Sie behutsam versuchen, diesen Beziehungsstress zu reduzieren – das Schwierige daran ist, beiden Kindern gerecht zu werden. Bei dieser diplomatischen Gratwanderung gilt es, die persönlichen Vorlieben zu unterdrücken. Wenn der sanfte Philip der heimliche Liebling der Mutter ist, sollte das auch weiterhin heimlich bleiben. Wenn der sportliche Erik Papis ganzer Stolz ist, sollte der Vater das tunlichst nicht zeigen. Denn Sie können hundertprozentig sicher sein: Die ungleichen Brüder werden es spüren, welches Elternteil wen von ihnen lieber mag. Deshalb üben Sie sich in gleichmäßig verteilter Sympathie.

Ein weiteres Mittel zum Stressabbau unter Geschwistern ist die zeitweilige Trennung. Beispiel: Schicken Sie Erik zum Judo und Philip in die Klavierstunde. Schenken Sie Ihrem Temperamentsbündel zum Geburtstag ein Paar Inlineskater und beglücken Sie das Träumerle mit einem Harry-Potter-Kostüm zum Verkleiden. Darüber hinaus wählen Sie die Freizeitbeschäftigung für die ganze Familie so aus, dass alle Mitglieder etwas davon haben. Wie wär's mit einer gemeinsamen Safari durch den Wald, um seltene Pflanzen und Tiere zu entdecken? Oder Sie verbringen ein paar Stunden beim Minigolfen, machen Picknick an einem See mit anschließendem Tretbootfahren oder besuchen einen Freizeitpark, der ein vielfältiges Angebot für jeden Geschmack bietet. Vielleicht gehen Sie auch mal zusammen zum Eishockey, um den Lieblingsverein von Erik live zu erleben. Am nächsten Sonntag kommt dann Philip auf seine Kosten, wenn die Familie im Planetarium neue, unendliche Weiten erkundet. Auf diese Weise besteht sogar eine realistische Möglichkeit, den einen Bruder mittelfristig für die Hobbys des anderen zu interessieren.

Was aber, wenn der Familienfrieden nachhaltig gestört ist – und keins Ihrer Kinder hat schuld daran? Dann wird es Zeit, das eigene Verhalten unter die Lupe zu nehmen.

Aggressionen ohne Ende.
Vielleicht liegt es an Ihnen

Wut hat viele Ursachen. Zumeist werden Kinder wütend, wenn sie frustriert sind. Möglicherweise müssen sie etwas tun, was sie nicht wollen. Oder die Eltern verweigern ihnen einen Wunsch. Es kann aber auch sein, dass Kinder auf eine Bestrafung, eigenes Fehlverhalten oder mangelnde Beachtung zornig reagieren. Stecken Sie und Ihr Partner im Moment in einer Beziehungskrise? Dann ist es durchaus denkbar, dass das der Auslöser für die andauernden Streitigkeiten unter den Geschwistern ist. Sozusagen stellvertretend für Sie tragen Ihre Kinder die Auseinandersetzungen aus, die Sie in deren Gegenwart zu vermeiden suchen. Kinder besitzen ein ungeheures Gespür dafür, dass zwischen den Eltern etwas nicht stimmt. Zumal dann, wenn die Spannungen unterdrückt werden. Ihre Kinder empfinden den Druck, unter dem Sie und Ihr Mann stehen, und entwickeln aufgrund dieser Belastung selbst aggressive Gefühle. Um diese Aggressionen abzubauen, fangen sie untereinander an zu streiten. Damit wird das Kinderzimmer zum Nebenkriegsschauplatz, weil sich Ihr Nachwuchs scheut, in dieser familiären Krise die Eltern direkt zu attackieren. Es ist also wesentlich sinnvoller, Partnerschaftsprobleme nicht geheim zu halten, sondern offen miteinander zu besprechen. Liefern Sie Ihren Kindern ein vorbildliches Beispiel an Streitkultur, indem Sie fair und ehrlich miteinander umgehen. Auf diese Weise erfahren Ihre Kinder schon früh, dass das Austragen von Konflikten nichts Bedrohliches bedeutet, sofern sich die streitenden Parteien nicht gegenseitig verletzen oder beleidigen.
Angenommen, Ihre aktuelle Ehekrise geht so tief, dass an eine Versöhnung zur Zeit nicht zu denken ist. Dann versuchen Sie bitte nicht, die Kinder oder eines von ihnen auf Ihre Seite zu ziehen. Sie bringen die Geschwister damit in einen unlösbaren Gewissenskonflikt. Für wen sollen sie sich entscheiden? Schließlich haben sie Vater und Mutter gleichermaßen lieb und können nicht begreifen, dass sie ein Elternteil nun nicht mehr gern haben sollen. Zugleich schüren Sie mit der Forderung *„Entweder Mami oder Papi"* die Rivalität unter den Geschwistern. Denn sollten sich tatsächlich zwei Lager pro Mutter und

pro Vater bilden, haben Sie es zu verantworten, wenn sich die Kinder auseinander dividieren. Nebenbei: Haben Sie sich schon einmal überlegt, wie Sie diesen Riss zwischen den Geschwistern kitten wollen, wenn Sie und Ihr Partner sich wieder versöhnen? In diesem Fall können Sie nicht einfach sagen: *„Alles zurück auf Anfang! Mami und Papi streiten nicht mehr und deshalb haben wir uns alle wieder lieb."* Ihre Kinder werden das erlebte Elterndrama nicht so ohne Weiteres verarbeiten können. Deshalb kann es auch dauern, bis das ursprüngliche Vertrauensverhältnis zu beiden Elternteilen wieder hergestellt ist.

Streitigkeiten unter Geschwistern sind häufig aber auch eine Folge falscher Erziehungsmethoden. Manche Eltern praktizieren einen ausgesprochen autoritären Erziehungsstil. Andere machen genau das Gegenteil und lassen ihre Kinder ohne Regeln und Grenzen aufwachsen. Beide Methoden fördern die Streitbereitschaft. Kinder, die von ihren Eltern lernen, dass man mit Macht und Stärke so gut wie alles erreichen kann, werden ihrerseits versuchen, im Geschwisterverbund selbst die Führung zu übernehmen. Die Folge: Der Konkurrenzkampf um die beste Position wird heftiger und rücksichtsloser. Kinder, denen die Eltern keine Grenzen setzen, nehmen sich dagegen alles heraus. Das gilt auch für das Verhältnis untereinander. Wüste Schlägereien und Beschimpfungen gehören bald zur Tagesordnung, wenn Eltern nicht umgehend dem wilden Treiben ein Ende setzen. Denn: Kinder brauchen Spielregeln, um Respekt und Achtung vor anderen zu lernen.

Reine Nervensache: Eltern erzählen

Jeden Tag nur Friede, Freude, Eierkuchen – in keiner Familie gibt es ausschließlich Harmonie pur. Beruhigend zu wissen, dass es anderen Eltern genauso geht wie Ihnen. Lesen Sie selbst.

- *„Unser **Felix** ist an und für sich ein lieber Junge, mit dem wir keine Probleme haben"*, berichtet Gregor. *„Doch etwas nervt mich ungeheuer: Wenn er das Bad verlässt, sieht es aus wie Sau. Die Zahnpastatube ist nicht wieder zugeschraubt, das Handtuch liegt zerknüllt herum, die Seife findet sich irgendwo – nur nicht dort, wo sie hingehört: In der Seifenschale. Der ultimative Badezimmer-Gau aber passiert jedes Mal, wenn Felix unter der Dusche war. Dann verwandelt sich der Raum in einen See. Wir bräuchten nur noch ein Boot, um paddeln zu gehen. Außerdem fängt er mit seinen sechs Jahren auch schon mit dem Schlampen an. War ja auch abzusehen: Was der große Bruder macht, wird vom Kleinen sofort imitiert."* *„Hast du eigentlich eine Ahnung, mein lieber Gregor, wie es im Badezimmer aussieht, wenn du drin warst?"* fragt spitz seine Frau Amelie dazwischen. *„Würde ich nicht immer direkt hinter dir herräumen, wäre bald das reine Chaos da. Unser Herr Sohn nimmt sich nur ein Beispiel an seinem Vater – allerdings ein schlechtes."* *„Äh, wirklich?"* Gregor ist sichtlich perplex. *„Na, dann muss ich mich wohl in Zukunft am Riemen reißen und ein ordentlicher Mensch werden!"*

Diese Geschichte zeigt, dass Kinder schlechte Angewohnheiten nicht nur von den älteren Geschwistern, sondern auch von den Eltern übernehmen. Hier hilft nur, die eigenen Unarten abzustellen und dem Kind künftig ein besseres Vorbild zu sein.

Kapitel 3: Null Bock auf Harmonie

- *„Wir haben zwei Söhne: **Leon** (fünf Jahre alt) und **Benny** (drei Jahre alt). In letzter Zeit gibt es immer Zoff beim Thema Teilen. Unser Kleiner will partout nichts abgeben. Lieber stopft er sich die Taschen mit seinen Spielzeugautos voll, ehe er eines seinem großen Bruder überlässt,"* schildert Katrin ihr Problem. *„Natürlich wird Leon dann richtig sauer. Denn er hat gelernt, dass er mit seinem Bruder teilen soll und macht das eigentlich auch widerstandslos. Aber inzwischen sieht er nicht mehr ein, warum er Benny etwas von seinen Spielsachen abtreten soll.*

  Es bringt auch nicht viel, unseren Großen zu bitten, sich für eine Weile mit etwas anderem zu beschäftigen. Kaum fängt er an, beispielsweise mit seinen Legosteinen ein Haus zu bauen, kommt Benny dazu und reißt das Ganze mit Begeisterung wieder ein. Kaputtmachen gehört zu seinen Lieblingstätigkeiten. Wenn ich ihn dann ausschimpfe, lacht er sich schlapp, dreht sich auf dem Absatz um und gibt dem Bauwerk den letzten Rest. Ich weiß mir dann nur noch zu helfen, indem ich die beiden trenne. Leon darf im Kinderzimmer weiterspielen; den Kleinen nehme ich dann mit mir in die Küche oder nach draußen, um ihn irgendwie abzulenken."

Manche Eltern verfolgen die gut gemeinte Absicht, ihre Kinder so liberal wie möglich zu erziehen. Dazu gehört, sie an allen Entscheidungen zu beteiligen. Doch die kindlichen Fähigkeiten werden nicht selten durch allzu viel Demokratie im Familienrat überfordert. Susanne und Holger haben dieses Phänomen bei ihren beiden Töchtern erlebt.

- *„**Lena** ist fünf, **Nele** ein Jahr älter und vor kurzem in die Schule gekommen. Wir haben es von Anfang an so gehalten, den Kindern einen möglichst großen Freiraum zu geben. Beispielsweise beim Essen. Die Mädchen können selbstverständlich selbst entscheiden, was sie morgens zum Frühstück haben wollen. Auch beim Anziehen reden wir ihnen nicht*

hinein", beschreibt Susanne ihr liberales Erziehungsprinzip. *„Selbstverständlich nehme ich die beiden auch zum Einkaufen mit, damit sie selbst aussuchen können, was sie gern hätten."*
„Mitbestimmung gibt es auch beim Fernsehen", schaltet sich Holger ein. *Wir richten uns da schon nach unseren Mädels. Wenn sie im Bett sind, können wir uns ja immer noch einen Film auf Video ansehen, der nicht ganz jugendfrei ist."* *„Seitdem Nele in die Schule geht, interessiert sie sich aber nicht mehr so sehr dafür, Dinge mitzuentscheiden. Oft sagt sie nur: ‚Ach Mama, mach das doch einfach so, wie du meinst. Mir ist das wirklich egal.' Die Kleine dagegen reagiert in letzter Zeit ziemlich gereizt. Zum Beispiel will sie sich nicht mehr allein anziehen, sondern besteht darauf, dass ich ihr die Sachen aus dem Schrank aussuche und ihr dann helfe. Oder beim Frühstück quengelt sie nur rum, statt sich für etwas zu entscheiden. Dabei sorge ich immer für eine große Auswahl an Cornflakes, Müsli oder Obst. Wenn Lena möchte, mache ich ihr auch gern ein Spiegelei – aber nein, sie weiß einfach nicht, was sie will. Irgendwas ist da wohl falsch gelaufen"*, fügt Susanne verunsichert hinzu.

Was ist da schief gelaufen? In ihrem gut gemeinten Streben nach Liberalität und Demokratie in der Familie haben die Eltern ihre Kinder überfordert, indem sie alle Entscheidungen an die Kinder delegiert haben. Klar: Kinder wollen gern mal was entscheiden. Aber ständig alles selbst entscheiden zu müssen – das strengt an. Deshalb sind Kinder bei vielen Sachen froh, wenn ihre Eltern für sie entscheiden. Das entlastet sie – und sie haben das sichere Gefühl, dass ihre Eltern sie führen und ihnen sagen, wo es lang geht.

Tun oder lassen: Die Eltern-Ampel

- Spielen Sie bei Streitereien unter den Geschwistern nie den Richter, der zwischen Schuldig und Nicht-Schuldig entscheidet.
- Bestrafen Sie niemals ein Kind allein. Damit verschärfen Sie den Konflikt und das Gefühl, ungerecht behandelt zu werden.
- Lassen Sie sich nicht zu unüberlegtem Handeln provozieren. Anschreien oder eine Ohrfeige heizt die Stimmung zusätzlich auf.
- Mischen Sie sich in die Auseinadersetzungen Ihrer Kinder möglichst nicht ein.
- Vermeiden Sie nach Möglichkeit alles, was Ihre Kinder nachhaltig frustrieren könnte.
- Überfordern Sie Ihre Kinder nicht – aber hüten Sie sich auch vor einer Unterforderung.
- Wenden Sie niemals Gewalt an.

- Suchen Sie nach der Ursache für den Streit.
- Ermitteln Sie, warum sich Ihre Kinder so und nicht anders verhalten.
- Helfen Sie, eine für alle Seiten zufriedenstellende Lösung zu finden.
- Bleiben Sie ruhig – wer brüllt, hat Unrecht.
- Lassen Sie Ihre Kinder eine Weile allein, damit sich der Zorn legen kann. Reden Sie dann in aller Ruhe mit ihnen über das anstehende Problem.
- Setzen Sie auf Ihre natürliche Autorität. Kinder brauchen eine Respektsperson, an der sie sich orientieren können und die im Streitfall weiterhilft.
- Schaffen Sie ein Ventil, damit sich Ihre wütenden Kinder abreagieren können. Ein Punchingball zum Draufschlagen wirkt manchmal Wunder.
- Lassen Sie zu, dass Ihre Kinder Aggressionen aktiv abbauen. Von der Kissenschlacht über Wutgebrüll bis zum Wettlauf ist alles sinnvoll, was Dampf ablässt.

4
Vergleichen bringt Ärger

„Nimm dir mal ein Beispiel an Sophie!"
**Weshalb Bruder und Schwester
nicht zum Vorbild taugen**

In diesem Kapitel erfahren Sie, ...

- warum Sie Ihre Kinder nicht miteinander vergleichen sollten
- wie Geschwister im ständigen Wettbewerb an Profil gewinnen
- weshalb Zwillinge ein besonderer Fall sind
- wie Sie die Stärken jedes Kindes individuell fördern können
- warum Sie Sohn oder Tochter nicht in Gegenwart anderer loben und tadeln sollten
- dass Leistungsdruck fatale Folgen haben kann
- was andere Eltern vom Vergleichen halten
- was Sie in Zukunft tun oder lassen sollten

Kapitel 4: Vergleichen bringt Ärger

„Hässliches Entlein" und „Stolzer Schwan". Unterschiede können sehr weh tun

- **Sophie** (zwölf Jahre alt) ist in jeder Beziehung ein Ass. Sie bringt in sämtlichen Fächern gute Schulnoten nach Hause, ist sportlich aktiv, spielt für ihr Alter bereits recht passabel Tennis. Sie räumt ohne Ermahnungen ihre Sachen weg und sieht dazu mit ihren schwarzen Locken und den blauen Augen ganz reizend aus. Jedermann ist von der Elfjährigen entzückt – bis auf eine Ausnahme: Ihre jüngere Schwester **Annika** (neun Jahre alt) hält im Gegensatz zu Eltern, Bekannten und Verwandten die Super-Sophie überhaupt nicht für bewundernswert, sondern für ein unerträgliches Übel, das ihr Tag für Tag die Laune verdirbt. *„Hast du gesehen, Annika? Deine Schwester hat schon wieder eine Eins in Mathe geschrieben. Nimm dir ein Bespiel an Sophie und streng' dich endlich mal an, damit du von deiner ewigen Drei runterkommst!"* Diese Aufforderung bekommt Annika in wechselnden Variationen von ihren Eltern ständig zu hören.

Aber nicht nur die Leistungen in der Schule machen Annika zu schaffen. Was ihr Selbstverstrauen fast noch mehr erschüttert, ist die von allen bewunderte Schönheit der Schwester. Wenn Annika in den Spiegel schaut, sieht sie ein kleines pummeliges Mädchen mit langweiligen braunen Haaren und traurig herabgezogenen Mundwinkeln. *„Wie du wieder rumläufst",* regt sich die Mutter auf. *„Dein T-Shirt gehört längst in die Wäsche. Sophie achtet immer auf ihre Kleidung. Wenn du so weitermachst, wirst du später nie einen netten jungen Mann kennen lernen."* Und Annika senkt den Kopf, kämpft mit den Tränen und wünscht sich doch nichts so sehr, als von Mami fest in den Arm genommen zu werden. Spürt sie denn gar nicht, wie unglücklich ihr kleines Mädchen ist?

Aber Annika lässt sich so leicht nicht unterkriegen. *„Wenn ich mich ganz doll anstrenge, werden Papa und Mami mich genau so gern haben wie Sophie. Und dann können sie auch auf mich stolz sein."* denkt sie sich.

„Hässliches Entlein" und „Stolzer Schwan".
Unterschiede können sehr weh tun

In den folgenden Wochen legt sich die jüngere Schwester auch mächtig ins Zeug, um den Erwartungen ihrer Eltern gerecht zu werden. Aber die erhoffte Anerkennung bleibt aus. Wenn Annika beispielsweise voller Stolz eine Zwei im Diktat präsentiert, hat Sophie garantiert den ersten Preis im Schwimmwettbewerb gewonnen und wieder einmal die ganze Aufmerksamkeit auf sich gezogen. Nach diesen enttäuschenden Erfahrungen versucht es Annika auf die Kuscheltour. Sie schmeichelt sich auf Papis Schoß, um lieb gehabt zu werden, folgt ihrer Mutter wie ein Hündchen durchs Haus und appelliert mit gespielter Hilflosigkeit an die Fürsorge ihrer Eltern.

Auch diese Taktik bringt das Mädchen aber nicht wirklich weiter. *„Komm, Annika, lass mich mal in Ruhe die Zeitung lesen. Später habe ich Zeit für dich"*, heißt es vom Vater. *„Mensch, Annika. Du wirst doch wohl allein das Fahrrad aus dem Keller holen können"*, sagt die Mutter. *„Ich verstehe nicht, was los ist mit dir. Als Sophie so alt war wie du, war sie schon viel selbständiger."*

Irgendwann wird es Annika zu viel. Sie rastet aus. Voll Wut gegen die bevorzugte Schwester greift sie zur Schere und zerfetzt Sophies Lieblingsbluse. Das hat richtig gut getan! Später, als die Attacke herauskommt, bringt die kleine Übeltäterin kein Wort der Entschuldigung über die Lippen. Verstockt lässt sie sich ausschimpfen und nimmt den Hausarrest in Kauf. Als einige Tage darauf Sophie den ersten Schritt unternimmt – *„Annika, sei nicht so stur. Ich bin dir auch nicht mehr böse!"* –, scheint oberflächlich betrachtet alles wieder im Lot zu sein. Doch der scheinbare Friede trügt. Immer wieder brechen Differenzen zwischen den beiden Schwestern aus, die von den Eltern mit wachsendem Unverständnis registriert werden. *„Warum können sich die beiden nicht vertragen? Sophie tut doch nun wirklich alles, um es Annika recht zu machen. Dieses Mädchen macht uns allen das Leben schwer."*

Keine Frage, die Eltern in diesem Beispiel verhalten sich in höchstem Maße unklug. Kinder können es nicht aushalten, permanent ein anderes als Vorbild hingestellt zu bekommen. Wir Erwachsenen können das ja ebenso wenig. Oder wie würden Sie empfinden, wenn der Kollege im Büro ständig von Ihrem Vorgesetzten als Musterexemplar für Arbeitseifer gelobt würde, dem Sie doch bitteschön nacheifern sollten? Sicherlich wären Sie nicht sehr erfreut. Denn die Bereitschaft, sich einen anderen als Beispiel zu nehmen, verlischt, sobald man wiederholt dazu aufgefordert wird.

„Ich kann etwas, was du nicht kannst." Wenn sich Kinder miteinander messen

Natürlich vergleichen sich Geschwister untereinander; das ist völlig normal. Gerade weil sie die meiste Zeit zusammen verbringen, kennt jedes von ihnen die Stärken und Defizite des anderen genau. Diese Vergleiche liefern zudem den Maßstab für das eigene Können und helfen, Nischen zu finden, in denen man sich vom anderen absetzen kann: *„Alice kann besser Klavier spielen als ich. Dafür bin ich unschlagbar im Bodenturnen".* Geschwister wollen sich gegenseitig imponieren, wollen besser sein als der andere. Schon allein deswegen nehmen sie sich gegenseitig als Vorbild – so lange, bis die Eltern mit Lob oder Tadel Partei ergreifen.

Kinder neigen oft von Natur aus dazu, sich voneinander zu unterscheiden. Glänzt die Schwester durch Gehorsam, Ordnungsliebe und Fleiß, wird sich die andere mehr durch Kessheit und ein gewisses Laisser-faire hervortun. Geschwister, die in den gleichen Disziplinen Erfolge feiern – wie etwa die Schwestern Williams im Tennis – sind eher selten. Lieber finden sie ihre persönlichen Begabungen heraus und entwickeln diese gezielt weiter.

Brüder und Schwestern haben an und für sich auch keine Probleme damit, die Erfolge des anderen anzuerkennen und zu bewundern. Besonders im Kindergarten, in der Schule oder im Verein kommt ein Held aus der eigenen Familie immer gut. *„Heute Nachmittag wird bei uns daheim groß gefeiert. Mein Bruder hat nämlich den Pokal bei der Vereins-Jugendmeisterschaft im Tischtennis gewonnen."* Der Respekt der Zuhörer ist ihr sicher, denn so einen Crack hat schließlich nicht jeder zum Bruder.

"Hässliches Entlein" und "Stolzer Schwan".
Unterschiede können sehr weh tun

Vergleichsweise doppelt:
Zwillinge sind ein besonderer Fall

Vom ersten Tag an haben eineiige Zwillinge ein Problem: Sie werden nie als Einzelpersonen betrachtet, sondern immer als Doppelpack. Gerade wegen der frappanten Ähnlichkeit, die zumeist durch einheitliche Kleidung unterstrichen wird, suchen Eltern, Großeltern und Verwandte ständig nach Unterschieden. Das bedeutet: Anders als ihre Geschwister stehen sie dauernd im Fokus der Aufmerksamkeit und werden miteinander verglichen: Wer von den beiden ist größer? Wer ist schlauer? Wer kann was besser? Dieses unaufhörliche Gegenüberstellen führt bei Zwillingen zu einem ausgeprägten Konkurrenzdenken. Der eine belauert den anderen, um Alleingänge direkt abblocken zu können. Alles, was sie unternehmen, kommt sofort auf den Prüfstand. Denn ein Zwilling kann nicht zulassen, dass der andere Zwilling etwas besser kann als er selbst.

Aber das Zwillingsein hat zweifellos auch seine Vorteile. Als starkes Duo sind die beiden Geschwister in der Lage, gemeinsam einer harten Umwelt zu trotzen. Im Kindergarten und später in der Schule profitieren die zwei durch ihren identischen Auftritt. *"Wer ist wer?"* fragen sich die Erzieher und sind im Zweifel, wen von den beiden sie denn nun für das schlechte Benehmen zurechtweisen sollen.

Aufgrund der engen Verbundenheit fällt es Zwillingen schwer, eine eigene Persönlichkeit herauszubilden. Hinzu kommt, dass in dieser speziellen Geschwisterbeziehung zumeist ein Kind das Sagen hat. Bei rund drei Vierteln aller Zwillingspaare ist das so. Häufig übernimmt der Erstgeborene die Führungsrolle, während der oft schwächere Nachgeborene nachgibt und sich lenken lässt. Fühlen sich beide in dieser Rollenverteilung wohl, brauchen Eltern nicht einzugreifen. Wird aber deutlich, dass der Stärkere den Schwächeren unterdrückt und ausnutzt, sollten Eltern nicht tatenlos zusehen. In diesem Fall ist es erforderlich, das unterlegene Kind aus dem Schatten des andren herauszuholen und individuell zu fördern. In extremen Situationen kann es sogar ratsam sein, die beiden in verschiedene Kindergärten und Schulen zu schicken.

Als Eltern von Zwillingen können Sie wesentlich dazu beitragen, dass Ihre Kinder frühzeitig zu einer eigenen Identität finden. Obwohl Ihre beiden sich äußerlich sehr ähnlich sehen, sind sie doch zwei selbständige Persönlichkeiten mit eigenem Wesen, eigenen Talenten und eigenen Verhaltensweisen. Deshalb macht es Sinn, Zwillinge von Anfang an als eigenständige Individuen zu behandeln. Statt die Kinder stets als unzertrennliches Zweigespann zu betrachten, sollten Sie jedes für sich in seiner Entwicklung unterstützen. Dazu gehören beispielsweise auch getrennte

Aktivitäten oder der Aufbau eines eigenen Freundeskreises.
Ermöglichen Sie jedem Kind, sich seinen Fähigkeiten und Neigungen gemäß zu orientieren. Will der eine in den Sportverein, möchte der andere vielleicht einen Malkurs belegen. Was ist dagegen einzuwenden? Zwillinge sind keine Einheit und müssen nicht alles gemeinsam machen. Und: Vermeiden Sie nach Möglichkeit, die beiden miteinander zu vergleichen. Denn einer zieht immer den Kürzeren dabei, weil Kinder die Anerkennung für den anderen häufig als Tadel an sich selbst verstehen. Wenn Sie zum Beispiel einem der Zwillinge sagen, dass sein Bruder wirklich ein kluges Kerlchen ist, könnte der andere leicht meinen, er sei in Ihren Augen nicht so intelligent. Deshalb ist es gescheiter, positive wie negative Äußerungen über ein Kind gegenüber dem anderen zu vermeiden. Und das gilt nicht nur für Zwillinge.

Alle Mühe ist umsonst. Ehrgeiz – nein danke

„Wenn ich meine Kinder miteinander vergleiche, möchte ich nur, dass sich der, der nicht so gut ist, anstrengt, besser zu werden. Es ist doch nichts Schlechtes dabei, wenn Geschwister miteinander wetteifern!" So oder ähnlich lautet das Argument vieler Eltern, wenn sie auf das Thema „Konkurrenz unter Geschwistern" angesprochen werden. Leider geht diese Rechnung nicht auf, weil Sie mit Vergleichen zumeist den gegenteiligen Effekt erreichen.

Etwa dann, wenn das Kind, das Sie eigentlich anspornen wollten, angesichts der Überlegenheit des anderen überhaupt keine Lust mehr hat, sich um bessere Leistungen zu bemühen. Wozu auch, wenn Bruder oder Schwester sowieso immer spitze ist. Oder das Kind, das als leuchtendes Beispiel dient, spielt auf einmal nicht mehr mit. Denn es begreift, dass es immer dann Zoff mit den übrigen Geschwistern gibt, wenn es selbst wieder mal ein Top-Ergebnis erzielt hat. Also wird es sich in Zukunft eher zurückhalten, damit die anderen nicht wieder so böse werden. Dieser Verzicht auf eigene Erfolge ist vor allem dann zu erwarten, wenn sich die Geschwister ansonsten gut verstehen.
Es ist aber auch möglich, dass sich Ihr Primus in der Rolle des Vorbilds gefällt und allmählich selbst davon überzeugt ist, besser als die anderen zu sein. Diese Selbsteinschätzung kann dann nicht nur zu einer gewissen Überheblichkeit

führen, sondern darin gipfeln, dass der Vielgelobte seine Geschwister bevormundet und gängelt. So ein Verhalten werden die bestimmt nicht prickelnd finden und sich einmütig dagegen zur Wehr setzen.
Ebenso fatale Folgen kann es haben, wenn Sie Ihre Kinder gegeneinander ausspielen. *„Hannes bringt immer den Müll runter – und du hängst bloß rum. Warum kannst du nicht auch so hilfsbereit sein?"* Dass Sie damit das Verhältnis der Brüder strapazieren, liegt auf der Hand. Für reichlich Konfliktstoff sorgen auch Bemerkungen wie: *„Also, Regine, an deiner Stelle würde ich mir das ja nicht gefallen lassen. Was glaubst du, was deine Schwester hinter deinem Rücken alles erzählt. Das hätte ich nie von ihr gedacht!"* Sie können sicher sein, dass es zwischen den beiden in absehbarer Zeit ziemlich heftig zur Sache gehen wird.
Halten wir fest: Vergleichen schadet. Denn jedes Lob für den einen beinhaltet gleichzeitig einen Tadel für den anderen. Das stiftet Unfrieden in der Geschwisterbeziehung. Deshalb verzichten Sie darauf, die Leistungen Ihrer Kinder gegenüberzustellen und im Vergleich zu bewerten. Denn es gibt auch andere Möglichkeiten, Ihre Kinder effizient zu unterstützen.

Jedes Kind hat seine starken Seiten. Fördern Sie sie

Selbstverständlich unterscheiden sich Ihre Kinder hinsichtlich Aussehen, Talenten und Charaktereigenschaften voneinander. Das lässt sich auch gar nicht wegdiskutieren. Es kommt aber darauf an, dass Sie als Eltern die verschiedenen individuellen Fähigkeiten wertneutral anerkennen: Kein Kind wird wegen seiner Eigenschaften bevorzugt, benachteiligt, mehr oder weniger geliebt.
Mit dieser Haltung erreichen Sie bereits eine Menge. Denn Sie vermitteln Ihren Kindern das Gefühl, dass jedes um seiner selbst willen lieb gehabt wird. Sie können aber noch mehr tun. Ermutigen Sie jedes einzelne Kind, indem Sie seine individuellen Stärken fördern. Sparen Sie nicht mit Lob, wenn ein Kind eine Sache sehr gut gemacht hat. Und wenn etwas auf Anhieb nicht so recht gelingt, reden Sie positiv: *„Ist doch nicht schlimm, wenn es beim ersten Mal nicht so toll geklappt hat. Denk doch mal, als du mit dem Schlittschuhlaufen ange-*

fangen hast. Immer wieder bist du hingefallen und hast geglaubt, nie im Leben übers Eis laufen zu können. Und jetzt bist du echt klasse. Also Kopf hoch – ich bin sicher, bald gehörst du auch beim Tennis zu den Besten."

Wie entdeckt man nun, ob ein Kind besondere Begabungen hat und wo die liegen? Ein wesentliches Merkmal für ein außerordentliches Talent ist, dass sich so ein Kind auffällig für ein bestimmtes Gebiet interessiert – und zwar ohne Ihr Zutun oder Ihre Anregung. Wenn Sie merken, dass Ihr Kind sich ausdauernd etwa mit Musizieren, Malen oder einer Sportart beschäftigt und sich durch nichts und niemanden ablenken lässt, ist die Wahrscheinlichkeit hoch, dass es sich dabei um eine spezielle Begabung handeln könnte. Weitere Anzeichen sind ein großes Bedürfnis an Informationen über das jeweilige Interessengebiet, ein effizientes Agieren und eine überdurchschnittliche Empfindlichkeit gegen alle Kritik an dem favorisierten Thema.

Manche Eltern entwickeln nun übersteigerten Ehrgeiz und wollen „auf Teufel, komm raus" dieses Talent fördern. Doch hier trifft das bekannte Sprichwort zu: Zu viel Eifer schadet nur. Denn eine Förderung, die sich nur auf ein Feld begrenzt, kann die gesamte Entwicklung des Kindes behindern, weil andere Fähigkeiten auf der Strecke bleiben. Es ist auch gar nicht notwendig, eine starke Begabung einseitig zu fördern. Für das Kind ist es besser, ihm genügend Freiraum zur freien Entfaltung zu geben. Also mischen Sie sich nicht großartig ein, um Ihr Kind in die gewünschte Richtung zu lenken. Über kurz oder lang wird es selbst anfangen, sich gezielt mit seinem Lieblingsbereich zu beschäftigen. Und das sollten Sie ihm dann nicht verwehren.

„Das schaffst du bestimmt."
Trauen Sie jedem Ihrer Kinder was zu

Es ist so gut wie ausgeschlossen, dass alle Kinder im Geschwisterverbund gleich begabt, gleich hübsch und gleich lieb sind. Auf der einen Seite wird es die Überflieger geben, denen anscheinend alles mühelos gelingt. Auf der anderen Seite stehen die Unsicheren, weniger Talentierten, die sich ihre Erfolge mühsam erarbeiten müssen. Die Schwächeren in Relation zu den Stärkeren zu stellen, wäre höchst ungerecht – auch wenn manche Eltern meinen, der

„Das schaffst du bestimmt." Trauen Sie jedem Ihrer Kinder was zu

Konkurrenzkampf müsse schon im Kinderzimmer beginnen, um sich in einer modernen Wettbewerbsgesellschaft behaupten zu können. Er muss es nicht. Es ist viel wichtiger, einem Kind, das geistig und körperlich nicht so perfekt ausgestattet ist wie seine Geschwister, mindestens die gleiche Starthilfe zur Persönlichkeitsentwicklung zu bieten wie den anderen – wenn nicht sogar mehr.

Gesetzt den Fall, Ihr Sohn hat „zwei linke Hände" und stellt sich im Alltag bei den einfachsten Dinge reichlich ungeschickt an. Da hilft es überhaupt nichts, auf seinen handwerklich begabten großen Bruder hinzuweisen. Denn dessen Fähigkeiten wird der Jüngere sowieso nicht erreichen. Machen Sie ihm lieber Mut, auf einem anderen Gebiet sein persönliches Erfolgserlebnis zu finden. Wenn wieder einmal etwas daneben gegangen ist, dramatisieren Sie die Sache nicht, sondern zeigen Sie Ihrem Kind eine interessante Alternative, wo es sich beweisen kann. Vielleicht kann es mit einer Trompete besser umgehen als mit einer Laubsäge. Oder es entwickelt Marathonqualitäten, auch wenn es am Reck hängt wie ein nasser Sack. Freuen Sie sich, wenn Ihre Tochter einen „grünen Daumen" hat – statt sich zu ärgern, dass sie kein Auge für attraktive Mode hat. Stehen Sie Ihrem Ältesten nicht im Weg, wenn er nach der mittleren Reife von der Schule abgehen will, um in der Schreinerei eine Lehre zu beginnen – selbst wenn seit Generationen in Ihrer Familie der Erstgeborene immer Arzt geworden ist. Lassen Sie ihn ziehen und unterstützen Sie seine Schwester, die gern Medizin studieren würde.

Wenn Ihre Kinder sich etwas zutrauen sollen, dann müssen Sie an sie glauben. Die Devise lautet: Ermutigen statt entmutigen. Streichen Sie den Satz *„Das schaffst du nie!"* radikal aus Ihrem Wortschatz und ersetzen ihn durch *„Das schaffst du bestimmt!"*. Damit festigen Sie maßgeblich das Selbstvertrauen Ihrer Kinder.

Lob und Tadel: Nur unter vier Augen

Der Wettlauf um Anerkennung setzt Kinder jeden Tag aufs Neue unter Druck. Auch wenn Sie peinlich darauf achten, diesen Konkurrenzkampf nicht weiter zu schüren – er findet trotzdem statt.

Kapitel 4: Vergleichen bringt Ärger

- **Christine** kommt freudestrahlend nach Hause und schwenkt eine Urkunde. *„Seht mal, was ich hier habe. Ich habe im Leistungstest als einzige in der Klasse alle Punkte erreicht. Ist das nicht sagenhaft?"* *„Ich hab's ja immer gewusst"*, erklärt der Vater im Brustton der Überzeugung. *„Unsere Christine ist die Intelligenteste von euch allen. Das muss ich gleich heute Abend am Stammtisch erzählen. Die werden sich wundern."* Und die Mutter strahlt: *„Du bist mein tüchtiges Mädel. Ich rufe mal schnell bei Oma und Opa an, damit die sich auch freuen können."* Im Jubel und Trubel fällt niemandem auf, dass Bruder **Olaf**, der etwas abseits steht, die Tränen über die Wangen rollen. Schließlich wendet sich die Mutter ihm zu und fragt: *„Na, Kleiner, bist du nicht auch stolz auf deine große Schwester?"* *„Och, die doofe Ziege. Die ist doch nur 'ne olle Streberin"*, quetscht der Knabe aus dem Mundwinkel hervor, dreht sich um und verschwindet in seinem Zimmer.

Geschwistern fällt es schwer, souverän zu bleiben, wenn eins von ihnen im Rampenlicht steht und begeisterten Applaus kriegt, während sie selbst leer ausgehen. Die Eifersucht lässt dann starke Emotionen hoch kochen, die je nach Temperament und Veranlagung zu unterschiedlichen Reaktionen führen. Der eine bekommt einen Wutanfall, der andere verkriecht sich und der dritte versucht, den Erfolg des anderen klein zu reden: *„Pah, so ein Leistungskurs in Musik ist doch gar nichts. Das bisschen Tralala kann doch jeder."* Zuweilen ist die Missgunst auch so heftig, dass das von den Eltern gelobte Kind angeschwärzt und schlecht gemacht wird: *„Kein Wunder, dass Christine in Musik so gute Noten hat. Die braucht dem Lehrer doch nur mal schöne Augen zu machen – und schon gibt er ihr die besten Noten."*
Das alles lässt sich umgehen, wenn Sie sich angewöhnen, Ihre Kinder in Zukunft nur unter vier Augen zu loben und zu tadeln. Dann können Sie Ihrer Begeisterung freien Lauf lassen und Ihrem Sohn oder Ihrer Tochter uneingeschränkte Anerkennung schenken. Und wenn die anderen Kinder dabei sind – darf man dann gar nicht loben? Doch. Aber bitte nicht so überschwänglich – und vor allem ohne Vergleiche mit den anderen. Merken Sie positiv an, dass sich Ihr Kind seinen Erfolg durch viel Fleiß redlich verdient hat. Sagen Sie

ihm, dass Sie nachempfinden können, wie stolz es auf das hervorragende Ergebnis ist. Aber machen Sie das jetzt gerade erfolgreiche Kind nicht vor seinen Geschwistern zum Wunderkind. Warten Sie, bis Sie mit ihm allein sind und belohnen es dann entsprechend.

- Ein anderes Beispiel aus derselben Familie: Letzter Schultag vor den Ferien. Sie warten schon gespannt, welche Zeugnisse Ihre beiden mitbringen werden. Aufgeregt kommt **Olaf** als erster zur Tür herein, dicht gefolgt von **Christine**. „*Mami, Mami, ich hab' in Deutsch eine glatte Zwei*", sprudelt es aus dem Jungen hervor. „*Gut, dass ich so fleißig war. Jetzt ist die Vier weg.*" Von Vier auf Zwei, das verdient wirklich ein Riesenlob, denken Sie. Während Mami ihren Filius fest an sich drückt, öffnet Christine lässig ihre Schultasche. „*Hi, Mum, ich will euch nicht stören. Du kannst dir mein Zeugnis ja nachher ansehen. Übrigens: Ich habe in Deutsch, Mathe, Englisch und Bio eine Eins.*" „*Glückwunsch, Christine. Das ist eine fabelhafte Leistung*", freut Mami sich. „*Na, Olaf, da musst du dich aber noch ganz schön anstrengen, um so gut wie Christine zu werden.*"

Auch wenn Sie das nicht gewollt haben, ist Ihr Sohn doch tief getroffen und enttäuscht. Selbst wenn seine gute Note nicht mit dem ausgezeichneten Abschneiden seiner Schwester konkurrieren kann – sein Sprung von Vier auf Zwei ist eine mindestens ebenso starke Leistung. Aber Sie haben Sie mit einem einzigen Satz zunichte gemacht. Traurig wird sich Ihr Jüngster sagen: „*Ich kann machen, was ich will. Aber an Christine werde ich nie herankommen. Deshalb mögen meine Eltern meine Schwester auch viel mehr als mich.*"
Dieser Eindruck darf sich natürlich nicht verfestigen. Und dafür können Sie eine Menge tun.

Faire Chancen für alle.
Zu Hause herrscht kein Wettbewerb

Bleiben wir beim Beispiel Zeugnisse. Diese Bewertung schulischer Leistungen ist nicht dazu da, um miteinander zu wetteifern, sondern stellt eine indivi-

Kapitel 4: Vergleichen bringt Ärger

duelle Benotung des jeweiligen Kindes dar. Es wäre auch absurd, die Zeugnisnoten ohne Ansehen der persönlichen Fähigkeiten und Begabungen über einen Kamm scheren zu wollen.

Deshalb erklären Sie Ihren Kindern, dass daheim kein Noten-Wettbewerb stattfindet. Geben Sie ihnen zu verstehen, dass Olaf genau wie Christine sein eigenes Zeugnis bekommt, das jedes Kind für sich genommen beurteilt. Beide Zeugnisse haben nichts miteinander zu tun und können daher auch nicht miteinander verglichen werden. Denn: *„Christine ist sehr sprachbegabt und kann auch gut rechnen. Daher bekommt sie in diesen Fächern auch beste Noten. Du, Olaf, bist dafür super in Sport, kennst dich prima in Geographie aus und hast Spaß an Chemie. So hat jeder von euch seine ganz persönlichen Stärken, die von euren Lehrern entsprechend bewertet werden. Ihr seht also selbst, dass es keinen Sinn macht, eure Leistungen miteinander zu vergleichen. Dazu seid ihr viel zu verschieden."*

So vermitteln Sie Ihren Kindern das Gefühl, dass jedes für sich von den Eltern ernst genommen und akzeptiert wird. Es gilt das Prinzip: Der eine ist nicht besser oder schlechter, sonders *anders* als der andere. Es ist unrealistisch, von einem Kind zu erwarten, auf allen Gebieten gleich kompetent wie Bruder oder Schwester zu sein. Geben Sie Ihren Kindern die gleiche Chance, sich individuell zu entwickeln und ihre persönlichen Stärken auszubauen. Ohne den Druck, mit den Geschwistern konkurrieren zu müssen.

Was aber, wenn Ihre Kinder unabhängig von Ihnen ihre Zeugnisse untereinander vergleichen? Dann ist das deren Sache und braucht Sie nicht weiter zu interessieren. Sie haben deutlich klargestellt, dass es Ihnen nicht darauf ankommt, wer im Vergleich besser oder weniger gut abschneidet. Ihnen geht es ausschließlich darum zu erfahren, welche schulischen Fortschritte jedes Kind als eigenständige Persönlichkeit vorweisen kann. So ist zum Beispiel die hart erarbeitete Zwei von Olaf in Deutsch tatsächlich viel höher zu bewerten als die Eins von Christine, die gern Aufsätze schreibt und eine richtige Leseratte ist.

Aber irgendwann kann es geschehen, dass Christines exzellenter Notendurchschnitt plötzlich sinkt. Als Eltern, die vom schulischen Erfolg Ihrer Tochter verwöhnt sind, stehen Sie dann vor einem Rätsel. Wie kann so etwas passieren? Ganz einfach:

Faire Chancen für alle. Zu Hause herrscht kein Wettbewerb

Ihr Kind kann nicht immer der Beste sein

- Auch ein Champion wird einmal müde. Jahrelang war **Carsten** der Klassenprimus, glänzte durch erstklassige Leistungen und wurde von Lehrern und Schülern sehr geschätzt. Aufgrund seiner Beliebtheit wählte man den Jungen in zahlreiche Ämter, die er mit Begeisterung ausübt. Erst kürzlich ist Carsten mit großer Mehrheit zum Klassensprecher gewählt worden. Außerdem sitzt er im Redaktionsteam der Schulzeitung, arbeitet in der Schülervertretung mit und leitet als Regisseur das kleine Schülertheater des Gymnasiums. Und nun dieser unerklärliche Leistungsabfall.

Carsten versucht zunächst, sich noch mehr anzustrengen, um alles in gewohnter Qualität zu schaffen. Denn er will um keinen Preis versagen, weil er die hohen Erwartungen seiner Eltern, der Lehrer und seiner Mitschüler nicht enttäuschen will.

Darüber hinaus fürchtet Carsten den Verlust von Anerkennung, sollte er wirklich einmal nicht mehr Top-Leistung bringen können. Schließlich ist es überaus angenehm, sich im Erfolg zu sonnen. Wenn er nur daran denkt, wie die Geschwister ihn auslachen werden, wenn er mal kein großer Zampano ist. Schmach, Schande, Schrecken!

Je mehr Carsten sich aber abmüht, umso größer wird der Stress. Ihm unterlaufen die ersten kleinen Flüchtigkeitsfehler, er kommt zu spät zur Redaktionssitzung, verbummelt die Abgabe einer Hausarbeit, schreibt in Mathe eine Drei, weil er keine Zeit hatte, den neuen Stoff gründlich zu lernen.

Irgendwann lässt sich das Formtief nicht mehr verheimlichen. Carsten steckt in einer wirklichen Krise. Er beginnt, die Schule zu schwänzen – aus Angst, sich vor den anderen zu blamieren. Daheim geht er den Geschwistern aus dem Weg, denn die haben natürlich längst gemerkt, dass mit ihrem genialen Bruder etwas nicht in Ordnung ist. Schadenfreude macht sich breit, als Carsten die erste Fünf abliefert und die Mutter zum Lehrergespräch gebeten wird. Obwohl Carsten seine Aufgaben immer mühelos bewältigt hat, ist er jetzt offensichtlich überfordert. Wahrscheinlich hat er neben den eigentlichen Schulaufgaben zu viele Nebenämter übernommen – und sich damit übernommen.

Kapitel 4: Vergleichen bringt Ärger

In dieser Situation gibt es nur eins: Sie müssen alles tun, damit Ihr Kind diese schwere persönliche Krise unbeschadet übersteht. Machen Sie ihm keine Vorwürfe, wenn seine Leistungen nicht mehr so gut sind wie früher. Setzen Sie sich statt dessen mit ihm zusammen um herauszufinden, woher seine Schwäche kommt. Überlegen Sie gemeinsam, wie die Sache wieder ins Lot zu bringen ist. Vielleicht reicht es schon aus, eines oder zwei der zahlreichen Schulämter zu streichen. Ihr Kind muss nicht überall dabei sein. Es schadet seiner Beliebtheit in keiner Weise, wenn es ein bisschen kürzer tritt und sich auf das Wesentliche konzentriert. Fragen Sie Ihr Kind, was ihm in der Schule am meisten Spaß macht und auf was es verzichten kann. Das liefert Ihnen für das Gespräch mit dem Lehrer überzeugende Argumente. Denn um den Druck von Ihrem Kind zu nehmen, ist es gut, wenn Sie mit den Lehrern nach einer gemeinsamen Strategie zusammenarbeiten.

Aber auch zu Hause müssen Sie für Entlastung sorgen. Wenn Sie in der Vergangenheit überdurchschnittliche Erwartungen an Ihr Kind gestellt haben – vielleicht, um Ihre eigenen nicht verwirklichten Wunschvorstellungen über Ihr Kind doch noch zu realisieren – sollten Sie unbedingt Abstand davon nehmen. Ihr Kind ist keine Maschine, die ununterbrochen auf Hochtouren läuft und beste Ergebnisse produziert. Ihr Kind ist – mag es auch noch so verständig, klug und begabt sein – immer noch ein Kind, das seinem Alter entsprechend behandelt werden muss.

Deshalb lassen Sie es bitte nicht spüren, dass Sie unter Umständen von seinen schwachen Leistungen enttäuscht sind. Im Gegenteil: Geben Sie ihm das sichere Gefühl, gerade jetzt fest zu ihm zu stehen. Zeigen Sie sich zuversichtlich, dass es schon bald wieder aufwärts geht. Denn Sie werden ihm dabei helfen, wo Sie können. Außerdem mal ehrlich: Eine Fünf ist kein Beinbruch. Sie lieben Ihr Kind schließlich nicht wegen seiner guten Schulnoten, sondern um seinetwillen. Nebenbei – vielleicht verhilft Ihnen ein Blick in die eigenen Zeugnisse zur Einsicht, dass es nicht immer nur Einsen und Zweien sein müssen, damit man es später im Leben zu etwas bringt.

Gelassenheit auf der einen Seite und gezielte Unterstützung auf der anderen werden Ihrem Kind helfen, wieder zu sich selbst zu finden. Ein gutes Verhältnis zu den Geschwistern trägt ebenfalls dazu bei, die Krise zu überwinden. Es hat möglicherweise auch sein Gutes, wenn der Überflieger von seinem Höhenflug auf die Erde zurückkehrt. Als ganz normaler Junge mit ganz normalen Schwächen wird er wesentlich leichter in den geschwisterlichen Verband integriert. Denn die anderen wissen nun, dass er einer von ihnen ist – und das ist gut so.

So, wie es die strahlenden Sieger gibt, die immer auf der Sonnenseite des Lebens stehen, gibt es solche, die aus dem Schatten nicht herauskommen. Ist eines Ihrer Kinder vielleicht der geborene Looser? Dann wappnen Sie sich beizeiten gegen:

Die Wut des ewigen Verlierers. Wundern Sie sich nicht, wenn's knallt

Häufig sind es die Nachzügler, die gegenüber den älteren Geschwistern das Nachsehen haben. Ihnen geht es ähnlich wie dem Hasen mit dem Igel: So sehr sie sich auch bemühen – stets ist schon ein anderer da, der stärker, intelligenter, begabter und geschickter ist. Zumeist finden die Kleinen mit der Zeit heraus, wo und wie sie die Großen doch noch übertreffen können. Gelingt es ihnen aber nicht, eine spezielle Disziplin zu besetzen, bleibt die Erfahrung der Unterlegenheit oftmals während der gesamten Geschwisterbeziehung bestehen. Noch als Erwachsene fühlt sich beispielsweise die jüngste der Geschwister wie ein hässliches Entlein, wenn sie der bildhübschen großen Schwester begegnet. Bei diesen Gelegenheiten kommt reflexartig die Erinnerung an die Kindheit zurück, als das Nesthäkchen von den Angehörigen stets ein wenig bemitleidet wurde: *„Die Kleine ist aber nicht so hübsch, wie ihre Schwester in dem Alter war. Na ja, vielleicht wächst sie sich noch zurecht."* Weil es mit dem Zurechtwachsen nicht so recht klappte, entwickelte sich das Thema Aussehen zu einem Trauma, das die jüngere Schwester bis heute verfolgt.

Kinder, die sich als Verlierer fühlen, laufen Gefahr, an sich selbst zu zweifeln und letztendlich zu resignieren. Oder aber sie reagieren mit unbändiger Wut, werden unausstehlich und entwickeln sich zu einem richtigen Ekelpaket. Es sieht so aus, als ob sie es darauf anlegten, unsympathisch zu wirken. Häufig

Kapitel 4: Vergleichen bringt Ärger

werden sie aggressive Rowdys, die sich beim geringsten Anlass mit den Geschwistern prügeln. Alles, was sie tun, endet im Extremen. Wohl auch aus der Überzeugung, dass sie sowieso keiner leiden kann.

Stellen Sie sich vor, Ihr Jüngster kommt regelmäßig mit zerrissenen, dreckigen Klamotten nach Hause, schweigt widerborstig, wenn Sie ihn zur Rede stellen, bekommt regelmäßig einen Wutanfall, wenn etwas nicht nach seinem Willen läuft, und versetzt seine Geschwister mit seinem gewaltbereiten Benehmen in Angst und Schrecken. Sie wären sicher nicht begeistert. Alle Versuche, Zugang zu dem kleinen Satansbraten zu finden, scheitern an seiner Renitenz. Und irgendwann werden Sie sich insgeheim eingestehen, dass Sie Ihre anderen wohlgeratenen Kinder doch etwas lieber haben. Obwohl Sie diese Erkenntnis natürlich niemals offen zugeben würden.

Doch der „bad boy" merkt selbstverständlich, dass er nicht zu den von den Eltern bevorzugten „good fellows" gehört. Daraufhin dreht sich die Spirale der Wut weiter, bis sie eines Tages explodiert.

- **Arne** hat die Nase voll. Wie so oft hat sich sein Bruder **Sven** mal wieder bei der Mutter eingeschleimt und ihr einen Blumenstrauß gepflückt. Bah, ein Junge und Blumenpflücken. Das wäre alles noch auszuhalten gewesen, wenn Mami dem blöden Sven nicht ins Ohr geflüstert hätte: *„Mein Svenni, wenn ich dich nicht hätte. Du bist doch mein Allerliebster!"*
  „Jetzt reicht es", denkt Arne. *„Mir stinkt das Getue mit Sven ja schon lange, aber nun ist Schluss mit lustig. Die Alten mögen mich sowie nicht, dann sollen sie doch mit ihrem geliebten Svenni glücklich werden. Ich hau ab! Wollen mal sehen, was sie dann sagen. Mutter flennt bestimmt rum und Vater will zur Polizei, um mich suchen zu lassen. Die können suchen, bis sie schwarz werden. Und sie sollen sich bloß nicht einbilden, dass ich wiederkomme. Die sind selbst schuld daran, dass ich die Fliege mache".*
  Arne packt ein paar Sachen in seine Tasche, klaut aus dem Schreibtisch einige Scheine und schlägt die Tür hinter sich zu. Als seine Mutter vom Einkaufen zurückkommt, findet sie einen Zettel von Arne auf dem Tisch. Darauf steht: *„Suchen zwecklos! Ihr werdet mich nicht finden. Das war's. Arne"*

Täglich verlassen Kinder ihr Elternhaus, weil sie mit den familiären Verhältnissen nicht mehr fertig werden. Sicherlich spielt dabei auch Gewalt der Eltern eine entscheidende Rolle, aber gar nicht so selten gibt auch das Gefühl, von den anderen nicht anerkannt und geliebt zu werden, den Anstoß zum Abhauen. Auf diese Weise hat manche Drogenkarriere oder kriminelle Laufbahn von Jugendlichen begonnen.

Hier soll nicht der Teufel an die Wand gemalt werden. Trotzdem sollten Sie darauf achten, dass Ihr „schwarzes Schaf" nicht zum Außenseiter in der Familie wird. Es kostet oft eine immense Geduld, so einen Rebellen in den Familienverbund zurückzuführen. Aber lohnt sich nicht jeder Aufwand, wenn es um Ihr Kind geht?

Es lebe der Unterschied: Eltern erzählen

Bei Weltmeisterschaften und Olympischen Spielen werden meist nur die drei auf dem Treppchen wahrgenommen und gefeiert. Die vielen übrigen Athleten bleiben so gut wie namenlos. Ihre Leistung ist im Vergleich durchgefallen – deshalb gelten sie gegenüber den Siegern nichts mehr, obwohl sie sich sicherlich genauso abgerackert haben wie die anderen. So ein elitäres k.o.-System gehört nicht ins Kinderzimmer. Manche Eltern sehen das ebenso, andere finden die Idee eines gesunden Wettbewerbs zum gegenseitigen Ansporn gar nicht so übel. Im Folgenden berichten Väter und Mütter, wie sie persönlich mit dem Thema „Vergleichen" umgehen.

- Zwei Mütter, die auf einem Spielplatz ihre Kinder auf der Rutsche beobachten: *„Sie haben aber zwei entzückende Mädchen"*, bewunderte die eine. *„Und wie die beiden sich ähnlich sehen. Man könnte fast meinen, es wären Zwillinge."* *„Sind sie ja auch"*, darauf die andere Mutter. *„Tatsächlich? Warum haben Sie die Kleinen dann so verschieden angezogen? Auch die Haare sind ganz anders. Die eine trägt einen*

Pferdeschwanz und die andere einen Pagenschnitt. Also wenn das meine wären, würde ich die Mädchen von Kopf bis Fuß gleich ausstaffieren. Das sieht doch doppelt süß aus.", bemerkt die erste Mutter sichtlich erstaunt. *„Eben. Und genau das wollen wir vermeiden"*, entgegnet die Zwillingsmama. *„Früher hatten **Mona** und **Lilly** gleiche Kleidchen an. Doch dann fiel uns auf, dass unsere beiden von aller Welt immer nur als Doppel gesehen wurden. Dabei ist jede für sich eine kleine eigenständige Person, die nicht zusammen mit ihrer Schwester in denselben Topf geworfen werden sollte. So haben mein Mann und ich kurzerhand beschlossen, Mona und Lilly nicht mehr einheitlich als Duo auftreten zu lassen. So, wie sie jetzt aussehen, ist es wesentlich besser. Denn nun sind es ganz normale Schwestern – und jede von ihnen ist ein richtiger Schatz."*

- Ein junger Vater erzählt: *„Also – mit Mädchen kann ich nicht so gut. Sie sind so sensibel, zart und außerdem schnell beleidigt, wenn man sie mal etwas härter anfasst. Deshalb war ich auch ziemlich enttäuscht, dass unser erstes Baby kein Junge geworden ist. Aber Gott seid Dank hat es dann beim zweiten Kind geklappt. Mein **Robin**, mittlerweile schon zehn Jahre alt, ist mein ein und alles. Wir gehen gemeinsam zum Fußball, spielen Tischtennis und unternehmen überhaupt in der Freizeit eine ganze Menge zusammen. Meine Tochter dagegen ist ein überempfindliches Hühnchen. Ne, mit dieser Art komme ich nicht klar."* Ein bisschen schuldbewusst fährt er fort: *„**Conny** hat wohl bald gemerkt, dass ich Robin etwas bevorzuge. Auf jeden Fall wird sie von Jahr zu Jahr zickiger. Wenn ich ihr etwas auftrage, zieht sie ein Gesicht und denkt nicht daran, die Aufgabe zu erledigen. Kürzlich habe ich sogar erlebt, wie sie Robin ein Bein gestellt hat, so dass der arme Kerl hinfiel. Dabei ist er doch noch so klein. Wie oft habe ich Conny schon gesagt, sie soll sich ein Beispiel an ihrem Bruder nehmen, weil der so ein netter, umgänglicher Typ ist. Aber nein – statt sich am Riemen zu rei-*

ßen, bekommt meine hochverehrte Tochter bei jeder Kleinigkeit einen Tobsuchtsanfall. Ich habe schon überlegt, ob ich sie nicht besser in ein Internat schicke. Dann wäre endlich Ruhe im Haus. Wirklich – Mädchen sind nicht mein Ding. Nur gut, dass sich meine Frau etwas besser mit Conny versteht."

- Erika ist Mutter von zwei Jungen, die auch nicht so ganz einfach sind. „**Jan** ist ein richtiger Rabauke, der – koste es was es wolle – seinen Dickkopf durchsetzt. Dabei geht er aber so charmant vor, dass ich ihm eigentlich nichts abschlagen kann. **Till** dagegen war immer schon mein kleiner Liebling. Bei weitem nicht so robust und selbstbewusst wie sein Bruder, dafür aber hochsensibel, musisch begabt und überaus zärtlich. Leider nimmt Jan auf seinen kleinen Bruder wenig Rücksicht. Er schubst ihn zur Seite, wenn er mal im Weg steht, fegt seine Malsachen auf den Boden, wenn er selbst am Tisch Schularbeiten machen will. Und so weiter, und so weiter. Dabei gehen oft die Pferde mit ihm durch und er brüllt Till derart an, dass der laut weinend angelaufen kommt. Klar, dass ich mir dann den Großen vornehme und ihn tüchtig zurecht stauche. Verzweifelt frage ich ihn dann, weshalb er nicht auch so ein liebes Kind wie sein Bruder sein kann. Worauf er noch grimmiger guckt, was dem Kleinen wiederum noch mehr Angst macht. Was bleibt mir anderes übrig, als Till vor seinem rabiaten Bruder in Schutz zu nehmen. In meinen Armen fühlt er sich nämlich sicher." Nachdenklich fügt Erika hinzu: „Inzwischen habe ich allerdings manchmal das Gefühl, dass Jan mich ablehnt. Er lässt sich nicht mehr viel sagen und kommt auch nicht mehr so oft an zum Schmusen. Ich habe fast schon ein schlechtes Gewissen. Vielleicht werde ich mich künftig nicht immer einmischen, wenn die Brüder aneinandergeraten. Schließlich muss Till auch mal langsam anfangen, selbständig zu werden."

Kapitel 4: Vergleichen bringt Ärger

Tun oder lassen: Die Eltern-Ampel

- Vermeiden Sie alle Vergleiche – positive wie negative.
- Bringen Sie Ihre Kinder nicht in Verlegenheit.
- Setzen Sie Schwächen oder Stärken nicht als Druckmittel ein.

- Sagen Sie offen, was Sie am Verhalten eines Kindes stört oder was Ihnen gefällt.
- Motivieren Sie mit Fingerspitzengefühl.
- Machen Sie Ihrem Kind Mut, wenn es einmal versagen sollte.
- Nehmen Sie Rücksicht auf die Gefühle Ihrer Kinder.

5
Vom Unsinn der Gleichbehandlung

**„Wen von uns magst du am liebsten?"
Wie Eltern jedem Kind
individuell gerecht werden**

In diesem Kapitel erfahren Sie, ...

- weshalb Sie gar nicht erst versuchen sollten, Ihre Kinder gleich zu behandeln
- dass Sie jedes Kind auf ganz persönliche Weise lieben dürfen
- dass es nicht verboten ist, einen heimlichen Liebling zu haben
- wie Sie bei Ihren Kindern verborgene Qualitäten aufspüren
- wie Ihre Kinder von Ihnen alles bekommen, was sie brauchen
- warum kleine Nervensägen erfolgreicher sind als brave Engelchen
- wie andere Eltern auf die Bedürfnisse ihrer Kinder eingehen
- was Sie in Zukunft tun oder lassen sollten

Kapitel 5: Vom Unsinn der Gleichbehandlung

Zuwendung aufs Gramm genau. Diesen Stress können Sie sich sparen

Am Beginn dieses Kapitel steht das Ende eines Anspruchs: *"Eltern müssen alle ihre Kinder gleich behandeln und ohne Unterschied gleichermaßen lieb haben."* Das ist, mit Verlaub, grober Unsinn, weil völlig unrealistisch. Leider werden die meisten Mütter und Väter nicht zugeben, dass dieses Postulat der Gleichbehandlung beim besten Willen nicht verwirklicht werden kann. „Natürlich mögen wir unsere Kinder gleich gern und bevorzugen auch keins von ihnen", heißt es unisono.

Aber die Realität sieht anders aus. Stellen Sie sich nur einmal vor, Sie schenken Ihrer zehnjährigen Tochter ein Paar Rollschuhe. Kaufen Sie deshalb direkt noch zwei dazu, weil Ihr dreijähriger Sohn selbstverständlich auch welche bekommen muss – nur um der Gerechtigkeit zu genügen? Oder darf Ihr Krabbelkind abends genauso lange aufbleiben wie Ihr Sohn, der schon die dritte Klasse in der Schule besucht? Oder erlauben Sie Ihrem Achtjährigen, mit dem Moped des großen Bruders zu fahren, damit er sich bloß nicht benachteiligt fühlt? Diese wenigen Beispiele zeigen, dass allein der Altersunterschied zwischen Geschwistern zwangsläufig zur Ungleichbehandlung führt.

Abgesehen davon gibt es auch Situationen, die eine besondere Zuwendung erforderlich machen. Etwa dann, wenn ein Kind längere Zeit krank ist. Weil sich die Eltern während dieser Phase mehr um das bedürftigere Kind kümmern, kann es durchaus dazu kommen, dass die Geschwister ein wenig zurückstehen. Nicht weiter schlimm, wenn Sie Ihren Kindern erklären, dass der kranke Bruder im Moment viel Fürsorge braucht, damit er schnell wieder gesund wird. Bitten Sie die Geschwister um etwas Geduld und machen Sie ihnen klar, dass Sie sich um jedes Ihrer Kinder besonders kümmern, wenn es krank ist.

Manchmal provoziert ein Kind mit seinem Verhalten auch selbst, dass Eltern ihre Zuneigung auf ein anderes konzentrieren. Zum Beispiel dann, wenn der pubertierende Revoluzzer-Sohn Ihnen derart auf die Nerven geht, dass Sie ihn

Zuwendung aufs Gramm genau.
Diesen Stress können Sie sich sparen

am liebsten in die Wüste schicken würden. In so einer nervlichen Anspannung erscheint die liebenswerte Paula mit ihrem sonnigen Gemüt als Lichtgestalt, die Sie für das unerträgliche Verhalten des Jungen entschädigt. Es ist verständlich, dass Sie Ihre Tochter jetzt nach Strich und Faden verwöhnen. Denn *„Gott sei dank, dass wir noch unseren kleinen Sonnenschein haben! Paula macht uns nur Freude und nicht solchen Kummer wie unser ungeratener Sohn."*

Es ist aber auch klar, dass die Reaktion *„Sympathie für das gute Kind – Ablehnung für das böse Kind"* einen gefährlichen Prozess in Gang setzen kann. Behalten Eltern dieses Verhalten über einen längeren Zeitraum bei, besteht das Risiko, dass alle Beteiligten sich in ihrer Rolle verfestigen. Der Teenager bleibt auf Jahre hinaus der aufbegehrende Rambo, der gegen die elterliche Autorität opponiert. Die Schwester wird ihre Position als everybody's Darling gezielt ausbauen, während sich die Eltern in ihrer Haltung durch die Verhaltensweisen ihrer Kinder bestätigt fühlen.

Bedenken Sie auch, dass eine oppositionelle Haltung während der Pubertät ein gesundes Zeichen des Selbstfindungs- und Ablösungsprozesses vom Elternhaus ist. Gerade in schwierigen Zeiten braucht Ihr Kind Sie mehr denn je – auch wenn es nicht den Anschein hat.

Im Umgang mit den eigenen Kindern sollte es daher kein *„Entweder – Oder"*, kein *„Schwarz oder Weiß"* geben. Selbst in schwierigen Zeitabschnitten, wie es die Pubertät oder das Trotzalter nun mal sind, dürfen sich Eltern nicht nur auf eine Seite schlagen. Manchmal ist es wirklich nicht leicht, sein Kind zu mögen. Sie brauchen sich deswegen keine Vorwürfe zu machen. Es wird auch immer wieder Phasen geben, in denen Sie mit Ihrem „schwierigen" Kind besser zurecht kommen. Auf diese Lichtblicke sollten Sie sich konzentrieren, um ein ausgewogenes Bild Ihres Kindes zu erhalten und Kraft für die distanzierteren Momente zu sammeln. Und dann kehren mit Sicherheit auch Ihre positiven Gefühle zurück. Elternliebe schwankt, genauso wie die Liebe zwischen Partnern Höhen und Tiefen erlebt. Letztendlich aber bleibt sie erhalten, so dass jedes Kind zu seinem Recht auf Zuwendung kommt.

Kapitel 5: Vom Unsinn der Gleichbehandlung

„Jeder von Euch ist etwas Besonderes"

Irgendwann bekommen alle Eltern die Frage gestellt, vor der sie sich insgeheim fürchten: *„Mami, wen magst du am liebsten? Papi, wen hast du mehr lieb – Max oder mich?"* Diese Frage beantworten Sie am besten, indem Sie auf die individuellen Stärken und Besonderheiten jedes Kindes verweisen: *„Lieb hab' ich Euch alle gleich. Aber jeden von Euch lieb' ich aus anderen Gründen besonders."*

Jedes Kind wünscht sich, etwas Besonderes zu sein. Keinesfalls will es genauso wie seine Geschwister sein, denn dann wäre es austauschbar und nicht mehr einmalig. Daher möchte jedes Kind im Grunde genommen auch so behandelt werden, wie es seiner Persönlichkeit am besten entspricht. Und gerade nicht auf dieselbe Weise wie seine Geschwister. Dieses Grundbedürfnis Ihrer Kinder nach Einzigartigkeit und individueller Anerkennung ist der Schlüssel für Ihre Antwort, die beispielsweise so oder ähnlich lauten könnte: *„Weißt du, mein Schatz, jeder von euch bedeutet mir sehr viel, denn jeder ist etwas ganz Besonderes. Deshalb bist du mein einziger kleiner Max, den es nur einmal gibt. Niemand kann so lachen wie du, so hilfsbereit sein wie du und so viele Plätzchen verdrücken wie du. Und weil du so bist, wie du bist, habe ich dich ganz doll lieb."*

„Ich bin ich."
Selbstbewusstsein zeigt Stärke

Der Wunsch nach Eigenständigkeit wird bei vielen Kindern bereits sehr früh deutlich. Anpassung ist nicht ihr Ding. Beharrlich wollen sie genau das Gegenteil von dem, was die übrigen Geschwister möchten. Haben die anderen Appetit auf Orangensaft, verlangt der kleine Individualist garantiert Kakao. Drängen die Geschwister zum Aufbruch, muss der Querkopf noch dringend ein Bild zu Ende malen. Liegen Bruder und Schwester schon brav im Bett, ist Herr Eigensinn putzmunter und will unbedingt noch aufbleiben.

Eltern empfinden diese kindliche Sturheit als äußerst anstrengend und störend im familiären Tagesablauf. Aber das ist zu kurz gegriffen. Eigensinnige Kinder sind

„Ich bin ich." Selbstbewusstsein zeigt Stärke

dabei, ihre Stärken auszuloten und einen selbständigen Weg ins Leben zu finden. Instinktiv setzen sie auf den Faktor Unterscheidbarkeit, um im Geschwisterverbund nicht unterzugehen. Sie wollen auffallen, damit sie bei den Eltern größere Beachtung finden. Dabei ist Widerstand nur Mittel zum Zweck. Zwar ähnelt dieses Verhalten dem Trotzen, doch es steckt mehr dahinter, als nur die Grenzen der elterlichen Toleranz auszutesten und seinen Willen durchzusetzen.

Kinder, die ihren eigenen Kopf haben, wollen sich eindeutig von anderen absetzen und unabhängig agieren. Der Satz *„Ich kann das allein!"* ist typisch für so eine kleine Persönlichkeit, die ihre Angelegenheiten selbst in die Hand nehmen möchte. Dazu gehört auch, die eigenen Ansprüche gegen den Widerstand von anderen durchzusetzen. Dabei steht gar nicht so sehr die Sache im Mittelpunkt, sondern das Prinzip *„Alles, was ich will, bekomme ich auch"*. Ein Kind mit Eigensinn probiert einfach aus, wie weit es gehen kann. Unter Umständen kann das sehr weit gehen. Denn auf dem Weg zum Ziel greift ein durchsetzungsstarkes Kind durchaus auch mal zu rabiateren Methoden.

Klaus beispielsweise hat keine Probleme damit, seinem Bruder auch mit handgreiflicher Gewalt ein Spielzeug zu entreißen, wenn der es nicht freiwillig hergibt. Und Ute ist sich keiner Schuld bewusst, wenn sie ihrer protestierenden Schwester die Lieblingspuppe wegnimmt und in den eigenen Puppenwagen legt. Über den Besitz-Konflikt zwischen Mein und Dein versuchen dominante Kinder vielfach, ihre Stärke und Selbständigkeit zu dokumentieren. Eltern, die ihre Kinder gerecht und fair behandeln möchten, werden in so einer Situation schlichtend eingreifen. Sie werden sich bemühen, zwischen den Parteien zu vermitteln und den Streit zu lösen, indem zum Beispiel beide Kinder eine Zeitlang mit dem Objekt der Begierde spielen dürfen.

Aber Kinder mit einem ausgeprägten Hang zur Individualität legen keinen Wert auf Gleichmacherei. Sie sind vielmehr daran interessiert, ihren Anspruch klar zu stellen und durchzusetzen. Das heißt jedoch nicht zwangsläufig, dass eigenwillige Kinder kleine rücksichtslose Monster sind. Denn Individualität bedeutet keineswegs, nur den eigenen Vorteil zu sehen und sich gegen andere um jeden Preis zu behaupten. Individualität bedeutet auch nicht, keine Teamfähigkeit und soziale Bindungsfähigkeit zu besitzen. Sie brauchen daher nicht zu befürchten, dass Ihr kleiner Querulant aus der ansonsten ungetrübten Geschwisterbeziehung ausschert, weil er sich aufgrund seines Eigensinnes nicht mehr in die Gruppe integrieren kann.

Individuelle Verhaltensweisen bei Ihren Kindern sollten Sie als positives Zeichen von Selbstvertrauen begrüßen. Denn damit beweist Ihr Kind, dass es weiß, was es braucht und wie es seine Bedürfnisse anderen mitteilen muss. Da diese Signale zumeist sehr deutlich umgesetzt werden, ist es für Sie als Eltern relativ leicht, die Befindlichkeit des betreffenden Kindes einzuschätzen und entsprechend zu reagieren. So können Sie auch Handlungsweisen, die aus dem Ruder laufen, korrigieren. Bei der Lösung von Konflikten sollten Sie auf jeden Fall die beteiligten Kinder mit einbeziehen. Entscheiden Sie nicht nach Ihrem persönlichen Gerechtigkeitsgefühl, sondern geben Sie den Streithähnen die Möglichkeit, ihren eigenen Weg zu finden. Und weil Geschwister voneinander lernen, werden sie sogar voneinander profitieren.

Ein Kind, das Selbstvertrauen hat und entsprechend selbstbewusst auftritt, handelt nach dem Prinzip: *„Wer sich was traut, kommt weiter"*. Die Entwicklung der Geschwisterkinder kann dadurch durchaus positiv beeinflusst werden. Allerdings gehört zu dieser Erkenntnis etwas Grundsätzliches dazu: Ein Draufgänger ohne Familienbindung steht auf verlorenem Posten. Erst der Schutz und die Sicherheit, die nur eine Familie geben kann, versetzt ein Kind in die Lage, sich eigenständig auf den Marathon des Lebens vorzubereiten.

Papas heimlicher Liebling. Kein Grund, sich schuldig zu fühlen

Keiner gesteht es gern ein, aber trotzdem kommt es in den besten Familien vor: Mutter hat ihren Liebling, an dem ihr ganzes Herz hängt – genauso wie Vater, der seinem heimlichen Favoriten keinen Wunsch abschlagen kann. Die Favoritenrolle ist meist keine Festlegung auf Lebenszeit. Jedes der Geschwister wird einmal ein Lieblingskind werden, weil es etwas tut oder kann, was Ihnen besonders gut gefällt. Vielleicht erinnert es Sie an Ihre eigene Kindheit oder Sie finden bei Ihrem Kind bemerkenswerte Übereinstimmungen mit Ihren Eltern oder Großeltern. Ganz gleich, was der Grund ist: Behalten Sie es für sich, dass Sie momentan ein Kind bevorzugen. Bleiben Sie bei Ihrer bewährten Me-

thode, jedem Ihrer Kinder genau das Maß an Aufmerksamkeit zu geben, das es gerade braucht. Getreu dem Motto *„Jedem das Seine zu seiner Zeit"*.
Sollten Sie sich wegen Ihrer versteckten Vorliebe doch nicht so wohl fühlen in Ihrer Haut, besprechen Sie sich mit Ihrem Partner. Sicher kann er Ihre momentane Vorliebe für Ihren „Liebling" ausgleichen, indem er sich mehr um die beiden anderen kümmert. Außerdem lassen sich auch die Großeltern hervorragend einspannen, wenn es ums Verwöhnen und Liebhaben der Enkelkinder geht.

Das Liebste auf der Welt.
Von Goldstücken und anderen Schätzen

„Wenn meine Süße mich so schelmisch anschaut, kann sie mich um den Finger wickeln." „Mein Großer ist schon ein richtiger Kavalier. Wenn er mir in den Mantel hilft oder mir die Tür aufhält, schmelze ich fast dahin." Äußerungen von Eltern, die sich ihrer Vorliebe für ein bestimmtes Kind bewusst sind. Aber wie kommt es, dass wir Eltern gerade dieses Kind so sehr mögen?
Die Gründe dafür sind oft in der eigenen Kindheit zu finden. Wenn ein Paar sein erstes Kind bekommt, ändert sich das Verhältnis grundlegend. Aus den beiden Partnern sind Eltern geworden, die nun gar nicht so selten dieselben Konflikte erleben wie damals ihre Eltern. Kommt ein zweites Kind hinzu, verändert sich die Situation erneut. Denn jetzt ist eine Geschwisterbeziehung entstanden, auf die Vater und Mutter so reagieren, wie sie es aus der eigenen Kinderzeit kennen. Weil dieses Verhalten automatisch abläuft, sind sich die Eltern nicht bewusst, dass sie zum großen Teil nach überbrachten Kindheitsmustern handeln.
Folgende Beispiele veranschaulichen das: Wenn die Mutter das Nesthäkchen in der Familie war, wird sie aller Erfahrung nach dazu neigen, auch bei den eigenen Kindern das Jüngste zu bevorzugen. Sollte der Vater als Zweitgeborener unter seinen Geschwistern immer ein wenig im Abseits gestanden und unter dieser Nichtbeachtung gelitten haben, wird für ihn bei den eigenen Kindern der Mittlere stets die Hauptperson sein. Denn er will diesem Kind unbedingt die negativen Erfahrungen, die er selbst in der Kindheit gemacht hat, ersparen. War der Vater dagegen als Ältester immer der starke Bruder, der sich um alles

kümmerte und Verantwortung für die anderen trug, ist die Wahrscheinlichkeit groß, dass sein Erstgeborener Papis Liebling wird.

Die Erlebnisse aus der Kindheit hinterlassen bei jedem Erwachsenen ihre prägnante Signatur. Wie ein Kodex beinhalten diese Verhaltensmuster eine Vielzahl von Informationen und Vorgaben, um entsprechende Situationen erfolgreich zu meistern. Wenn etwa ein jüngerer Bruder gelernt hat, was zu tun ist, um sich gegen seine älteren Geschwister durchzusetzen, wird er diese Erfahrung auch bei den eigenen Kindern anwenden und denjenigen präferieren, der diese Methode ebenfalls beherrscht.

Ein weiterer Aspekt ist, dass Eltern in der Regel die meiste Sympathie für die Kinder aufbringen, die ihnen am ähnlichsten sind. Also sich ähnlich verhalten, ähnliche Vorlieben haben, ähnliche Eigenschaften mitbringen oder ähnlich aussehen. Im Umkehrschluss bedeutet das: Kinder, die sich völlig anders als man selbst benehmen oder optisch nicht ins Familienbild passen, bleiben uns in gewisser Weise fremd. Das Gleiche gilt, wenn Kinder ausgerechnet solche Verhaltensweisen an den Tag legen, die man bei sich selbst abscheulich findet. Es ist eben keineswegs angenehm, vom eigenen Nachwuchs den Spiegel vorbehalten zu bekommen. Was man an der eigenen Person für gut und schön hält, sollen Kinder selbstverständlich nach Möglichkeit auch haben. Negative Eigenschaften jedoch möchten wir am liebsten verbergen. Und wir zeigen uns naturgemäß wenig erfreut, wenn die eigenen Sprösslinge uns gerade in diesem Punkt so ähnlich sind.

Das Leben kann so ungerecht sein. Enttäuschte Kinder brauchen Verständnis

Es ist also völlig normal, verschiedenen Kindern unterschiedliche, wechselnde Gefühle entgegenzubringen. Bedenklich wird die Sache erst dann, wenn sich die Bevorzugung eines einzigen Kindes auf Dauer manifestiert. Dann kommt es unweigerlich zu einer unakzeptablen Ungleichbehandlung der anderen, die diese Ungerechtigkeit zu Recht als unfair empfinden und darunter leiden. So bedrückt es den achtjährigen Daniel sehr, dass seine Eltern scheinbar nur Augen für die seine Schwester Dagmar haben. Bei allem, was sie tut und sagt, sind Vater und Mutter hellauf begeistert: *„Ist das nicht großartig, wie Daggi das wieder hingekriegt hat?"* Daniel fühlt sich unbeachtet, ungeliebt und unfähig, mit seiner tollen Schwester auch nur annähernd gleichzuziehen. Eines Tages hat er es nicht mehr ausgehalten und sich bei seiner Mutter beschwert: *„Ihr kümmert euch nur um Daggi. Nie seid ihr stolz auf mich. Das finde ich so fies, dass ich am liebsten zu Oma und Opa gehen würde. Die haben mich wenigstens richtig lieb."* Die Mutter war betroffen, denn sie hatte nicht im Entferntesten geahnt, dass ihr Sohn so empfindet. Seitdem versuchen die Eltern, ihre offensichtliche Begeisterung für die Tochter zu zügeln und beiden Kindern in gleichem Maß die Aufmerksamkeit zukommen zu lassen, die sie brauchen – und die sie verdient haben.

Darüber hinaus wird aber auch das bevorzugte Kind in eine schwer zu lösende Konfliktposition hineinmanövriert, weil es einerseits seine herausgehobene Stellung halten will und andererseits fürchtet, sich deswegen die Feindschaft der Geschwister zuzuziehen. So ist es beispielsweise möglich, dass Ihr Kind, nur um Ihnen zu gefallen, etwas unternimmt, was es unter anderen Umständen niemals machen würde. Etwa die Haare abschneiden, weil der Vater einen kurzen Rupf lieber mag. Oder aus Liebe zur Mutter Flöte spielen lernen, obwohl es Flötespielen hasst. Oder – was wesentlich tiefer greifende Folgen hat – einen Beruf ergreifen, der nicht den eigenen Neigungen entspricht, aber den Wünschen der Eltern entgegenkommt. Sie tun also Ihrem erklärten Liebling nichts Gutes, indem Sie ihn immer an die erste Stelle setzen.

Besteht zudem unter den Geschwistern ein sehr herzliches und enges Verhältnis, können Eltern eine überraschende Wende erleben: Ihr Kind wehrt sich gegen seinen Sonderstatus, weil es die innige Verbindung mit den anderen nicht aufs Spiel setzen will. Um das vertrauensvolle Miteinander aufrechtzuerhalten, werden Papas „Süße" und Mamas „Schatz" die Verhaltensweisen ändern, die ihnen zwar das Lob der Eltern einbringen, aber auch viel Missgunst der Geschwister nach sich ziehen. Kati wird der Mutter nicht mehr so eifrig im Haushalt helfen; Boris verbringt nicht mehr so viel Zeit in Papas Hobbywerkstatt und Josefine hat auf einmal wenig Lust zur Gartenarbeit. Durch diese Zurückhaltung riskieren die Lieblingskinder bewusst ihre Sonderstellung als Kronjuwel, weil ihnen letztendlich die Solidarität mit Bruder oder Schwester wichtiger ist. In diesem Fall entsteht ein Bumerang-Effekt, den Sie sicherlich nicht einkalkuliert haben: Ihr Herzblatt verabschiedet sich aus seiner Favoritenrolle und geht statt dessen eine Allianz mit seinen Geschwistern ein, um – möglicherweise – Front gegen die Eltern zu machen und mehr Gerechtigkeit zu erzwingen.

Ihr Kind, das unbekannte Wesen. Entdecken Sie seine verborgenen Qualitäten

Die Gründe, warum Sie einen besonderen Liebling unter Ihren Kindern haben, dürften Ihnen klar sein. Nun wäre es an der Zeit, sich einmal zu fragen, weshalb Ihnen das eine Kind nicht so sehr am Herzen liegt wie das andere. Haben Sie sich vielleicht immer ein Mädchen gewünscht und ziehen es deshalb dem Jungen vor? Oder haben Sie sich einfach noch nicht die Mühe gemacht, nach verborgenen Qualitäten Ihres Kindes zu suchen? Es lohnt sich aber, nach versteckten Eigenschaften und speziellen Fähigkeiten zu fahnden. Denn Sie wissen ja, dass jedes Kind besondere Stärken hat. Weil die aber nicht in jedem Fall automatisch zu Tage treten, müssen diese Begabungen gefunden und dann gezielt gefördert werden.

Deshalb lassen Sie Ihr Kind mit seiner Enttäuschung, weniger als die Geschwister beachtet zu werden, nicht allein, sondern begeben Sie sich auf Entdeckungsreise, um Ihr Kind besser kennen zu lernen. Dabei können Sie auf Eigenschaften stoßen, die Ihren Sohn oder Ihre Tochter in einem völlig anderen Licht erscheinen lassen. Vielleicht ist Philipp ein ausgesprochener Technik-Freak, der sogar heimlich schon einmal den defekten Rasenmäher repariert hat. Vielleicht steckt in Silke eine verkappte Komödiantin, die umwerfend komisch sein könnte, wenn man sie denn ließe. Oder Sie fallen aus allen Wolken, als Sie feststellen, dass Robert ein phänomenales Gedächtnis besitzt und ein Gedicht ruck-zuck auswendig lernen kann.

Selbst wenn Sie nichts Spektakuläres oder umwerfend Neues finden: Jedes Kind besitzt Eigenarten, um derentwillen es geliebt werden sollte. Sie können sich nicht Ihr Wunschkind backen. Deshalb müssen Sie es so nehmen, wie es ist, und seine individuelle Persönlichkeit respektieren. So vermitteln Sie ihm das Gefühl, in Ihren Augen wirklich etwas ganz Besonderes zu sein. Es wird begreifen, dass es Sie mit den übrigen Geschwistern teilen muss – aber gleichzeitig auch wissen, dass es in bestimmten Bereichen Ihre Nummer Eins ist. Geben Sie jedem Ihrer Kinder die Chance, Mamis Liebling oder Papis ganzer Stolz zu sein. Mehr ist eigentlich nicht erforderlich, um das Bedürfnis nach individueller Achtung und Anerkennung zu befriedigen.

Nie mehr einkaufen im Multipack.
Jetzt bekommt jeder, was er wirklich braucht

Sie sind in der Stadt unterwegs und entdecken in einem Geschäft eine Puppe, die sich Ihre Kleine schon seit langem gewünscht hat. Spontan entschließen Sie sich, die Puppe zu kaufen. Im letzten Augenblick aber zögern Sie. Und was ist mit Sandra und Bine? Die beiden wären bestimmt beleidigt und untröstlich, wenn das Nesthäkchen etwas mitgebracht bekommt und sie leer ausgehen. Denn so ist es immer: Sie kaufen einem Mädchen ein neues Kleidungsstück – und schon geht das Geschrei bei den beiden anderen Schwestern los. Auch wenn Sie Ihren Töchtern, die diesmal nicht bedacht wurden, hundertmal erklären, warum die eine etwas bekommt und die anderen diesmal nicht – *„Julchen wächst in letzter Zeit so schnell, dass die Sachen schon bald nicht mehr passen. Deshalb braucht sie dringend einen neuen Mantel. Nun hört auf zu maulen. Schließlich habt ihr beide erst vor kurzem eine schicke College-Jacke bekommen."* – mit Logik kommen Sie nicht weiter. Das Kind, das diesmal kein Mitbringsel bekommt, ist einfach enttäuscht und reagiert emotional.

Auch wenn sich Ihr Kind im Moment ungerecht behandelt fühlt und Ihnen vorwirft, es weniger lieb als das andere zu haben, brauchen Sie sich diesen Schuh nicht anzuziehen. Es ist in Ordnung, wenn Sie entschieden haben, dass diesmal nur das eine Kind etwas bekommt. Das andere wird es verschmerzen, denn bei nächster Gelegenheit ist es an der Reihe, wenn es mit Mami shoppen geht. Abgesehen davon: Es kann nicht schaden, Kindern frühzeitig beizubringen, dass es im Leben nicht immer gerecht zugeht. Manchmal kommt man nicht darum herum zu verzichten, auch wenn es schwer fällt. Da bringt es auch nichts, wütend zu werden oder einen Eifersuchtsanfall zu bekommen.

Kapitel 5: Vom Unsinn der Gleichbehandlung

Überlegen Sie sich bitte die Konsequenzen, was passiert, wenn Sie unter allen Umständen Neidgefühle unter Ihren Kindern verhindern wollen. Jeder bekommt das Gleiche oder etwas Gleichwertiges, damit ja keine Rivalität entsteht. Aber was machen Sie, wenn Ihre Sprösslinge flügge werden? Glauben Sie, dass Ihre Kinder später von anderen auch jeden Wunsch erfüllt bekommen – so, wie sie es von Mami gewohnt sind? Sicherlich nicht. Deshalb verlegen Sie sich nicht auf Erbsenzählerei, nur um zu gewährleisten, dass jedes Kind den gleichen Gemüseanteil auf dem Teller hat wie seine Geschwister. Fragen Sie lieber, wer noch Hunger hat, und geben dem dann einen Nachschlag. Denn mit dem Rezept, jedem das zukommen zu lassen, was er tatsächlich braucht, werden Sie den individuellen Bedürfnissen viel eher gerecht, als wenn Sie nach dem Gießkannenprinzip versuchen, jedem das Gleiche zu geben.

Ach ja: Wenn Sie Ihren Kindern vom Einkaufsbummel etwas mitbringen möchten, dann tun Sie das. Es ist überhaupt nichts dagegen einzuwenden, allen gemeinsam eine Freude zu machen, wenn Ihnen danach ist. Aber genauso sollten Sie sich eben nicht scheuen, es bei einer Sache für ein Kind zu belassen, wenn Sie das für richtig halten. Anders ausgedrückt: Sie sind der Boss und stellen die Regeln auf. Zugegeben, für Kinder ist das oft nur schwer einzusehen.

Wut und Tränen.
Wie Kinder um Ihre Aufmerksamkeit kämpfen

- Folgende Situation: Sie sitzen gerade mit Ihrer Großen zusammen und besprechen, wen sie zu ihrer Geburtstagsparty einladen soll. Mit zwölf Jahren hat man schließlich schon einen Haufen gute Freunde und beste Freundinnen. *„Titus ist so doof, der stört nur. Aber Carsten und Ulli müssen unbedingt dabei sein"*, notiert **Nicole** auf ihrer Gästeliste. „Und was ist mit Tina? Ihr beide seid doch unzertrennlich", fragen Sie. *„Och, die blöde Pute. Tina ist schon lange nicht mehr meine beste Freundin. Ich bin jetzt mit Katja zusammen, mit der verstehe ich mich supertoll."* „Na gut, also Katja. Aber sag mal ..." *„Mami, mir ist soooo langweilig"*, meldet sich plötzlich ein Stimmchen zu Wort. *„Du redest schon stundenlang mit Nicole über die olle Party. Komm jetzt, ich muss dir was zeigen."* Brüderchen **Lukas** zerrt aufgeregt

Ihr Kind, das unbekannte Wesen.
Entdecken Sie seine verborgenen Qualitäten

an Ihrem Ärmel und will Sie wegziehen. *"Lukas, es dauert nicht mehr lange. Dann habe ich ganz viel Zeit für dich. Aber erst einmal muss ich mit Nicole die Einladungen für ihre Geburtstagsfeier fertig machen. Das verstehst du doch, oder nicht?"* Lukas trollt sich, um fünf Minuten später wieder da zu sein. *"Mami, jetzt ist genug. Komm spielen!"* *"Nein, Lukas. Du musst noch ein bisschen warten. Ich weiß, das dir das schwer fällt, Aber es geht nicht anders. Was ich mit Nicole zu besprechen habe, ist wichtig."* Lukas sieht das völlig anders. Mit lautem Gebrüll stürzt er sich auf seine Schwester, schlägt mit seinen kleinen Fäusten auf sie ein und schreit: *"Ich hasse dich. Immer nimmst du mir meine Mami weg!"* Erschrocken versuchen Sie Ihren Sohn zu beruhigen. *"Ist ja gut, mein Schatz. Mami kommt sofort."* Und zu Nicole gewendet sagen Sie: *"Ich denke, Nicole, den Rest schaffst du auch allein. Wir haben ja alles ausführlich besprochen. Aber nun muss ich mich um Lukas kümmern, das siehst du hoffentlich ein."* Während Sie mit dem Jungen das Zimmer verlassen, hören Sie Ihre Tochter noch grummeln: *"Immer gibt sie dieser Nervensäge nach. Ich finde das so unfair von ihr."* Klein-Lukas dagegen grinst wie ein Honigkuchenpferd, denn er hat wieder mal bekommen, was er wollte.

Was lernen wir daraus? Es ist nahezu unmöglich, es allen recht zu machen. Deshalb verfahren Sie am besten immer wieder nach dem Prinzip *"Jedem das Seine statt allen das Gleiche"*. Manches Mal ist es notwendig, sich intensiver und länger mit einem Kind zu beschäftigen. Etwa dann, wenn es Probleme hat, wenn ein Ereignis wie beispielsweise eine Geburtstagsfete ansteht oder ein anderes wichtiges Thema besprochen werden muss. In so einem Fall bleibt Ihnen nichts anderes übrig, als Prioritäten zu setzen. Wägen Sie ab, was im Augenblick für welches Kind wichtiger ist: Geburtstag vorbereiten oder Langeweile vertreiben. Beispielsweise wäre es in der oben beschriebenen Szene sinnvoller gewesen, den quängelnden Jungen in der Zwischenzeit zu beschäftigen: *"Lukas, such' doch schon mal deine Spielzeugautos zusammen, damit wir gleich anfangen können, wenn ich fertig bin."*
Kinder bekommen schnell mit, dass sie mit Wut, Tränen und Generve viel mehr erreichen als mit Bravsein. Denn stressgeplagte Eltern neigen vielfach dazu,

Kapitel 5: Vom Unsinn der Gleichbehandlung

dem Quälgeist nachzugeben, damit er endlich Ruhe gibt. Auch wenn das andere Kind, das gegebenenfalls Ihre Zuwendung wesentlich dringender braucht, dabei den Kürzeren zieht. Lassen Sie sich von Ihrem cleveren Nachwuchs nicht austricksen. Denn je öfter Sie nachgeben, desto enger schließt sich der Teufelskreis. Ihr Kind lernt, dass es mit seinen zornigen Attacken weiterkommt. Folglich wird es bei nächster Gelegenheit sein Verhalten steigern, wenn Sie versuchen sollten, seine Wut zu ignorieren. Irgendwann wird es Ihnen zuviel und Sie geben ihm letzten Endes doch die Aufmerksamkeit, die es so lautstark verlangt. Und so dreht sich das Karussell von Ursache und Wirkung immer schneller, bis Sie nur noch ausschließlich auf dieses Kind fixiert sind. Dann genügt ein kleiner Moment, in dem Sie sich – statt mit ihm – mit einem seiner Geschwister beschäftigen, um eine Lawine der Wut auszulösen.

Bleiben Sie deshalb Ihren Kindern gegenüber konsequent. Wenn Sie sich um das eine kümmern, hat ein anderes nicht dazwischen zu kommen (es sei denn, das Haus stürzt ein oder irgendetwas anderes Schreckliches ist passiert). Machen Sie klar, dass Sie sich für jeden ausreichend Zeit nehmen werden, aber bitte nicht alle auf einmal. Geduld läst sich erlernen, auch wenn man noch klein ist. Und es wird gar nicht so lange dauern, bis es Ihre Kinder zu schätzen wissen, dass jedes von ihnen an die Reihe kommt – und dann seine Mami ganz für sich allein hat.

Kämpfe um die Bonbontüte: Eltern erzählen

Häufig sind es Lappalien, die zu erbitterten Streitereien unter Geschwistern führen.

Bei Elke und Horst, Eltern von drei Kindern, hat vor kurzem ein Himbeerdrops eine erbitterte Fehde ausgelöst. *"Mama, hast du was Süßes für uns? So fing die Geschichte vor einigen Tagen ganz harmlos an"*, erzählt Elke. *"Unsere Troika kam zu mir in die Küche, um mal wieder etwas aus meiner Süßigkeitenschublade abzustauben. Dummerweise hatte ich vergessen, für Nachschub zu sorgen, so dass nur noch eine Tüte mit insgesamt sieben Bonbons vorhanden war. Jedes Kind bekam also zwei Drops in die Hand gedrückt, und ohne weiter nachzudenken, habe ich dann unserem Jüngsten das letzte Himbeerbonbon auch noch zugesteckt. Sie können sich nicht vorstellen, was da auf einmal los war!"* *"Das Gebrüll war so ohrenbetäubend, dass ich aus der Garage ins Haus gestürzt bin, Ich dachte, es sei Gott-weiß-was passiert"*, nimmt Horst den Faden auf. *"Und was war? Zwei schreiende Kinder am Küchentisch, die ihrer Mutter die bittersten Vorwürfe machen, während **Kalli** seelenruhig ein Bonbon im Mund verschwinden lässt."*
"Was ich mir alles von den beiden Großen anhören musste", fährt die Mutter fort. *"Ich sei immer ungerecht, würde immer den Kleinen vorziehen und hätte überhaupt von Kindererziehung null Ahnung. Na ja, mit neun und elf ist man natürlich seiner Mutter in pädagogischen Fragen haushoch überlegen."* Horst ist jetzt noch sichtlich von der Rolle: *"Nachdem sich **Bernd** und **Beate** einigermaßen wieder beruhigt hatten, fragte ich nach dem Grund der Aufregung. Als ich dann erfuhr, dass der ganze Krach nur um ein mickriges Himbeerbonbon gegangen war, habe ich fast die Fassung verloren. Wie kann so etwas angehen?"*

Kapitel 5: Vom Unsinn der Gleichbehandlung

„Vielleicht ist doch was dran an dem, was die beiden Großen mir vorwerfen", lässt sich zögernd Mutter Elke vernehmen. „Wenn ich es mir recht überlege, habe ich wirklich ab und zu die Tendenz, unser Nesthäkchen zu bevorzugen. Ich hätte aber nie für möglich gehalten, dass die anderen das merken – und wenn, dann so ausgeflippt reagieren. Anscheinend macht ihnen mein Verhalten doch zu schaffen. Ich werde also versuchen, mich zu ändern und in Zukunft mehr auf Bernd und Beate eingehen. So erwachsen, wie sie immer tun, sind sie offensichtlich doch noch nicht. Sonst wären sie bestimmt nicht so eifersüchtig auf ihren kleinen Bruder."

Wenn ein Lieblingskind ein Leben lang das Lieblingskind der Eltern bleibt, kann das das Verhältnis zu den übrigen Geschwistern nachteilig und nachhaltig beeinflussen.

- Mechthild weiß das aus eigener Erfahrung: *„Meine beiden Töchter **Renate** und **Birgit** sind schon seit einigen Jahren aus dem Haus. Aber obwohl sie sich nur noch selten sehen, sind sie sich immer noch spinnefeind. Genau wie früher, als sie noch klein waren. Ich muss dazu sagen, dass Birgit von Anfang an mein allerliebstes Schätzchen war. Die blonden Locken, der rosige Teint, und dabei so freundlich und charmant. Jeder, der sie kennen lernte, fand sie einfach wundervoll. Renate war ein völlig anderer Typ. Dunkel, knabenhafte Figur, wenig weiblich, sondern sehr burschikos. Natürlich hatte ich immer einen großen Spaß daran, Birgit hübsche Anziehsachen zu kaufen und sie nett zurechtzumachen. Renate hatte kein Interesse daran und äußerte sich immer verächtlich über die ‚Modepuppe'. Wenn ich ihr dann doch mal einen Pulli oder einen neuen Sommerrock geschenkt habe, blieb der garantiert im Schrank hängen. Renate trug selbstverständlich nur Jeans.*
Doch was sie dann ihrer Schwester angetan hat, kann Birgit ihr niemals verzeihen. Eines nachts hat Renate ihr, während sie schlief, mit

Kämpfe um die Bonbontüte: Eltern erzählen

der Schere die schönen Locken abgeschnitten. Als ich Renate darauf zur Rede stellte, sagte sie bloß: ‚Was regst du dich auf? Jetzt hast du eben zwei hässliche Töchter. Doppelt hält bekanntlich besser.' Nun, Birgits Haare sind natürlich wieder nachgewachsen. Aber bis heute kann ich nicht begreifen, wie eine Schwester der anderen so etwas antun kann. Wo ich doch für beide immer nur das Beste wollte!"

Eberhard hat dagegen keine Probleme damit, seine Jungen gleich zu behandeln. „Ich verstehe das Theater nicht, was manche Eltern um das Thema machen. Mit fällt es nicht im Traum ein, einen von meinen beiden Jungs zu bevorzugen. Bei mir bekommt jeder das Gleiche. Das fängt schon bei den Klamotten an. Meine Frau und ich kaufen grundsätzlich immer zwei Paar von allem. Jeans, Turnschuhe, Jacken, Pullover – jeder Junge bekommt dieselbe Ausstattung. In unterschiedlicher Größe natürlich. Aber auch sonst gibt es für keinen eine Extrawurst. Als sich **Oskar** einen Schlitten zu Weihnachten wünschte, lag selbstverständlich auch für **Martin** einer unterm Baum. Und wenn ich raus zum Angeln fahre, nehme ich – klarer Fall – beide mit. Eifersucht, Neidgefühle? Kommt bei uns nicht vor. Als ich meine Mutter mal erwischt habe, wie sie ihrem Lieblingsenkel einen Geldschein in die Tasche schob, damit er sich was Schönes kaufen sollte, habe ich ihr aber die Meinung gesagt. Bei mir wird niemand bevorzugt. Und was soll ich sagen: Meine Mutter hat dann noch einen Schein für Oskar herausgerückt. Gerechtigkeit muss sein."

„Kürzlich habe ich allerdings etwas Seltsames erlebt", fügt Eberhard nach einigem Zögern hinzu. „Ich war früher als sonst von der Arbeit nach Hause gekommen und fand meine Frau und Martin eng umschlungen auf dem Sofa sitzen und kuscheln, während Oskar am Computer spielte. Ich wollte wissen, was denn hier los sei. Da erklärte meine Frau mir ziemlich kühl, dass Martin das Bedürfnis gehabt hätte, mal richtig lieb gehabt zu werden. ‚Bei dir,' fuhr sie fort, ‚müssen die beiden ja immer im Gleichklang funktionieren. Dabei berücksichtigst du

Kapitel 5: Vom Unsinn der Gleichbehandlung

die individuellen Wünsche unserer Söhne kaum. Hast du dir mal überlegt, dass Oskar viel lieber zu Hause bleiben würde als mit dir zu diesem blöden Angeln zu gehen? Oder dass Martin nicht immer dasselbe Outfit haben möchte wie sein Bruder? Diese Gleichmacherei um jeden Preis geht mir und den Jungs gehörig auf die Nerven. Nichts für ungut, aber das musste mal gesagt werden.'"
Nach einer Pause erzählt Eberhard weiter: *„Ich habe mir daraufhin meine beiden Knaben einmal vorgeknöpft und sie sozusagen von Mann zu Mann gefragt, was ihnen an mir nicht gefällt. Oh weia, da habe ich was zu hören bekommen. Es stellte sich heraus, dass meine Frau mit ihren Vermutungen genau richtig lag. Nach diesem klärenden Gespräch haben wir drei Männer nun vereinbart, immer offen und ehrlich zu sagen, wenn uns was nicht passt. Deshalb haben wir in letzter Zeit auch nicht mehr so viel gemeinsam unternommen. Aber wenn wir dann zusammen wieder an den Angelteich fahren, haben wir einen Riesenspaß miteinander. Und das ist eigentlich noch viel schöner als früher."*

Tun oder lassen: Die Eltern-Ampel

- Vermeiden Sie, Vorlieben zu zeigen.

- Geben Sie jedem Kind das Gefühl, etwas Besonderes zu sein.
- Achten Sie auf die Bedürfnisse Ihrer Kinder.
- Fragen Sie Ihre Kinder, warum sie unzufrieden sind.
- Reagieren Sie sensibel, wenn sich eines der Geschwister. benachteiligt fühlt.
- Überlegen Sie, weshalb es Ihnen beim einen Kind leichter fällt, Liebenswertes zu entdecken.

6
Prinzessin oder Aschenputtel

Jeder macht Theater.
Warum Kinder eine Rolle spielen

In diesem Kapitel erfahren Sie, ...

- wie Eltern ihre Wunschvorstellungen auf die Kinder projizieren
- warum der Kampf der Geschlechter bereits mit der Farbe des Strampelanzugs beginnt
- dass Talente nicht unbedingt schon in die Wiege gelegt werden
- weshalb falsche Beurteilungen in der Kindheit zu verkorksten Lebensläufen führen können
- wie Kinder ihre Rollen lernen – und was bei dem Theater alles schief gehen kann
- welche häuslichen Szenen andere Eltern erleben
- was Sie in Zukunft tun oder lassen sollten

Kapitel 6: Prinzessin oder Aschenputtel

„Das erwarte ich von dir."
Wenn Vater und Mutter die Regie übernehmen

Vorhang auf. Das Elternhaus wird zur Bühne. Hier probt der Nachwuchs das Spiel mit verteilten Rollen, für die Vater und Mutter das Drehbuch schreiben. Eltern betrachten ihre Kinder selten objektiv. Von den eigenen Wunschvorstellungen gelenkt, interpretieren sie häufig vage Anzeichen als Eigenschaften und Talente. Wenn dann ein Wonneproppen früh zu plappern beginnt, gilt er gleich als sprachbegabt. Und der Hosenmatz, der mit seinen Fingerfarben die häuslichen Tapeten verschönert, wird bald zum „Künstler" in der Familie. Sobald die Kiddies in den Kindergarten oder in die Schule kommen, tritt eine weitere Komponente hinzu: Es wird höchste Zeit, die Söhne und Töchter auf ihre späteren Rollen in der Gesellschaft vorzubereiten. Daran sind hohe Erwartungen geknüpft.

Denn die Generation Knirps verkörpert die Hoffnung unserer alternden Gesellschaft, die unter dem Ende des Baby-Booms leidet. In keinem europäischen Land werden so wenige Kinder geboren wie in Deutschland. Diese demographische Entwicklung ruft Politiker und Experten auf den Plan, die der Familie das Wort reden. Aber auch die Eltern geraten unter Druck, weil von allen Seiten ungeheure Erwartungen an den Hoffnungsträger Kind gestellt werden. Hinzu kommen die eigenen Wünsche, die man auf den Nachwuchs projiziert.

Allgemein herrscht die Auffassung, dass nur die Fittesten die enormen Herausforderungen der Zukunft meistern werden. Mütter und Väter, die sich selbst vom Karrieredenken leiten lassen, sehen daher ihre Hauptaufgabe darin, ihre Kinder für diesen Wettkampf der Eliten optimal zu rüsten. Deshalb erhalten Mädchen und Jungen aus finanziell gut gestellten Familien zumeist eine Top-Ausbildung, die wesentlich mehr Bereiche einschließt als den reinen schulischen Unterricht. Da sieht man eine junge Frau mit ihrem Vierjährigen in platzreifer Montur nachmittags auf den Golfplatz ziehen, damit der Kleine sein Handicap verbessern kann. Da werden kleine Mädchen auf Model-Optik gedrillt, damit sie dem Idealtyp aus einer Fernsehserie entsprechen. Da müssen Sextaner täglich einen vollen Terminkalender abarbeiten, um vom privaten Musikunterricht bis zum Treffen im Sportverein allen Verpflichtungen nachkommen zu können. Verpflichtungen, die wohlgemerkt ihre Eltern für wichtig und nützlich erachten. Diese Extreme sind zwar noch die Ausnahme von der Regel – aber es lässt sich nicht leugnen, dass die Leistungsziele, die Elternhaus und Schule den Kindern vorgeben, anspruchsvoller und vielfältiger werden. Um den Vorstellungen ihrer Eltern zu genügen, müssen Kinder „funktionieren". Und sie lernen schnell, was Papi und Mami von ihnen erwarten, indem sie die ihnen zugedachten Rollen übernehmen. Dabei wurde ihnen bereits bei der Geburt eine erste, geschlechterspezifische Rolle zugewiesen, die aus gesellschaftlichem Verständnis und kultureller Tradition heraus zahlreiche Verhaltensnormen von Jungen und Mädchen beeinflusst. Ebenso bestimmt die Position innerhalb der Geschwisterreihe maßgeblich die künftigen Verhaltensmuster des betreffenden Kindes im familiären Umfeld.

Der Mann im Kinde.
Auch Mädchen haben es nicht leicht

Blaue Strampelhose oder rosa Hemdchen: Schon die Farbe der Babysachen signalisiert *„Hurra, ein Junge!"* beziehungsweise *„Wie süß, ein Mädchen!"* Damit wird außerdem zugleich die künftige Rolle definiert, obwohl diese naturbedingt gar nicht so eindeutig festgelegt ist. Denn es hängt nicht allein von den biologischen Anlagen ab, ob sich Ihr Kind wie ein „richtiges Mädchen" oder wie ein „richtiger Junge" verhält. Zwar herrscht unter Fachleuten Einigkeit darüber, dass sich Mädchen und Jungen aufgrund bestimmter Abläufe im Gehirn in Temperament, Gefühlen und Interessen unterscheiden. So wird Ihr Sohn im Normalfall eher zu einem technischen Spielzeug greifen als zu einer Puppe. Und umgekehrt wird Ihre Tochter lieber mit einem Kaufladen als mit der Eisenbahn des Bruders spielen.
Allerdings hat die traditionelle Rollenverteilung zwischen den Geschlechtern spätestens seit den Studentenunruhen von 1968 Risse bekommen. Im Zuge der Gleichberechtigung sind Mädchen und Frauen beispielsweise heute ganz

Kapitel 6: Prinzessin oder Aschenputtel

selbstverständlich in Männerberufen anzutreffen, wobei sie erfolgreich bis in die Führungspositionen vordringen. In der Schule haben die Schülerinnen ihre Klassenkameraden übrigens schon lange überholt. Jungen bleiben in Deutschland doppelt so oft sitzen wie Mädchen. Mittlerweile liegt die Zahl der Abiturientinnen eines Jahrgangs etliches über 50 Prozent.

Trotzdem verläuft die Rollenvergabe nach dem herkömmlichen Strickmuster. In den Kinderzimmern der Republik wachsen lauter kleine Jungen auf, die von Anfang an dem männlichen Idealbild gerecht werden sollen. Zielstrebig, vernünftig, mutig, durchsetzungsstark und selbstbewusst. Mädchen dürfen Gefühle zeigen, Jungs haben am besten keine. *„Ein Junge weint doch nicht! Stell dich doch nicht so mädchenhaft an."* bekommt so ein Kleiner zu hören, wenn er in einer Situation ängstlich reagiert. Unsicherheit gilt als uncool – und Uncoolsein ist so mit das Schlimmste, was einem richtigen Jungen passieren kann. Von Mädchen dagegen wird erwartet, dass sie sich zu sanften, anschmiegsamen Wesen entwickeln. Intelligenz ist okay, aber bitte nicht zu Lasten der Weiblichkeit. Wenn so ein einfühlsames Mädchen später als Frau im Beruf „ihren Mann" steht (was Sprache doch verrät!), wird sie zwar respektiert – aber auch gemocht?

Das geschlechtsspezifische Bewusstsein eines Kindes beginnt ab dem zehnten Monat mit der gefühlsmäßigen Abnabelung von der Mutter. Die Lösung aus dieser engen Verbindung führt zu einer Neuorientierung des Kindes, das seine eigene Identität entdeckt. Es ist dem Baby natürlich noch nicht klar, was das bedeutet. Die neue Persönlichkeit muss erst Schritt für Schritt entwickelt werden. Dazu braucht das Kind Vorbilder, an denen es sich orientieren kann. Also Vater und Mutter, die es bei der Suche nach der eigenen Identität emotional unterstützen. In dieser Phase verändert sich das Verhalten der Eltern gegenüber ihrem Kind grundsätzlich: Es ist nicht mehr nur das hilflose Baby, das umsorgt und betreut werden muss, sondern eine kleine Person, an die man Erwartungen stellt. Das heißt: Die Rollenverteilung beginnt bereits im Säuglingsalter, weil die Eltern ihre Vorstellungen von den geschlechtstypischen Verhaltensweisen frühestmöglich implantieren möchten.

Dieses angelernte Rollenverhalten setzt sich später in Kindergarten und Schule nahtlos fort. Doch muss das Rollenspiel zwangsläufig zur Einbahnstraße

"Das erwarte ich von dir."
Wenn Vater und Mutter die Regie übernehmen

werden? Keineswegs. Sie als Eltern haben es in der Hand, mit den alten Klischees zu brechen. Nirgendwo steht geschrieben, dass ein Junge sich immer und überall wie ein typischer Junge verhalten muss oder sich ein Mädchen nicht auch einmal wie ein Junge fühlen und benehmen darf. Springen Sie über Ihren eigenen Schatten und verabschieden Sie sich von Ihrem tradierten Rollenverständnis. Denn: Es liegt ganz bei *Ihnen*, welche Rolle Ihre Kinder spielen sollen.

Ganz entscheidend für das künftige Rollenverständnis jedes einzelnen Kindes ist, in welche Richtung es von seinen Eltern gelenkt wird. Selbst in ganz normalen Familien, wo Begriffe wie Elite und Karriere in der Kindererziehung keine Rolle spielen, haben die Eltern bestimmte Vorstellungen von den Fähigkeiten und Eigenschaften ihrer Kinder. Das zeigt sich häufig schon in der Namensgebung, die einiges über die Wünsche der Eltern verrät. Zum Beispiel wird das Neugeborene nach seinem Onkel auf den Namen Theo getauft, denn Onkel Theo ist nicht nur ein liebenswürdiger Mensch, sondern sieht zudem noch phantastisch aus und kommt überall gut an. Vielleicht färbt der gleiche Vorname ja ein wenig auf das Baby ab, so dass Theo II. später auch einmal so ein toller Hecht wie sein Onkel wird. Namen können also durchaus einen hohen Symbolwert besitzen, auch wenn sich die Eltern darüber gar nicht klar sein müssen. Denn bei der Entscheidung, sein Kind nach einer bestimmten Person zu nennen, mischt das Unterbewusstsein kräftig mit. Entwickelt der kleine Theo dann später nicht ähnliche Qualitäten wie der große Theo, reagieren selbst sachlich denkende Eltern enttäuscht, weil sich ihre geheimen Erwartungen nicht erfüllt haben.

Aber nicht nur Eltern treffen Zuordnungen. Auch Geschwister selbst teilen sich gegenseitig Rollen zu, wobei sie meist versuchen, sich zu ergänzen. Denn nur wer eigenständig auftritt, hat die Chance, im Kampf um die Zuneigung der Eltern zu punkten. Daher beziehen Kinder oft konträre Positionen. Ist der Bruder ein quirliges Temperamentsbündel, gibt sich seine Schwester vorzugsweise bedächtig und ruhig. Erregt der eine Aufsehen durch sein vorlautes Mundwerk, findet der andere durch sein stilles, liebes Wesen die gewünschte Beachtung. Dabei verfolgt jedes Rollenverhalten nur ein Ziel: Sich von den anderen abzugrenzen und die Anerkennung der Eltern zu gewinnen.

Kapitel 6: Prinzessin oder Aschenputtel

Der Traum vom Wunderkind.
Was Eltern sich so alles wünschen

„Schau mal, Baby hat genauso feingliedrige Fingerchen wie Tante Olga. Sicher wird die Kleine später auch mal so eine begnadete Klavierspielerin."
„Ist das nicht erstaunlich, dass Paulchen in seinem Alter alles und jedes untersucht? Kürzlich hat er sein neues Feuerwehrauto in sämtliche Einzelteile zerlegt. Pass auf, der Junge wird bestimmt mal so ein Tüftler wie sein Opa."
„Komm mal schnell, Karlotta steht im Ställchen und wiegt sich im Takt zur Musik im Radio. Ich hab' doch immer schon gewusst, dass unsere Tochter hochmusikalisch ist."

Vom ersten Tag an beobachten Eltern ihre Kinder mit Argusaugen, um bestimmte Talente und Merkmale zu entdecken. Schnell werden dann aus bestimmten Reaktionen oder Anzeichen gewisse Schlussfolgerungen gezogen. Ab sofort gilt Karlotta als musisch begabt und Paulchen wird als kommender Forscher gehandelt. Das Problem dabei ist, dass diese starren Zuordnungen Ihr Kind rasch eingrenzen. Denn Sie wissen nicht, ob sich Ihr Kind tatsächlich erwartungsgemäß entwickelt. Wahrscheinlich verfügt Karlotta über weitere Fähigkeiten, die sich aber erst später herausstellen werden. Wollen Sie wirklich, dass diese Talente ungenutzt und unberücksichtigt bleiben, nur weil Sie sich für Ihre Tochter etwas anderes in den Kopf gesetzt haben? Sicher nicht. Auch Paulchen kann eines Tages seinen Forscherdrang zu den Akten legen und fortan sein Interesse auf sportliche Aktivitäten konzentrieren. Möchten Sie ihm das verbieten – nur weil Sie ihn schon als zweiten Galileo Galilei gesehen haben? Wohl kaum. Außerdem wäre es gegenüber den anderen Kindern höchst unfair, die Beschäftigung mit Musik, Sport, Tanz und anderen Dingen nur denen zu erlauben, die dafür ein spezielles Talent besitzen. Karlotta mag ja das Zeug zu einer exzellenten Geigenvirtuosin haben – aber das heißt noch lange nicht, dass ihre Schwester Irene nicht gern Klavier spielen und sogar passable Leistungen bringen würde. Nicht nur künftige Genies dürfen ihren Neigungen nachgehen, sondern auch jeder andere „normale" Mensch.

Der Traum vom Wunderkind.
Was Eltern sich so alles wünschen

Geben Sie Ihren Kindern die Chance, sich anders zu entwickeln. Erwartungen, die Eltern an ihren Nachwuchs stellen, sollten nicht zum Käfig werden, der die freie Entfaltung der Kinder behindert. Falsche Erwartungen führen unweigerlich zu Konflikten, weil das Kind irgendwann einmal gegen die aufgezwungene Rolle rebellieren wird, weil die sein wirkliches Naturell unerträglich unterdrückt.

- **Siggi** liefert dafür ein anschauliches Beispiel. Siggi heißt eigentlich Sigrid, aber weil sich ihr Vater sehnlichst einen Sohn gewünscht hatte, wurde aus dem Mädchennamen eben ein Kürzel, das sich ein bisschen männlicher anhört. Um Paps die Enttäuschung zu erleichtern, „nur" ein Mädchen zu sein, spielt Siggi, seit sie denken kann, den kernigen Boy. Sie kickt wie ein Profi, findet Röcke grässlich und verbringt ihre Freizeit bevorzugt im gemeinsam mit dem Vater gebauten Baumhaus, während ihre Klassenkameradinnen vor dem Spiegel kichernd die neuesten Lippenstifte ausprobieren. Im Bemühen, ein perfekter Sohnersatz zu werden, bleiben jedoch die eigentlichen künstlerischen Begabungen des Mädchens auf der Strecke. Keine Zeit fürs Malen und Musizieren; Siggi muss mit Papa zum Sandbahnrennen. In der Pubertät wandelt sich das Verhalten. Plötzlich entdeckt Siggi, dass sie ein hübsches, talentiertes Mädchen ist und wertvolle Zeit mit ihrer „Hosenrolle" vertan hat. Es kommt zum Bruch mit dem Vater, dem sie die Schuld an ihrer Fehlentwicklung gibt. Kaum aus der Schule, verlässt Siggi das Elternhaus, um in einer weit entfernten Stadt ihr Kunststudium aufzunehmen. Das Verhältnis zum Vater wird nie wieder so herzlich wie in der Kindheit.

Ein anderer wichtiger Aspekt ist, dass mit der Rollenvorgabe vielfach mangelnder Ehrgeiz und Phlegma gefördert werden. Denn Ihr Kind findet dadurch eine bequeme Entschuldigung, etwas nicht zu tun. *„Ich brauche nicht im Garten zu helfen, weil ich meine Hände fürs Geigenspiel schonen muss"*, redet sich Karlotta heraus. *„Jeder weiß, dass ich später mal Forscher werde. Wozu soll ich jetzt englische Grammatik pauken?"*, fragt sich Paulchen und legt das Lehrbuch zur Seite. Zuordnungen von Eigenschaften bergen also ein Risiko, wenn sie das Aktivpotenzial Ihrer Kinder einschränken.

Kapitel 6: Prinzessin oder Aschenputtel

Rollen werden zumeist nur einmal vergeben. Wenn Sie Claudia das Attribut „unsere Kluge" geben, wird Angelika niemals die Intelligenzbestie in der Familie werden. Denn diese Rolle ist bereits von ihrer Schwester besetzt. Folglich sucht sich Angelika eine andere aus oder bekommt von Ihnen eine andere zugewiesen. Nehmen wir einmal an, Angelika wird „die Fleißige" unter den Geschwistern. Dann ist die weitere Verhaltensweise vorprogrammiert: Da sich Angelika nicht mehr über Klugheit und Cleverness profilieren kann, weil schon Schwester Claudia dafür steht, wird sie sich durch enorme Tüchtigkeit hervortun und dafür viel Lob von den Eltern einheimsen. Kinder suchen in ihrem Verhalten nach Möglichkeiten, sich von den Geschwistern abzugrenzen. Auf diese Weise verdeutlichen sie ihre Eigenständigkeit und geben den anderen gleichzeitig wenig Anlass zu Neidgefühlen und Rivalität. Denn jedes der Geschwister hat seine individuelle Rolle, die das Verhaltensmuster der anderen kaum tangiert. So betrachtet, trägt die Rollenverteilung dazu bei, Kindern ein Gefühl von Stärke zu vermitteln und die Eifersucht des einen auf das Können des anderen in Grenzen zu halten.

Ob die Rollenzuschreibung für die Entwicklung Ihres Kinder förderlich oder abträglich ist, hängt von mehreren Faktoren ab. Zum einen müssen Sie darauf achten, dass die zugedachte Rolle dem Wesen und den Eigenschaften Ihres Kindes wirklich entspricht. Prüfen Sie immer wieder, ob Ihr Kind keine Nachteile durch Ihre Zuschreibung hat. Was Sie als positiv empfinden, kann für Ihr Kind auf Dauer schädlich sein; vor allem dann, wenn es im Vergleich zu den Geschwistern schlecht abschneidet. Und bedenken Sie bitte noch etwas: Im Bestreben, die Erwartungen der Eltern zu erfüllen, werden sich Ihr Sohn oder Ihre Tochter mit der Zeit derart mit ihrer Rolle identifizieren, dass sie tatsächlich so werden, wie Sie es sich immer gewünscht haben. Ein Junge, der in der Familie schon immer als schwierig und kompliziert galt, wird es schwer haben, liebenswerte Seiten zu entwickeln. Dagegen wird die hübsche, freundliche Tochter stets vom Bonus der „Süßen" profitieren; gleichzeitig hat sie aber mit Problemen zu kämpfen, wenn es auf Härte und Durchsetzungskraft ankommt. Denn „Nein" zu sagen hat sie in ihrer Kindheit nie gelernt.

„Mein Bruder ist ein Schwächling."
„Mein Bruder ist ein Schwächling."
Eine Bewertung mit Folgen

- **Klausi** ist der Älteste von drei Geschwistern. Im Gegensatz zu seinem jüngeren Bruder kann er einem Schwarzenegger wohl kaum Konkurrenz machen. Klein, schmächtig und schmal gebaut ähnelt er mehr einem Hänfling als einem Muskelprotz. Wer nun denkt, dass er deswegen unter Minderwertigkeitskomplexen leidet, der irrt gewaltig. Denn Klausi gebärdet sich wie der große Zampano. Er gibt den Starken, der jeden in die Knie zwingen kann. Sein stämmiger Bruder **Hanno** dagegen ist in seinen Augen ein richtiges Weichei, ein Warmduscher, der körperlich nichts drauf hat.

Klausi hat auch keine Angst zu sagen, was er denkt. *„Mein Bruder ist ein Schwächling!"* Obwohl Hanno Kräfte hat wie ein kleiner Bär, lässt er sich die Anwürfe von Klausi widerstandslos gefallen. Mehr noch – mit der Zeit glaubt er selbst daran, eine Niete zu sein. Und benimmt sich auch so. Wenn seine Mutter ihn bittet, mal mit anzufassen und den schweren Schrank beiseite zu schieben, jammert er: *„Das kann ich nicht. Du weißt doch, dass ich so was Schweres nicht heben kann."* In der Schule hat sich ebenfalls herumgesprochen, dass mit Hanno nichts mehr los ist. Neulich wurde er sogar von einem Jungen aus der zweiten Klasse in den Schwitzkasten genommen, ohne sich zu wehren. Der Drittklässler Hanno traute sich einfach nicht zurückzuschlagen, weil er sich seiner eigenen Körperkräfte gar nicht bewusst ist. Das ständige Einreden, er sei ein Schwächling, hat Wirkung gezeigt und aus dem fröhlichen Jungen wirklich ein schwaches, ängstliches Kind gemacht. Dieses angekratzte Selbstvertrauen wird bleiben, wenn sich der ältere Bruder weiterhin auf Hannos Kosten profilieren kann. Denn dadurch erhält er niemals die Möglichkeit, sich selbst und den anderen zu beweisen, was tatsächlich in ihm steckt, und dass Bruder Klausi mit seiner Bewertung Unrecht hat.

Dieses Beispiel zeigt, dass Rollen nicht allein von Eltern verteilt werden, sondern ein Kind auch von den eigenen Geschwistern in eine bestimmte Rolle ge-

Kapitel 6: Prinzessin oder Aschenputtel

drängt werden kann. Achten Sie als Eltern darauf, dass es dabei keinen Schaden nimmt. Um bei Klausi und Hanno zu bleiben: Auch starke Typen können zu Schwächlingen gemacht werden.

Wenn Sie bei der Erziehung Ihrer Kinder auf das überkommene Rollenverständnis verzichten, stärken Sie automatisch deren Selbstverstrauen. Gezielte Versuche der Geschwister, eines aus ihren Reihen zu verunsichern, laufen so ins Leere. Hanno würde sich von dem Vorwurf, ein Schwächling zu sein, nicht den Schneid abkaufen lassen. Denn Sie haben ihm beigebracht, dass ein Junge durchaus auch mal Schwäche zeigen darf – und trotzdem ein richtiger Kerl sein kann.

Hart, aber herzlich: Starke Jungs mit viel Gefühl

Mein Sohn ist doch kein Mädchen! Nur die Ruhe, er soll ja auch keins werden. Trotzdem lohnt es sich, wenn sich Ihr Junge das eine oder andere von den „Weibern" abguckt. Denn Mädchen können vieles, was auch für einen Jungen nützlich wäre. Mädchen besitzen beispielsweise ein gutes Körpergefühl, sind in der Lage, ihre Stimmungen zu kommunizieren und verfügen zumeist über ein natürliches Geschick, im Umgang mit anderen klar zu kommen.

Es kann daher nicht schaden, auch Knaben ein emotionales Verhalten zuzugestehen. Zwingen Sie Ihren Jungen nicht, seine Empfindungen zu unterdrücken. Denn ein Kind, das seine Gefühle offen zeigt, befindet sich mit sich selbst im Gleichgewicht. Praktisch heißt das: Wenn Ihr Sohn Kummer hat und die Tränen rollen, dann lassen Sie ihn weinen. Verzichten Sie darauf, an seine Härte zu appellieren, sondern erkundigen Sie sich, was ihn bedrückt. Angst, Mitleid und Trauer sind keine negativen Gefühle, die ein echter Mann tunlichst unterdrücken sollte. Ganz im Gegenteil: Ein Junge, der auch weich und sensibel sein kann, ist wesentlich liebenswerter als ein Hau-drauf-Rabauke.

Vermuten Sie auch nicht gleich eine latente Homosexualität oder einen verkappten Narzissmus, wenn Ihr Sohn eine gute Beziehung zu seinem Körper entwickelt und sich elegant bewegt. Oder sind Sie der Meinung, dass jeder attraktive Mann schwul sein muss?

Es ist ebenfalls nicht erforderlich, Ihr Kind zu einem Karrieristen zu erziehen, der seine Ziele rücksichtslos verfolgt. Rambos sind nicht mehr zeitgemäß. Bringen Sie dem Jungen statt dessen bei, sich mit seiner Umwelt solidarisch zu erweisen. Denn Teamfähigkeit bringt ihn in unserer modernen Berufswelt mit Sicherheit weiter.

Vom Applaus überfordert.
Der Star der Familie hat es nicht leicht

Wie im realen Theater gibt es unter den Geschwistern sehr oft auch einen Hauptdarsteller, der dank seiner überragenden Fähigkeiten den meisten Beifall bekommt. Selbstverständlich ist dieses Kind der erklärte Liebling seiner Eltern, der all das verkörpert, was sie sich von ihrem Sprössling erhofft haben.

- **Sonja** ist so ein Familienstar. Als Älteste hatte sie schon früh Verantwortungsgefühl für die kleinen Geschwister entwickelt und wurde mit der Zeit für ihre Mutter eine große Hilfe. Sonja packt an, wo immer es geht. Sie bringt die Kleinen in den Kindergarten, kauft ein und ist sich nicht zu fein, auch mal mit dem Scheuerlappen das Bad zu putzen. Für ihren Einsatz heimst sie von den Eltern viel Lob ein. *„Du bist unser tüchtiges Mädchen. Was würden wir nur ohne dich anfangen?"* Sonja ist stolz und glücklich, dass Papi und Mami so zufrieden mit ihr sind. Deshalb stört es sie auch nicht, dass mit der Zeit die Ansprüche immer weiter steigen. *„Sonja, hilfst du mal eben Stefan bei den Schularbeiten?" „Sonja, Krümel muss Gassi gehen, Das könntest du mal eben übernehmen." „Sonja, Irmchen braucht eine frische Windel. Du weißt doch, wo die Pampers sind."* „Macht nichts", redet sich die große Schwester selbst tapfer zu, die Eltern trauen mir eben zu, dass ich alles gut erledige. Deshalb darf ich sie nicht enttäuschen. Und wieder wird sie gelobt, geküsst und gestreichelt, weil sie doch so ungemein tüchtig ist.
Im Laufe der Jahre hat sich die ganze Familie daran gewöhnt, dass Sonja alles und jedes perfekt erledigt. Bruder und Schwester sehen daher überhaupt nicht ein, selbst aktiv zu werden. Sobald ein Problem auftaucht, rufen sie

einfach nach Sonja. Die Tüchtige wird es schon richten. Bis heute hat sich daran nichts geändert.

Sonja, selbst inzwischen Mutter von zwei Kindern, ist wie früher zur Stelle, wenn es bei einem Familienmitglied wieder mal brennt. Die Eltern erwarten wie selbstverständlich, dass Sonja sie regelmäßig versorgt und jedes Wochenende bei ihnen vorbeischaut. Stefan, Student im zehnten Semester, wendet sich nach wie vor vertrauensvoll an seine Schwester mit der Bitte um Unterstützung: *„Schwesterchen, du bist doch so fit am Computer. Kannst du mir nicht meine Seminararbeit schreiben? Das schafft du doch mit links."*
Auch Irmchen hat nicht vergessen, wie bequem es ist, eine hilfsbereite Schwester zu haben. Zur Zeit ist Sonjas Rat in Sachen Liebe gefragt. Fast jeden Abend geht das Telefon, weil Irmchen wieder mal Probleme mit ihrem neuesten Freund hat. Und weil es sich dabei um eine ernste Herzensangelegenheit handelt, ist Sonja dann jedesmal mindestens für die kommenden zwei Stunden blockiert.

Wie sich zeigt, erweist sich die privilegierte Hauptrolle in der Familie in vielen Fällen als Belastung. Dem Lieblingskind gelingt es nicht, sich aus der Stellung des Favoriten zu lösen und bleibt zeitlebens das, wozu es von Eltern und Geschwistern gedrängt wurde. Dieses Korsett eingeübter Verhaltensweisen wird somit zum Hemmschuh der eigenen Persönlichkeitsentfaltung.
Der Crack im Familienverbund zu sein, ist also keineswegs immer erstrebenswert – auch wenn *Sigmund Freud* das anders sah. Der Psychologe, selbst ältestes von acht Geschwistern und erklärter Favorit seiner Mutter, beschrieb die Auswirkungen, die seine Rolle in der Familie auf sein späteres Leben hatte, so: *„Wenn man der unbestrittene Liebling der Mutter gewesen ist, so behält man fürs ganze Leben jenes Eroberergefühl und jene Zuversicht des Erfolges, welche nicht selten den Erfolg nach sich zieht."*
Auf Erstgeborene scheint diese These wohl häufig zuzutreffen, wie der amerikanische Wissenschaftler *Frank Sulloway* unlängst in einer Studie über 6.000 Lebensläufe aus den letzten fünfhundert Jahren feststellte. Darin kommt er zu dem Ergebnis, dass sich Erstgeborene aufgrund der uneingeschränkten elterlichen Zuwendung zumeist zu mächtigen, selbstsicheren und verantwortungs-

Vom Applaus überfordert.
Der Star der Familie hat es nicht leicht

bewussten Menschen entwickeln. Ob diese Erkenntnis allerdings noch in der heutigen Zeit Gültigkeit besitzt, in der sich das familiäre Zusammenleben nicht mehr nach konventionellem Vorbild ausrichtet, darf bezweifelt werden.

Die Rolle seines Lebens.
Wenn Ihr Kind alle Register zieht

Kaum dem Krabbelalter entwachsen, versucht Ihr Kind auf eigenen Beinen zu stehen. Übertragen bedeutet das, dass es seine eigene Rolle in der Familie finden möchte. Denn gewiefte Kinder entdecken bald, ob es außerhalb der Rolle, die ihnen von den Eltern zugeteilt wurde, nicht noch eine bessere, lohnendere Rolle gibt. Kritisch wird beäugt, was die Geschwister machen und in welchem Fach sie unschlagbar sind. Das Resultat dieser Beobachtung gibt den Ausschlag für die eigene Rollenfindung.

- **Vincent** erkennt schnell, dass seine Schwester **Babette** wesentlich besser rechnen kann als er. Also beschließt er konsequent, ihr das Feld der Mathematik zu überlassen und selbst den kreativen Part in dem Geschwisterduo zu besetzen. Die Entscheidung fällt ihm leicht, weil er über eine ausgesprochene Originalität verfügt. Sein Vorrat an ungewöhnlichen Ideen scheint unerschöpflich zu sein, seine musische Begabung liegt weit über dem Durchschnitt. Indem sich Vincent speziell die Rolle des Kreativen ausgewählt hat, ist er in der Lage, auf diesem Gebiet konkurrenzlos seine Lorbeeren zu ernten.

Auch hier geht es wie so oft darum, zumindest in einem Teilbereich die volle Anerkennung der Eltern zu erlangen. Das gelingt jedoch nur dann, wenn sich die Geschwister untereinander nicht in die Quere kommen. Gefragt ist diesmal keine loyale Gemeinschaft, sondern der Einzelkämpfer, der Profi, der in seinem ureigenen Fach eine Einzelstellung innehat. Dabei können Kinder genau abschätzen, was ihnen das eine oder andere Rollenverhalten nützt. Der Spaßmacher wird besonders geliebt, weil er alle zum Lachen bringt; das brave Lämmchen erhält Schutz und Zuwendung, weil es so hilflos ist; dem charmanten Herzensbrecher kann keiner einen Wunsch abschlagen, eben weil er so ungemein charmant ist; die Leseratte wird wegen ihrer Bildung geachtet und die wilde Hummel beneidet jeder um ihr sagenhaftes, unbekümmertes Temperament.

Um die Aufmerksamkeit von Vater und Mutter zu bekommen, entschließen sich manche Kinder sogar dazu, die Rolle des Bösewichts zu übernehmen. Natürlich sind sie in Wirklichkeit gar nicht böse, aber durch ihr widerspenstiges, aggressives Verhalten ist ihnen die Beachtung der Eltern sicher – auch wenn diese in Schimpfen und Zurechtweisung mündet. Das ist immerhin noch besser, als gar nicht beachtet zu werden.

In der Regel suchen sich Ihre Kinder die Rollen aus, die sich ergänzen. Das führt zu einem gewissen Automatismus, weil die eine Rolle die andere bedingt. Die folgsame Schwester erhält in ihrem rebellischen Bruder ebenso ein passendes Pendant wie das Tennis-Ass, das in dem häuslichen Computer-Freak seine Entsprechung findet.

Besuch im Marionetten-Theater. Was wir von Kasperle & Co. lernen können

Überall, wo Menschen zusammen leben und arbeiten, treten über kurz oder lang bestimmte Archetypen in Erscheinung, die in ihrem Verhalten grundsätzliche Eigenschaften vermitteln. Welche Rollen das im einzelnen sind, wird bei einem Besuch im Marionetten-Theater auf anschauliche Weise deutlich. Denn hier verkörpert jede Figur einen klar definierten Charakter, den wir im Alltag, im Beruf und vielfach auch in der Familie wiedertreffen.

Da sind zunächst einmal die Guten, die am Ende immer über das Böse siegen. Die Hauptrolle spielt natürlich der clevere Kasperle, der mit Witz und Schlauheit ans Ziel kommt. Ihm zur Seite steht die liebe Gretel, auf die er sich in jeder Lage hundertprozentig verlassen kann. Das Gleiche gilt für seinen Freund Seppel, der zwar ein bisschen begriffsstutzig, aber dafür treu und hilfsbereit ist. Zu den Guten gehören selbstverständlich auch die hübsche schutzbedürftige Prinzessin und ihr gütiger Vater. Sein Gegenstück ist der Polizist, ebenfalls eine väterliche Autorität, die vor allem auf die Einhaltung von Ordnung und Recht achtet. Die Letzte im Bunde ist die Großmutter. Dieses Pracht-

Vom Applaus überfordert.
Der Star der Familie hat es nicht leicht

exemplar von Oma hat alles, was eine Super-Mutter auszeichnet: Nachsicht, Geduld, Fürsorge und unendliche Liebe zu den Kindern.
Das kann die böse Hexe keinesfalls für sich in Anspruch nehmen. Sie behandelt die Kinder schlecht, belügt und betrügt sie und ist überhaupt ein falsches, mieses Luder. An Gemeinheit und Grausamkeit wird sie nur noch vom Teufel übertroffen, der mit dem kriminellen Räuber im Bunde ist. Unterstützt wird das Trio Infernale von allerlei Ungetier wie Krokodil und Wolf, die gleichfalls nur Schlechtes im Schilde führen.
Für jedes Kind ist eine Aufführung dieses klassischen Stoffes – bezogen auf die eigene Situation – übrigens ein hervorragendes Lehrstück, um typisches Rollenverhalten zu studieren. Gleichzeitig bekommt es damit Gelegenheit, sich mit einer Figur solidarisch zu erklären oder eine andere abzulehnen.

Vorsicht vor der Identitätskrise.
Rollenspiele können gefährlich werden

- Jedes Mal, wenn **Hajo** auftaucht, heißt es: *„Ach der, das ist der Schläger in unserer Familie. Vor dem nimmst du dich besser in acht."* Abgestempelt zu werden, kann ziemlich wehtun. Das Risiko, auf ein bestimmtes Verhaltensmuster festgelegt zu werden, besteht immer dann, wenn die Rolle zur eigenen Identität wird. Hajo, der immer wieder darauf getrimmt wurde, Stärke zu zeigen und sich ja nichts von anderen gefallen zu lassen, ist schließlich tatsächlich zu dem geworden, was man immer von ihm verlangt hatte: Ein Schlägertyp, der Angst und Schrecken verbreitet.
Natürlich haben die Eltern diese Entwicklung nicht gewollt und auch nicht vorhergesehen. Sie meinten es doch stets gut, als sie ihren Sohn zur Härte erzogen haben. Deshalb haben sie in der Eltern-Kind-Beziehung absichtlich eine gewisse Distanz gewahrt, um Hajo nicht zu verweichlichen. Schmusen und Kuscheln stand nicht auf dem Stundenplan, denn *„Ein echter Junge braucht so was nicht"*.
Mit seiner kleinen Schwester war das natürlich etwas ganz anderes. **Ines** musste man einfach ständig in den Arm nehmen und abdrücken. Denn das Mädchen hatte so ein heiteres, liebes Wesen, dass es mit aller Welt gut

Kapitel 6: Prinzessin oder Aschenputtel

Freund war. Aus dieser Konstellation ergab sich die Rollenverteilung in „gut" und „böse" fast schon von selbst. Je größer die beiden Kinder wurden, desto mehr vertiefte sich ihr Rollenverständnis, das von den Eltern zudem immer wieder bestätigt wurde. Ines war das goldige Schätzchen, das jedermann mochte. Hajo dagegen mochte niemand so richtig gern, weil er sich so ungehobelt und aufrührerisch benahm. So verwundert es nicht, dass die Kinder allmählich glaubten, wirklich so zu sein, wie alle behaupteten.

Weil sich ihre Verhaltensmuster mit der Zeit manifestierten, bestätigten beide Kinder immer wieder aufs Neue die Erwartungen der Erwachsenen. Während sich Ines in der Zuwendung von Papi und Mami räkelte wie eine Katze, die eben ein Schälchen Milch geschlabbert hatte, musste Hajo damit fertig werden, von seinen Eltern gar nicht mehr lieb behandelt zu werden. Natürlich hatte Ines längst spitz bekommen, dass sie durch ihre Liebenswürdigkeit die Favoritenposition in der Familie uneinnehmbar ausbauen konnte – zumal sie geschickt verstand, ihren Bruder zur Weißglut zu reizen und ihn nach jedem Wutanfall als unverbesserlichen Rowdy hinzustellen.

Die Gegensätzlichkeit in diesem Rollenspiel führt geradewegs in eine Krise. Hajo, der im Grunde genommen gar kein Schläger sein möchte, steckt tief in einem unlösbaren Dilemma. Denn er sieht für sich keine Möglichkeit, sich von dieser aufgepfropften Identität zu befreien und ein anderer zu werden. Das, was ihn sympathisch machen könnte, ist in den Jahren des Bösewicht-Seins verschüttet worden. Wie und vor allem warum soll er die Kraft aufbringen, seine liebenswerten Eigenschaften freizulegen?

In diesem Zusammenhang sollten Sie bedenken, dass hinter einem aggressiven Verhalten sehr häufig ein Hilferuf nach Wärme und Zuwendung steht. Ein Junge, der keine Schwäche zeigen darf, wird eklatante Schwierigkeiten haben, sein Bedürfnis nach Liebe zu offenbaren. Lieber igelt er sich noch mehr ein und fährt bei jeder Gelegenheit die Stacheln aus, um ja keinen Menschen an sich herankommen zu lassen. In so einer Situation sind Sie als Eltern gefordert, den Panzer zu knacken und Ihrem Kind aus seiner Rambo-Rolle herauszuhelfen. Klar, das geht nicht hopplahopp, sondern langsam Schritt für Schritt. Verlorenes Vertrauen zurückzugewinnen, dauert eben seine Zeit.

Vom Applaus überfordert.
Der Star der Familie hat es nicht leicht

Die vielgeliebte Ines wird ebenfalls eines Tages mit ihrer Traumrolle nicht mehr glücklich sein. Zu lange hat sie zu Lasten ihres Bruders auf der Sonnenseite gestanden. Die Bewunderung und Anerkennung ihrer Eltern war ihr wichtiger als eine harmonische Beziehung zu Hajo, der ihr nun mit Hass und Verachtung begegnet. Aber was ist sie ohne Hajo? Er war es doch, der durch sein Verhalten ihre positiven Eigenschaften erst richtig zum Strahlen brachte. Diese Erkenntnis stimmt bitter.

Als Eltern sollten Sie darauf achten, bei den Rollen, die Sie Ihren Kindern zuschreiben, nicht zu sehr zu polarisieren. Sonst laufen Sie Gefahr, einen Keil in die Geschwisterbeziehung zu treiben. Stellen Sie Ihren Sohn nicht ins Abseits, wenn er sich nicht nach Wunsch entwickelt. Vielleicht tragen Sie an dieser Fehlentwicklung eine gehörige Portion Mitschuld. Ein Kind ist nicht in der Lage abzuwägen, ob es durch die elterlichen Erwartungen überfordert wird. Es wird auf dem eingeschlagenen Weg weitergehen – besonders dann, wenn von Vater und Mutter kein Signal zum Stoppen kommt. Die Grenze zwischen Rolle und Identität wird zumeist von allen Beteiligten nicht wahrgenommen. Schleichend verändert sich der kindliche Charakter, bis er dem vermeintlichen Ideal der Eltern entspricht. Dass Sie das mit Ihrer Erziehung nicht im Entferntesten beabsichtigt haben, können Sie nicht im Nachhinein Ihrem Kind anlasten. Deshalb ziehen Sie beizeiten die Notbremse, wenn der Zug zu entgleisen droht.

Verschaffen Sie Ihren Geschwister-Kindern die Möglichkeit, aus dem Rollenspiel auszusteigen, falls es riskant zu werden droht. Oder wenn der eine oder die andere genug davon hat. Denn irgendwann hat jedes Theater sein Ende.

Kapitel 6: Prinzessin oder Aschenputtel

Szenenwechsel zwischen Lachen und Weinen: Eltern erzählen

- *„Neulich habe ich etwas erlebt, was mich ziemlich nachdenklich gemacht hat"*, berichtet ein junger Vater. *„Ich musste vergangenen Mittwoch etwas später zur Arbeit und hatte daher Zeit, unseren Hendrik zur Schule zu bringen, wo er die erste Klasse besucht. Als wir ankamen, war die ganze Corona seiner Schulkameraden bereits versammelt.* **Hendrik** *rief ihnen schon mal ‚Hallo' zu und gab mir – wie immer – zum Abschied einen Kuss. Das gab ein Gejohle! ‚Guck mal, unser Baby ist auch schon da. Sei ein braver Bubi und gib Papi schnell ein Küsschen. Oh – jetzt wird der Kleine ganz rot. Dann wollen wir unser Baby mal trösten.' In der Tat hatte Hendrik einen knallroten Kopf bekommen. Er machte sich eiligst von mir los, senkte den Blick und schlich mit einem leisen ‚Tschüss, Papi!' unter dem Geschrei der anderen Kinder Richtung Schultür."*
„Zuerst habe ich dem Vorfall keine Bedeutung beigemessen", fährt der Vater fort. *„Aber am nächsten Morgen weigerte sich Hendrik hartnäckig, zur Schule zu gehen. Alles Bitten und Drohen half nichts. Der Kleine schaute uns trotzig an und verkündete: ‚Ich will nicht mehr in die Schule'. Schließlich hat meine Frau den Jungen aus lauter Verzweiflung für den Tag krank gemeldet. Doch am nächsten Morgen das gleiche Spiel. Nach intensivem Befragen rückte der Kleine dann mit der Sprache heraus. Die Klassenkameraden hätten ihn so gehänselt, weil er sich wie ein Baby benehme, er werde von allen ausgelacht und schäme sich in Grund und Boden. Und: ‚Ihr seid schuld', bekamen wir zu hören. Wir hätten von ihm keinen Abschiedskuss verlangen dürfen. Denn für einen großen Jungen wie ihn sei diese Küsserei einfach nur peinlich."*

Szenenwechsel zwischen Lachen und Weinen: Eltern erzählen

„Zerknirscht nahmen wir zur Kenntnis, dass küssende Jungs wirklich ätzend sind, und gaben Hendrik das Versprechen, nie wieder so etwas Umännliches von ihm zu verlangen. Befriedigt machte er sich auf, um sein ramponiertes Image als echt cooler Typ bei den Kameraden wieder aufzupolieren. Meine Frau und ich haben uns später gefragt, ob wir mit unserer Erziehungsmethode, die gerade nicht auf das typische Chauvi-Verhalten von Jungen abzielt, wirklich so verkehrt liegen. Bislang war es in unserer Familie selbstverständlich, dass alle zärtlich und liebevoll miteinander umgehen. Aber offenbar wird dieses für einen künftigen Mann atypische Verhalten von der Umwelt nicht akzeptiert. Diese Erfahrung macht mich traurig, denn wir wollten unserem Jungen wirklich ein modernes, neues Rollenverständnis mit auf den Weg geben."

- Hanne erzählt: *„Also immer heißt es, dass Eltern ihren Kindern die Rollen zuordnen, die sie entweder früher selbst mit Erfolg gespielt haben oder mit deren Hilfe sie ihre Erwartungen an den Nachwuchs verwirklichen möchten. Nie ist aber die Rede davon, dass Eltern ihre persönlichen Schwächen auf die Kinder projizieren. Dabei kommt das gar nicht so selten vor."*
„Ich zum Beispiel", macht sie klar, *„bekenne mich im Sinne der Anklage schuldig. Meine Tochter **Gisela** hat darunter zu leiden, denn immer wieder werfe ich ihr vor, eine richtige kleine Schlampe zu sein – sie hält nämlich nicht viel davon, ihr Zimmer aufzuräumen. Wenn sie sich aber dazu aufrafft, wird alles picobello und schön ordentlich. Insgeheim sage ich dann zu mir: 'Mensch, Hanne, du könntest dir mal ein Beispiel an deiner Tochter nehmen. Denn eigentlich bist du doch diejenige, die einen Horror vor dem Aufräumen hat und diese Arbeit lieber von heute auf morgen schiebt.' Ich gestehe, dass mein Verhalten gegenüber meiner Tochter reichlich unfair ist. Denn ich schiebe ihr meinen Fehler in die Schuhe und dränge sie so in eine Rolle, die ihr gar nicht zukommt."*

Kapitel 6: Prinzessin oder Aschenputtel

- **Hilde** erinnert sich beim Thema Rollenspiel an die eigene Kinderzeit, als sie tagtäglich mit ihrer Schwester über Kreuz lag. *„**Helene** war nicht nur der Star in der Familie, sie sah auch so aus. Ehrlich: Julia Roberts wäre neidisch geworden, wenn sie meine Schwester hätte lächeln sehen. Andauernd blieben Leute auf der Straße stehen, um unsere Diva zu bewundern: ‚Nein, ist das ein bildhübsches Kind. Die sieht ja aus wie eine vom Film!' Wenig später kam dann der Nachsatz: ‚Ach, und das ist die kleine Schwester. Auch ein nettes Mädchen – aber an Helene kann die Hilde natürlich nicht tippen.' Stellen Sie sich mal vor, Sie müssten jeden Tag hören, dass Sie im Vergleich zu Ihrer Schwester nur ein unscheinbares Nichts sind. Ich wette, Sie würden auch irgendwann vor Wut explodieren."*

  „Nun gut, ich bin nicht explodiert, sondern habe meinen Ärger hinuntergeschluckt.", zieht Hilde Bilanz. *„Schließlich hätte ich mir lieber die Zunge abgebissen, als gegenüber Helene zuzugeben, dass ich auf sie eifersüchtig bin. Aber abends im Bett habe ich mir mit größtem Vergnügen die schauerlichsten Geschichten ausgedacht: Dass Helene einen schlimmen Unfall hat, dass ein Schönheitschirurg bei einer Operation ihre Nase verpfuscht oder dass der Friseur ihre Haare durch eine falsche Tönung so versaut, dass sie wochenlang zu Hause bleiben muss. Glauben Sie mir, so ein bisschen Rache vor dem Einschlafen tut richtig gut!"*

Tun oder lassen: Die Eltern-Ampel

- Drängen Sie Ihre Kinder in keine bestimmte Rolle.
- Projizieren Sie Ihre eigenen Wünsche nicht auf die Kinder.
- Verhindern Sie, dass ein Kind in eine Rolle schlüpft, die negative Auswirkungen auf seine Entwicklung haben könnte.
- Achten Sie darauf, dass die Geschwister sich nicht gegenseitig eine Rolle zuschieben, die das eine benachteiligt oder das andere gegenüber den übrigen privilegiert.

- Lassen Sie Ihren Kindern die Freiheit, sich ohne Zwang zu entwickeln.
- Fördern Sie jedes Talent – auch wenn es nicht Ihren ursprünglichen Wunschvorstellungen entspricht.
- Lösen Sie sich von alten geschlechtsspezifischen Klischees und wagen sich auf neue Wege.
- Helfen Sie Ihrem Kind, sich aus einer ungeliebten Rolle zu befreien, bevor es zu einer ernsthaften Identitätskrise kommt.

7
Familienleben mit Handicap

„Alles dreht sich nur um Mischa."
**Warum Problemkinder
ganz normal behandelt werden sollten**

In diesem Kapitel erfahren Sie, ...

- warum Behinderungen in der Familie kein Tabu sein sollten
- warum gesunde Kinder auf das kranke Geschwister-Kind eifersüchtig sind
- wie Sie reagieren, wenn sich Ihre Kinder
  für die Behinderung des anderen schämen
- wie Sie Ihr krankes Kind auf die Umwelt vorbereiten
- weshalb Verhätscheln ein Fehler ist
- wie Sie das Miteinander in der Familie fördern – auch wenn es Konflikte gibt
- weshalb es so wichtig ist, für die gesunden Kinder genügend Zeit zu haben
- wie andere Eltern mit der Behinderung ihrer Kinder umgehen
- was Sie in Zukunft tun oder lassen sollten

Kapitel 7: Familienleben mit Handicap

Krankheit ist kein Tabu. Machen Sie die Sache in der Familie zum Thema

In rund drei Prozent aller Familienhaushalte lebt ein behindertes Kind, hat der Bundesverband Evangelische Behindertenhilfe e.V. gemeinsam mit Partnerorganisationen ermittelt. Allein von den geschätzten 420.000 Menschen mit geistiger Behinderung in Deutschland sind etwa 185.000 Kinder oder Jugendliche, von denen 85 Prozent zu Hause betreut werden. Positiv dabei: Außerhalb ihrer Familie wächst nur eine geringe Zahl behinderter Kindern auf.

Wenn Sie Eltern eines gehandicapten Kindes sind – ob geistig, körperlich oder chronisch krank – dann zeigen diese Daten Ihnen, dass Sie mit Ihrem Schicksal nicht allein sind. Zig-tausend Eltern befinden sich in der gleichen Situation wie Sie und müssen Wege finden, um den Alltag entsprechend zu organisieren. Das kostet Kraft, Zeit und auch Geld. Denn je nach Grad der Erkrankung braucht Ihr Problemkind besonders viel Fürsorge. Die Belastungen, die sich aus der Behinderung oder der chronischen Krankheit eines Kindes ergeben, können daher nur geschultert werden, wenn die gesamte Familie mitzieht. Denn ein behindertes Kind ist nicht allein die Angelegenheit von Vater und Mutter, sondern geht alle Mitglieder der Familie an. Darum macht es keinen Sinn, die Krankheit gegenüber den anderen Kindern zu tabuisieren. Auch wenn es Ihnen schwer fällt, darüber zu reden: Sprechen Sie mit den Geschwistern offen und ehrlich. Je früher, desto besser. Ihre Kinder wollen die ganze Wahrheit über die Krankheit erfahren – nicht zuletzt, um sich selbst zu beruhigen.

- **Mischa** leidet unter dem Down-Syndrom. Ein Schock für die Eltern, die diese Nachricht in ein tiefes Loch der Verzweiflung stürzen lässt. Aber nicht nur sie machen sich Gedanken darüber, was nun werden soll. Auch Mischas Geschwister Dana und Finn haben schon längst bemerkt, dass mit dem Bruder etwas nicht stimmt. Nur was genau das sein kann, wissen sie nicht. Deshalb haben sich die beiden schon manches Mal bang gefragt, ob Mischas

Krankheit ist kein Tabu.
Machen Sie die Sache in der Familie zum Thema

Krankheit wohl ansteckend ist und ob sie selbst irgendwann auch einmal so behindert sein werden wie ihr Bruder. Und warum es die Eltern überhaupt zugelassen haben, dass Mischa krank auf die Welt gekommen ist. Bedeutet das etwa, dass Mami und Papi Schuld an Mischas Behinderung sind? Die zwei spüren den Kummer von Papi und Mami und würden so gern helfen. Aber sie trauen sich nicht, die Eltern darauf anzusprechen. In Dana und Finn wächst die Unsicherheit, weil sie nicht wissen, wie sie sich richtig verhalten sollen. Aus Angst, etwas falsch zu machen, bleiben sie vorsichtshalber auf Distanz zu Mischa.

Sind Sie in einer ähnlichen Situation? Dann warten Sie nicht darauf, dass die gesunden Kindern von allein zu Ihnen kommen, um Konkretes über die Erkrankung von Bruder oder Schwester in Erfahrung zu bringen. Sie werden aller Wahrscheinlichkeit nach nicht so mutig sein, sich bei Ihnen zu erkundigen. Denn ihr feines Gespür sagt ihnen, dass es sich hier um ein sensibles Thema handelt, das Ihnen schwer auf der Seele liegt. Trotzdem: Sie dürfen aus der Krankheit Ihres Kindes kein Geheimnis machen. Mit einem ausführlichen Gespräch schaffen Sie Klarheit. Denn dadurch informieren Sie Ihre Kinder nicht nur umfassend über die Art und das Ausmaß der Behinderung, sondern nehmen ihnen außerdem ihre latente Furcht, sich selbst zu infizieren oder selbst daran zu erkranken. Gleichzeitig befreien Sie Ihre Kinder von eventuellen Berührungsängsten. Ihre gesunden Kinder verlieren die Scheu, mit dem behinderten Geschwisterchen – im Rahmen der Möglichkeiten – wie mit ihresgleichen umzugehen Und damit haben Sie wichtiges Terrain auf dem Weg zur Normalisierung gewonnen.
Damit ist ein entscheidendes Stichwort gefallen. Sicher geht es Ihnen wie vielen anderen Eltern in vergleichbarer Lage auch vor allem darum, zusammen mit Ihrem Sorgenkind ein weitgehend normales Familienleben zu führen. Aber bitte: Das schließt alle Familienangehörigen mit ein. Die Normalität gilt nicht nur im Umgang mit dem Behinderten, sondern auch für Sie als Eltern und für die Geschwister. Doch so einfach ist es nicht, den Wunsch nach Alltäglichkeit in Ihrer außergewöhnlichen Situation zu verwirklichen. Beispielsweise kann es sein, dass eines Ihrer gesunden Kinder plötzlich feststellt:

Kapitel 7: Familienleben mit Handicap

„Mein Bruder bekommt jeden Wunsch erfüllt: Kranksein ist was Feines"

- **Frieder** hat mittlerweile akzeptiert, dass **Arno** anders ist als er. Arno sitzt im Rollstuhl und kann nicht wie normale Kinder herumtoben und spielen. Was Frieder allerdings überhaupt nicht einsieht, ist, dass sein behinderter Bruder von Papa und Mama ungeheuer verwöhnt wird. Er braucht nur mal zu husten, schon kommen die Eltern angerannt. Wenn Arno ein Eis haben will, bekommt er eins und braucht nicht lange darum zu betteln wie Frieder. Wenn Arno Langeweile hat, holt Mama sofort das Schachbrett hervor. Frieder kann sich dagegen nicht erinnern, wann seine Mutter mit ihm das letzte Mal eine Partie gespielt hat. *„Immer heißt es nur: Arno hier und Arno da"*, denkt der jüngere Bruder. *„Mann, muss das toll sein, wenn man krank ist."*

Viele Kinder fühlen sich vernachlässigt, wenn Vater und Mutter ihre ganze Aufmerksamkeit auf den kranken Bruder oder die behinderte Schwester konzentrieren. Normalerweise würden sie untereinander mit gleichen Mitteln um die Liebe der Eltern konkurrieren. Doch die normalen Regeln sind in dieser speziellen Geschwisterbeziehung außer Kraft gesetzt: *„Auf ein krankes Kind muss man Rücksicht nehmen"*. Diese Ermahnung bekommen die gesunden Kinder immer wieder von den Eltern zu hören, so dass ihnen nichts übrig bleibt, als die eigenen Bedürfnisse zurückzustellen.

Wenn die Eltern dem kranken Kind jeden Wunsch von den Augen ablesen, macht sich bei den anderen langsam Frust breit. Selbst die verständigsten, hilfsbereitetesten Kinder reagieren irgendwann wütend auf die ständige Nichtbeachtung ihrer Eltern. Sie leiden unter der ungerechten Behandlung, dürfen ihren Zorn aber auf keinen Fall gegen die behinderte Schwester oder den kranken Bruder richten. Mehr noch: Wenn sie mal tüchtig Dampf ablassen, zeigen die Eltern für solche Ausbrüche meist wenig Verständnis. *„Wie kannst du dich nur so daneben benehmen! Es gibt überhaupt keinen Grund, so ausfallend zu werden. Du musst doch einsehen, dass dein Bruder mehr Zuwendung braucht als du. Denn du kannst dir selber helfen. Der arme Arno im Rollstuhl kann das* nicht. Sei doch froh, dass du nicht an seiner Stelle bist. Und jetzt tu mir den Gefallen und reg' dich ab."

Weil Frieder seine Eifersucht, seine Aggressionen und Neidgefühle gegenüber Arno nicht ausleben darf, wird das Verhältnis zwischen den beiden zunehmend belastet. Denn die Zuneigung, die Frieder seinem Bruder ursprünglich entgegengebracht hat, schlägt in Ablehnung um. Er empfindet die Bevorzugung des Bruders durch die Eltern als persönlichen Affront, der ihm zeigt: *„Mama und Papa haben mich nicht so lieb wie Arno."*

Je nach Veranlagung wird Frieder unterschiedlich reagieren. Möglicherweise baut er eine Blockade auf und kapselt sich bewusst vom familiären Miteinander ab. Es kann aber auch sein, dass er anfängt, Arno gegenüber handgreiflich zu werden: Jedes Mal, wenn Frieder mit seinem Bruder allein ist, wird er mit Piesacken seinen Frust an ihm auslassen. Kommen die Eltern dazu, verwandelt er sich in einen friedfertigen Jungen, der sich liebevoll mit seinem behinderten Bruder beschäftigt. Vielleicht entwickelt sich aus dem Aggressionsstau aber auch eine ernsthafte Krise: Frieder wird selbst krank und beansprucht die Zuwendung seiner Eltern. Zumeist hat dieses Verhalten psychische Ursachen. Vergleichbar mit dem Erstgeborenen, der aus lauter Verzweiflung über die Aufmerksamkeit, die das neue Kind von seiner Mutter erhält, selbst wieder Baby-Allüren entwickelt. Eine andere Möglichkeit ist, dass sich Frieder selbst Verletzungen zufügt, damit er genau wie sein Bruder auch zum Arzt oder ins Krankenhaus muss. Natürlich lässt sich nicht ausschließen, dass Frieder lediglich simuliert. Wie dem auch sei: Für eine gewisse Zeitspanne ist ihm die Beachtung seiner Eltern auf jeden Fall gewiss.

Schuldgefühle.
Wenn die Kinderseele Kummer hat

- **Oliver** wird seines Lebens nicht mehr froh. Der aufgeweckte Zehnjährige hat sich in den letzten Monaten seit dem Unfall seines Bruders Kai stark verändert. Still ist das Kind geworden, das früher so ein munteres Bürschchen mit lockerem Mundwerk war. Irgendetwas scheint Oliver ungeheuer zu

Kapitel 7: Familienleben mit Handicap

schaffen zu machen. Doch auf alle Fragen weicht der Junge aus *„Nichts ist los. Mir geht es gut"* sagt er und schaut schnell weg, damit Mami nicht merkt, das seine Augen wieder mal verdächtig glitzern.
An einem Nachmittag nimmt seine Mutter den Jungen entschlossen beiseite: *„So, Oliver, jetzt sagst du mir, was dich bedrückt. Bevor ich nicht weiß, warum du so einen Kummer hast, lass' ich dich nicht gehen."* Oliver druckst herum, aber schließlich bricht es aus ihm heraus: *„Mami, ich bin ja so unglücklich, weil ich doch schuld bin, dass Kai krank geworden ist."* Kai war im letzten Jahr beim Spielen mit seinem Bruder von der Schaukel gestürzt und ist seitdem gehbehindert. *„Aber, Schätzchen"*, beruhigt die Mutter. *„Das stimmt doch gar nicht."* *„Doch, ich hätte besser aufpassen müssen, Kai ist doch noch so klein. Dabei habe ich ihn doch gar nicht so doll angeschubst. Ich wollte nicht, dass so was Schlimmes passiert."* *„Oliver, du kannst nichts dafür, dass Kai so unglücklich gestürzt ist. Niemand gibt dir die Schuld daran. Es war einfach ein Unfall, den keiner verhindern konnte."* Die Mutter nimmt ihren Großen auf den Schoß und tröstet: *„Jetzt wisch' dir die Tränen ab und lass uns überlegen, was wir nachher gemeinsam mit Kai unternehmen wollen. Wie wär's mit einer Runde Mensch-ärgere-dich-nicht?"*

Schuldgefühle können verschiedene Ursachen haben. Manche Kinder halten sich dafür verantwortlich, dass ihr Bruder oder ihre Schwester erkrankt ist. Möglicherweise glauben sie wie Oliver, etwas getan zu haben, was zu der Erkrankung geführt hat. Oder sie waren bei irgendeiner Gelegenheit richtig böse auf das Geschwister und haben sich aus Zorn gewünscht, dass *„der Blödmann mal ganz fies krank wird, damit er mir das Fahrrad nicht mehr wegnehmen kann."* Wird der Bruder dann tatsächlich krank, macht sich das andere Kind schwere Vorwürfe – wagt aber nicht, darüber zu sprechen.
Besonders Kinder, die in der Schule oder im Sport hervorragende Noten erzielen oder über spezielle Talente verfügen, bekommen häufig ein schlechtes Gewissen. Sie empfinden es als ungerecht, dass sie so viel besser und leistungsfähiger sind als der behinderte Bruder oder die kranke Schwester. Deshalb schämen sie sich für ihren Erfolg und lassen zum Teil sogar in ihren Leistungen nach, nur um das andere Kind nicht zu übertreffen.

Schuldgefühle. Wenn die Kinderseele Kummer hat

Sollten Sie solche Gewissensbisse bei Ihren gesunden Kinder bemerken, forschen Sie nach den Gründen. Denn nicht behinderte Kinder sollten sich nicht mit den Problemen des behinderten Geschwisters identifizieren. Deshalb bestätigen Sie Ihre Kinder in ihren Erfolgen und machen deutlich, dass diese guten Ergebnisse nichts mit dem kranken Geschwisterkind zu tun haben.

Wenn Sie es wirklich ernst meinen mit der Normalität, müssen Sie Ihren gesunden Kindern auch zugestehen, sich ganz normal zu verhalten. Dazu gehört, miteinander um Ihre Zuneigung zu rivalisieren. Miteinander bedeutet, dass auch Ihr behindertes Kind in diesen Wettstreit mit einbezogen wird. Gestehen Sie den anderen zu, ihren Ärger zu artikulieren, wenn sie wegen des kranken Bruders sauer sind. Genauso wie Sie erlauben, dass die Geschwister auch andere Gefühle spontan zeigen dürfen. Zusammen lachen, streicheln und umarmen, gemeinsam spielen, aufeinander eingehen, zuhören oder sich einfach für den anderen Zeit nehmen: Das alles sollten Ihre gesunden Kinder frei und ungezwungen tun können, wenn sie mit der behinderten Schwester oder dem Bruder im Rollstuhl beisammen sind. Denn gerade durch ein unbelastetes Miteinander-Umgehen können Ihre Kinder dem anderen helfen, mit seinem Schicksal besser zurecht zu kommen.

Die Sonderstellung, die ein gehandicaptes Kind in manchen Bereichen genießt, sollte nicht dazu führen, dass es in Ihrer Familie Kinder erster und zweiter Klasse gibt. Sicherlich ist es selbstverständlich, dass Sie dem Sorgenkind in der Familie besondere Fürsorge geben. Dass die anderen deswegen auf Ihre Zuwendung verzichten müssen, heißt das jedoch in keinem Fall.

„Mensch, ist das peinlich!"
Wenn sich Geschwister für den anderen schämen

- **Andrea** zickt seit kurzem herum. Immer dann, wenn die Vierzehnjährige ihre behinderte Schwester mit nach draußen nehmen soll, gibt es lautstarken Protest: *„Bitte, Mami, ich will nicht mit Evi spazieren gehen. Die Leute gucken immer so blöd und stellen dämliche Fragen. Das ist so peinlich."* **Gui-**

Kapitel 7: Familienleben mit Handicap

do pflichtet ihr bei: *„Andrea hat recht. Als ich neulich mit Evi auf der Straße war, kamen ein paar meiner Klassenkameraden vorbei. Da ging was ab. Wo ich denn diese Super-Tussi aufgegabelt hätte und so ähnlich. Ich habe mich noch nie so geschämt wie in diesem Moment. Also wirklich, Mami, das nächste Mal kannst du allein mit Evi rausgehen. Ich mach' das nie wieder."*

Gerade Teenagern fällt es schwer, in der Öffentlichkeit souverän mit der Behinderung von Bruder oder Schwester umzugehen. Denn in diesem Alter ist gutes Aussehen der Maßstab aller Dinge. Anders zu sein als die Clique, gilt als unentschuldbarer Makel. Deshalb möchten sich Jugendliche am liebsten gar nicht mit einem Bruder oder einer Schwester zeigen, die durch ihr ungewöhnliches Benehmen unangenehm auffallen. Für ein Teeny, das mitten in der Pubertät steckt, ist es der ultimative GAU, zusammen mit „so einem" gesehen zu werden. Besonders dann, wenn sich die Freunde über den Kranken lustig machen und ihre verletzenden Sprüche loslassen. *„Hey, Alter, wir wussten ja gar nicht, dass du so 'nen irren Schizi in der Familie hast!"* In diesem Augenblick fühlen sich Jugendliche von der Gruppe ausgegrenzt, schämen sich in Grund und Boden und haben zudem noch Angst, dass die Behinderung der Schwester oder des Bruders in irgendeiner Weise negativ auf sie selbst zurückfällt. *„Der Guido quatscht in letzter Zeit nur Mega-Schrott. Hat sich wohl bei seinem hirnamputierten Bruder angesteckt."*
Bevor Sie in der ersten Empörung Ihren coolen Teenagern die Leviten lesen, zählen Sie am besten bis hundert. Denn so, wie sich die Situation auf den ersten Blick darstellt, ist sie nicht. Sicher, Ihren Kindern ist der Zustand des gehandicapten Kindes peinlich. Klar, Ihre Kinder wehren sich mit Händen und Füßen dagegen, mit ihrem behinderten Bruder oder der kranken Schwester draußen gesehen zu werden. Zugestanden, es ist kein Zeichen von Mut und Anstand, den anderen so zu verleugnen. Aber: In der Pubertät ist es ganz natürlich, dass Ihre Kinder so reagieren. Für sie zählt das, was in ihrem Freundeskreis angesagt und akzeptiert wird. Behinderte gehören im Allgemeinen nicht dazu, weil sie nicht in das Bild von Beauty & Fitness passen. Das ist bitter, aber nicht zu ändern. Übrigens bedeutet das ablehnende Verhalten Ihrer gesunden Kinder nicht, dass sie nun auf einmal das Problemkind der Familie generell

verachten. Zu Hause werden sie sich wahrscheinlich genauso liebevoll und hilfsbereit wie immer zeigen. Und: Das Bedürfnis, sich von dem kranken Geschwister zu distanzieren, geht auch wieder vorbei. Denn auch Teenager werden älter und vernünftiger.

Deshalb ist es sicherlich klug, aus dieser Phase der Abgrenzung keine große Affäre zu machen. Lassen Sie zu, dass Ihre nicht behinderten Kinder öfter mal etwas allein unternehmen, auch wenn es für Ihr krankes Kind traurig ist, zurückbleiben zu müssen. Bestätigen Sie Ihren Kindern, dass Sie deren Gefühle nachvollziehen können: *„Ich verstehe sehr gut, dass es Euch zuweilen peinlich ist, wenn Evi sich im Beisein anderer nicht unter Kontrolle hat. Mir geht es manchmal genauso. Aber dann sage ich mir immer, dass es gar nicht darauf ankommt, was andere Leute denken, sondern darauf, dass wir als Familie zusammenhalten und Evi helfen. Das meint ihr doch auch, oder?"*

Außerdem machen Sie sich klar, dass Sie mit Zwang nicht viel erreichen werden. Die Kinder werden wohl zähneknirschend weiterhin Evi mit nach draußen nehmen, aber um welchen Preis? Die Abneigung gegen die behinderte Schwester wird steigen und sich so festsetzen, dass es fraglich ist, ob sich später wieder ein normales Verhältnis entwickeln kann. Geben Sie Ihren Kindern also lieber die lange Leine und versuchen in der Zwischenzeit, die Verhaltensweisen Ihres Sorgenkindes zu verbessern. Vielleicht erzielen Sie durch geduldiges gemeinsames Üben erste Erfolge und erreichen, dass sich die Geschwister schneller als gedacht wieder gegenseitig annähern.

Jedenfalls ist es immens wichtig, über die Behinderung oder die Krankheit gründlich aufzuklären. Denn die Reaktionen der Umwelt auf gehandicapte Menschen sind nun mal nicht immer mitfühlend und nett. Deshalb sollten Sie Ihre nicht behinderten Kinder argumentativ so ausrüsten, dass sie auf dumme Fragen gescheite Antworten geben können. Viele Zeitgenossen machen nur aus Unkenntnis oder Vorurteilen und nicht so sehr aus böser Absicht blöde Bemerkungen. Wenn Ihre Kinder dann kühl und überlegen kontern können, bleibt manchem die nächste Beleidigung im Halse stecken. Entscheidend ist, dass Ihre gesunden Kinder eins begreifen: Sie müssen nach außen hin „Flagge zeigen" und den Angreifern klar machen, dass ihnen ihr gehandicaptes Geschwisterkind nicht peinlich ist, sondern dass sie zu ihm stehen.

Gesellschaftsfähig:
Gut vorbereitet für die Umwelt

Ein Kind, das nicht in der Lage ist, auf dieselbe Art und Weise zu kommunizieren wie andere, fühlt sich schnell von seiner Umwelt ausgestoßen. Denn viele Menschen reagieren auf Behinderte, die durch ihre Verhalten und Auftreten nicht der gesellschaftlichen Norm entsprechen, mit Unverständnis und Ablehnung. Die betroffenen Eltern setzen deshalb alles daran, ihrem Kind beizubringen, sich in der Öffentlichkeit angemessen zu verhalten.

Allgemeingültige Regeln gibt es für diesen schwierigen Prozess jedoch nicht. Was im Einzelfall machbar ist, hängt entscheidend vom Grad der Behinderung oder Erkrankung ab. Während das eine Kind bestimmte Verhaltensweisen aufgrund seiner verzögerten Entwicklung zu einem späteren Zeitpunkt lernt, wird das andere niemals befriedigende Umgangsformen beherrschen. Es kommt also vor allem darauf an zu erkennen, was Ihr Kind lernen kann und was nicht. Doch so einfach ist das nicht.

Um sich ein Bild über die tatsächlichen Fähigkeiten Ihres Kindes zu machen, müssen Sie es sorgfältig beobachten. Je mehr Sie über sein Verhalten erfahren, desto besser können Sie Ihr Kind verstehen und beurteilen. Parallel dazu sollten Sie sich ausführlich über das Handicap und seine Auswirkungen auf das Leistungsvermögen informieren. Neben einschlägiger Fachliteratur hilft Ihnen der Kontakt mit Experten für Lernstörungen, Krankengymnasten sowie Spezialisten aus den Bereichen Psychotherapie und Beschäftigungsmethodik weiter. Sollte Ihr Kind an einer extrem seltenen Störung leiden, mit der sich Ärzte und Therapeuten nicht so gut oder gar nicht auskennen, finden Sie möglicherweise im Internet Unterstützung. Hier gibt es Foren, über die sich Eltern weltweit über die Krankheiten ihrer Kinder austauschen. Die Chancen stehen gut, dort Väter und Mütter ausfindig zu machen, deren Kinder ähnliche Symptome aufweisen wie Ihr eigenes.

Bevor Sie damit anfangen, Ihrem behinderten Kind den richtigen Benimm beizubringen, müssen Sie sich erst einmal über seine Stärken und Schwächen klar sein. Verlassen Sie sich nicht darauf, dass Ihr Kind von sich aus zeigt, was es

Gesellschaftsfähig: Gut vorbereitet für die Umwelt

kann und womit es Schwierigkeiten hat. Denn viele Kinder mit körperlichem oder geistigem Handicap sind nicht fähig, sich selbst einzuschätzen. Wenn Ihr Kind außerdem spürt, dass seine Eltern bei der Bewertung seiner realistischen Fähigkeiten lavieren, wird es Ihnen unter Umständen etwas vormachen. *„Guckt mal, was ich kann!"* Doch bei genauerem Hinsehen stellen Sie fest, dass Sie ausgetrickst worden sind.

Deshalb orientieren Sie Ihre Erwartungen an den wirklich vorhandenen Talenten Ihres Kindes. Fördern Sie seine speziellen Begabungen nach Kräften, lassen Sie Ihr Kind tun, was es gut kann, und sparen Sie nicht mit Lob, wenn es etwas geschafft hat. So tragen Sie dazu bei, dass Ihr Sorgenkind ein gewisses Selbstbewusstsein entwickelt und gegebenenfalls ein Gefühl für seine eigenen Möglichkeiten bekommt.

Auch behinderte Kinder müssen begreifen, dass es im Miteinander Verhaltensregeln gibt, nach denen sich jeder richtet. Machen Sie Ihrem behinderten Sohn oder Ihrer chronisch kranken Tochter unmissverständlich klar, dass diese Regeln auch für sie gelten. Es mag sein, dass Ihr Kind das nicht einsieht. Bleiben Sie geduldig und üben Sie gemeinsam, wie man sich anderen gegenüber gut benimmt: Freundlich sein, den anderen anschauen, wenn er mit einem spricht, zuhören und nicht dazwischen reden, antworten, wenn man gefragt wird.

Halten Sie sich daran, dass Beharrlichkeit meist zum Ziel führt. Zeigen Sie Ihrem Kind unbedingt Grenzen auf. Denn gerade für so ein Kind sind feste Regeln wichtig, damit es sich in seiner Umgebung sicher und geborgen fühlt. Sagen Sie Ihrem Kind, was Sie akzeptieren, was Sie möchten und von ihm erwarten. So beugen Sie unerwünschten Verhaltensweisen vor. Aber: Diese Regeln, die sich selbstverständlich nach den Fähigkeiten des Kindes richten, müssen auch eingehalten werden. Sie tun Ihrem Kind keinen Gefallen, wenn Sie aus Mitleid oder aus Angst vor Überforderung die Zügel schleifen lassen. Natürlich ist es verführerisch, nach einem anstrengenden Tag die Disziplin zu lockern und über das schlechte Benehmen Ihres Kindes hinwegzusehen. Doch bedenken Sie bitte, dass solche Zugeständnisse Ihre Disziplin untergraben. Ihr Kind bekommt den Eindruck, dass die Regeln nicht ernst gemeint sind, und wird dadurch verunsichert. Mit anderen Worten: Durch Ihr widersprüchliches

Verhalten provozieren Sie bei Ihrem Kind eine *"Ist doch sowieso alles egal"*-Haltung. Weil es nicht mehr so genau weiß, ob es falsch oder richtig gehandelt hat, wird es denken: *"Ich kann machen, was ich will. Papi und Mami ist das doch egal."*

Sie brauchen nicht zu verzweifeln, wenn es bei dem Benimm-Unterricht zu Rückschlägen kommt. Für die Mehrzahl der Behinderungen und Erkrankungen stehen vielfältige geeignete Methoden zur Verfügung, mit denen Sie das Verhalten Ihres Kindes verbessern und fördern können. Beispielsweise besteht die Möglichkeit, Kindern beizubringen, was der Gesichtsausdruck bei anderen Menschen bedeutet. So lässt sich ein Defizit in der Deutung nichtverbalen Verhaltens mindern. Ebenso können Kinder lernen, andere nicht unkontrolliert zu berühren, den richtigen Abstand zu halten oder anderen Leuten nicht immer ins Wort zu fallen. Und: Zeigen Sie Ihrem Kind, dass Sie an seine Fähigkeiten glauben. Dann wird es Ihnen mit viel Liebe und Beharrlichkeit auch gelingen, Ihr Kind dazu zu bringen, seine Fähigkeiten zu nutzen und das Beste daraus zu machen. Das funktioniert aber nur, wenn Sie Ihrem Kind eigene Verantwortung zugestehen, statt es übertrieben zu beschützen und maßlos zu bemuttern.

Damit kommen wir nun zu einem Phänomen, das bei zahlreichen Eltern behinderter oder chronisch kranker Kinder immer wieder zu beobachten ist. Aus falsch verstandener Rücksichtnahme schirmen sie ihr Kind von allem und jedem ab. Bloß nichts riskieren, was irgendwie schaden könnte. Wenn Eltern so übervorsichtig agieren, gibt es nur einen vernünftigen Rat:

Packen Sie Ihr behindertes Kind nicht in Watte

- *"Um Gottes willen, pass doch auf Matthias auf!"* Dieser Aufschrei ist im Haus der Familie Krüger fast stündlich zu hören. Katrin und Fabian Krüger lassen ihren siebenjährigen Sohn nicht aus den Augen. Da **Matthias** an der Glasknochenkrankheit leidet, befürchten die Eltern, dass ihm in jedem unbeaufsichtigten Moment etwas zustoßen könnte.

Gesellschaftsfähig: Gut vorbereitet für die Umwelt

Auch die Geschwister **Tom** und **Tinka** sind darauf trainiert, Matthias im Blick zu behalten. Wie selbstverständlich werden die beiden in die Rundum-Betreuung ihres Bruders einbezogen. *„Gesunde Kinder haben die Pflicht, ihren kranken Geschwistern beizustehen"*, meinen die Eltern. *„Deshalb erwarten wir von euch, dass ihr euch um Matthias kümmert und ihm helft, wo ihr nur könnt."*

Eltern wie Katrin und Fabian Krüger unternehmen aus Sorge um ihr krankes Kind alles, um Matthias eine heile Welt zu bieten. Sie haben keine Erwartungen und stellen keine Forderungen an ihn. Ihr Ziel ist es zu erreichen, dass sich ihr Sohn in der Familie wohl fühlt – ohne selbst einen aktiven Beitrag dazu leisten zu müssen.

Wir brauchen nicht darüber zu debattieren, dass sich Eltern für ihr krankes Kind mehr Zeit nehmen müssen. Ebenso ist es nachvollziehbar, dass sie versuchen, ihr Kind vor Schaden zu bewahren. Aber bedeutet das zwangsläufig, einem behinderten oder chronisch kranken Kind die Fähigkeit abzusprechen, im Rahmen seiner Möglichkeiten Verantwortung zu übernehmen und etwas zu leisten?

Kinder mit körperlichem oder geistigem Handicap sollten trotz ihrer Behinderung ein möglichst selbstbestimmtes Leben führen. Es reicht nicht aus, lediglich für eine gute Ernährung, optimale Pflege und 24-Stunden-Harmonie zu sorgen. Erst dann, wenn man diesen Kindern etwas zutraut, sie ernst nimmt und sie gleichzeitig fördert und fordert, fühlen sie sich als vollwertiger Mensch akzeptiert und anerkannt. So gewinnen sie ein hohes Maß an Lebensqualität, weil sie in die Lage versetzt werden, im veränderten Umgang mit der Krankheit ein Stück weit persönliche Freiheit zu verwirklichen. Auf einmal erkennt das behinderte Kind, dass es imstande ist, etwas zu tun, was man von ihm erwartet. Es entdeckt seine speziellen Talente und wird diese mit Hilfe der Familie kontinuierlich ausbauen. Diese Wertschätzung als Individuum schließt aber auch ein, dem Sorgenkind zuzugestehen, Fehler zu machen und aus ihnen zu lernen.

Eltern, die mit ihrer Fürsorge über das Ziel hinausschießen, wollen sicherlich nur das Beste für ihr Kind. Sie verkennen aber dabei, dass sie durch ihr Verhalten die Unselbständigkeit von Sohn oder Tochter vergrößern. Über kurz

Kapitel 7: Familienleben mit Handicap

oder lang wird ihr Kind bei dem geringsten Anlass um Hilfe bitten. Der Wunsch, etwas allein zu schaffen, geht vorbei; keine Spur mehr von Selbstvertrauen und Vitalität. Statt dessen macht sich Lethargie breit, denn: Papi und Mami sind ja da, um mir alles abzunehmen.

Und noch ein Aspekt ist wichtig: Kinder, die alles bekommen, was sie sich wünschen, verlieren ihr soziales Verhalten. Wenn Sie Ihr gehandicaptes Kind Tag für Tag maßlos verwöhnen, ohne ihm irgendeine Verantwortung zu übertragen oder eine Leistung von ihm zu verlangen, wird es bald kein Interesse mehr für andere haben. Es ist ihm egal, ob Sie aufgrund der Arbeitsbelastung dringend eine Erholungspause brauchen. Es wird sich wenig darum scheren, ob Sie sich für eine gewisse Zeit um die Bedürfnisse der Geschwister kümmern müssen. Es sieht nicht ein, dass auch andere ein Recht auf Zuwendung haben. Ihr Kind weiß nur eines: Es will jederzeit Ihre volle Aufmerksamkeit und überall die Hauptrolle spielen. Dabei versteht es geschickt, Ihre Sorge auszunutzen. Eines Tages wird Ihnen klar: Ich habe aus meinem Kind unabsichtlich einen Egoisten gemacht, der nur an sich selbst denkt und die Belange anderer ignoriert.

Ein verhätscheltes Kind gewöhnt sich schnell daran bevorzugt zu werden und hält die Sonderbehandlung für normal. Diese Einstellung kann irgendwann zum Problem werden. Spätestens als Jugendliche werden Ihre Kinder damit konfrontiert werden, dass nicht immer alles nach ihrem Kopf geht. Mit solch einer unerwarteten Enttäuschung können Hätschelkinder aber nicht umgehen, weil sie bislang so gut wie nie auf Ablehnung gestoßen sind.

Diese Entwicklung können Sie nicht wollen. Deshalb verbannen Sie Ihr Kind nicht in ein Vakuum, sondern geben ihm Luft und Freiraum zum Leben. Sie werden sich wundern, welche positiven Auswirkungen ein wenig mehr Zutrauen auf Ihr Sorgenkind hat. Ein Fortschritt, von dem Ihre ganze Familie profitieren wird.

Gesellschaftsfähig: Gut vorbereitet für die Umwelt

Schritt für Schritt zur perfekten Integration. Und alle helfen mit

Ein behindertes oder chronisch krankes Kind steht nicht außerhalb der Familie – es lebt mittendrin. Deshalb sollten Sie konsequent darauf beharren, dass es aktiv am Familienleben teilnimmt. Mit eigenen Rechten und Pflichten.
Um die Integration in den Familienverbund hinzubekommen, müssen alle Beteiligten mithelfen. Die gesunden Geschwister können Sie dabei effizient unterstützen. Eines können sie aber nicht: Die Betreuung und Pflege der kranken Schwester oder des kranken Bruders übernehmen. Es wäre höchst unfair gegenüber Ihren nicht behinderten Kindern, ihnen diese Verantwortung aufzubürden. In kürzester Zeit wären sie so überfordert, dass sie aus lauter Pflichtgefühl nichts mehr unternehmen könnten, was ihnen Spaß macht. Letzten Endes würden sie um die eigene Kindheit gebracht.
Nein – die Zuständigkeit für ein gehandicaptes Kind liegt allein bei den Eltern. Aber Sie können in partnerschaftlicher Teamarbeit Aufgaben delegieren. Das funktioniert am besten mit einem Tagesablaufplan, an den sich alle Familienmitglieder halten. In diesem Organigramm, das gut sichtbar für alle an zentraler Stelle platziert wird, können Sie in Absprache mit den anderen festlegen, wer wann was macht.

- Beispiel: **Sarah** hilft ihrer behinderten Schwester **Kerstin** morgens beim Anziehen. Kerstin übernimmt es, den Frühstückstisch zu decken. Nach dem Frühstück fährt Mutter alle Kinder zur Schule. Wieder abgeholt wird Kerstin heute vom großen Bruder **Jens**. Auf dem Weg nach Hause gehen die beiden noch schnell beim Supermarkt vorbei, um noch ein paar Tiefkühl-Pizzen für das Abendbrot einzukaufen Gemeinsam wird zu Mittag gegessen; Sarah hat in dieser Woche Küchendienst und hilft der Mutter beim Abwasch. Kerstin wartet schon, das saubere Geschirr in den Schrank zu räumen. Nachmittags machen die Geschwister zusammen Schularbeiten – klar, dass man sich gegenseitig hilft. Danach darf jeder seine Freizeit so gestalten, wie er will. Sarah trifft eine Freundin, Jens ist unterwegs zum Sport und Kerstin möchte am Computer üben. Nach dem Abendbrot darf Kerstin noch ein bisschen fernsehen, bevor sie von den Eltern ins Bett gebracht wird. Beim Waschen und Ausziehen leistet diesmal die Mami Hilfestellung – morgen früh ist wieder Sarah an der Reihe.

Sie können natürlich Ihren persönlichen Tagesablauf noch weiter durchstrukturieren, indem Sie etwa feste Zeiten für bestimmte Vorgänge bestimmen. Auf jeden Fall ist es sinnvoll, eine gewisse tägliche Routine beizubehalten, damit sich Ihr behindertes oder chronisch krankes Kind daran gewöhnt. Das macht es auch leichter, das Einhalten der Regeln einzufordern und zu überwachen, ob das auch wirklich geschieht.
Ein weiterer Vorteil besteht darin, dass die Geschwister mit einer klaren Zuweisung von Aufgaben besser zurecht kommen als mit spontanen Forderungen, hier doch mal schnell einzuspringen oder fix etwas außer der Reihe zu erledigen. Ein Ablaufplan legt dagegen fest, was jeder einzelne wann zu tun hat. Unangenehme Überraschungen, mit denen die eigenen Pläne Ihrer Kinder für den Tag über Bord geworfen werden, sind eher selten. Diese Überschaubarkeit von Pflichten und Aufgaben steigert die Akzeptanz, sich aktiv für die Familie zu engagieren.
Selbstverständlich beziehen Sie Ihr gehandicaptes Kind in die Tagesplanung mit ein. Selbst wenn seine Möglichkeiten, im Familienteam etwas wirklich Substanzielles zu leisten, noch so beschränkt sind: Machen Sie deutlich, dass Sie von Ihrem Kind einen aktiven Beitrag erwarten. Damit spornen Sie es an und zeigen ihm gleichzeitig, dass es in der Familie gebraucht wird. Das stärkt sein Selbstwertgefühl und das Zusammengehörigkeits-Gefühl ungemein.

Alle haben Verständnis für Mischa. Sind Sie sich wirklich so sicher?

- **Mischa** hat einen schönen Tag erlebt, Gemeinsam mit Bruder und Schwester ist er auf die Rodelbahn gegangen und durfte nach einigen Übungsfahrten sogar ganz allein mit dem Schlitten den Berg hinunterdüsen. Auch wenn er zunächst immer wieder in den Schnee gefallen ist, hatte er Spaß – und

Gesellschaftsfähig: Gut vorbereitet für die Umwelt

alle anderen auch. Geduldig haben Dana und Finn ihm gezeigt, wie man es richtig macht. Und dann auf einmal hatte Mischa den Dreh raus und konnte rodeln – fast wie ein Profi.

Auch wenn sich Ihre Familie nach Kräften um ein harmonisches Miteinander bemüht, kommt es immer mal wieder zu Konflikten. Zwischen gesund und krank liegt so viel Konträres, das leicht zum Sprengstoff werden kann. Es ist beispielsweise ein Irrglaube zu meinen, dass Kinder von Natur aus sensibel sind und einfühlsam mit den eigenen Geschwistern umgehen. Kinder können unglaublich grausam sein, verletzen andere mit Absicht oder tun ihnen mit Spott und Häme weh. Dieses Verhalten lässt sich zwar verbieten – hundertprozentig kontrollieren aber nicht.

Eltern erzählen ihren gesunden Kindern oft, es sei doch eine „wunderbare" Aufgabe, sich um den kranken Bruder oder die behinderte Schwester kümmern zu dürfen. Wundern Sie sich nicht, wenn Ihre Kinder ganz anders darüber denken. Aus unterschiedlichen Gründen entwickeln sie mit der Zeit negative Gefühle gegenüber dem Kranken, die leicht in Wut und Aggression umschlagen können. Aus Eifersucht, aus Kränkung über die unzureichende Zuwendung der Eltern, aus Schamgefühl, ein behindertes Geschwister zu haben oder aus Überforderung neigen Kinder zur Handgreiflichkeit. Sie halten die häusliche Situation nicht mehr aus und greifen zum letzten Mittel, der Gewalttätigkeit. Dieses Ausrasten führt wiederum zu Schuldkomplexen, die solche Kinder immer stärker belasten. Schließlich wissen sie sich nicht mehr zu helfen und werden auch außerhalb der Familie auffällig, etwa im Kindergarten oder in der Schule. Lassen Sie es nicht so weit kommen. Schreiten Sie ein, wann immer Sie mitbekommen, dass Ihr Sohn oder Ihre Tochter Ihr gehandicaptes Kind verbal oder körperlich attackiert. Wut zeigen ist okay, aber aus Wut dem anderen Schaden zuzufügen, ist strikt verboten.

Es nützt nichts, an die Kinder zu appellieren, sich lieb zu haben, weil sie doch Geschwister sind. Sie können Liebe nicht erzwingen, genauso wenig, wie sich Abneigung nicht verbieten lässt. Deshalb besteht kein Grund zur Panik, wenn Ihre gesunden Kinder die besonderen Verhältnissen in der Familie eher kritisch sehen. Reden Sie sich Ihre spezielle Situation nicht schön, sondern versuchen Sie, mit allen zusammen das Bestmögliche daraus zu machen. Die Erfahrung zeigt, dass nicht behinderte Kinder wesentlich leichter mit behinderten Geschwistern umgehen, wenn sie sich selbständig entwickeln können. Gewähren Sie Ihren Kindern genügend Freiraum, um unabhängig den Weg ins eigene Leben zu suchen. Dann gewinnen sie genügend Selbstvertrauen und sind in der Lage, souverän die Behinderung in der Familie zu akzeptieren.

Es gibt genügend Beispiele, die beweisen, dass die Beziehung zwischen gesunden und kranken Kindern gut verläuft. Mehr noch: Das Zusammenleben mit einem behinderten Kind hat positive Auswirkungen auf die Entwicklung der Geschwister.

Vielfach zeigt sich, dass Geschwister von Problemkindern über eine vergleichsweise hohe Sozialkompetenz verfügen. Sie entwickeln früh Verständnis für andere, haben Mitgefühl und sind toleranter gegenüber menschlichen Schwächen. Sie zeichnen sich oft durch eine Reife aus, die ihrem Alter weit voraus ist. Während ihre gleichaltrigen Freunde noch über das merkwürdige Aussehen oder das komische Verhalten eines behinderten Kindes lachen, sind die Geschwister bereit, das Anderssein zu akzeptieren.

Darüber hinaus lernen nicht behinderte Geschwister frühzeitig, den Wert der Gesundheit zu schätzen. Im Gegensatz zu anderen Kindern wissen sie genau, dass Gesundheit nichts Selbstverständliches ist. Darum nehmen sie ihre kranken Geschwister bereitwillig in Schutz, wenn die von anderen attackiert, gehänselt oder dumm angemacht werden. Die Erfahrung mit der Diskriminierung stärkt das Gerechtigkeitsempfinden, so dass vielfach ein hohes Maß an Zivilcourage entsteht: *"Wenn du dich mit meinem kranken Bruder anlegst, bekommst du es mit mir zu tun!"*

Der tägliche Umgang mit der Behinderung steigert zudem die Bereitschaft zu helfen. Laura weiß genau, was ihre behinderte Schwester kann und wo sie ihre Schwächen hat. Deshalb versucht sie, die Fähigkeiten von Barbara gezielt zu unterstützen. Wenn einmal etwas nicht so gut klappt, ist sie zur Stelle und steht Barbara ohne langes Hin und Her bei.

Je besser Ihre gesunden Kinder mit der Krankheit oder Behinderung des anderen klar kommen, um so aussichtsreicher ist der Versuch, trotz aller Probleme die Riesenherausforderung zu meistern. *„Wir sind eine tolle Familie. Deshalb schaffen wir das!"* Mit Mut und Energie das Beste aus der Situation machen – das geht nur, wenn alle Familienmitglieder gemeinsam an einem Strang ziehen. Deshalb lassen Sie es nicht zu, dass sich Hoffnungslosigkeit breit macht. Zusammen mit Ihren gesunden Kindern wird es Ihnen möglich sein, auf der Basis von gegenseitigem Verständnis ein Familienleben in harmonischer, herzlicher Atmosphäre zu führen – auch wenn es bisweilen sehr, sehr schwer fällt.

Zeit für die anderen.
Auch gesunde Kinder brauchen Zuwendung

Viele Eltern klagen, dass sie aufgrund der schweren Belastung im Alltag,, die die Behinderung ihres Kindes mit sich bringt, keine Zeit für die Geschwister erübrigen können. Sicher, die häufigen Arztbesuche, die Sitzungen beim Therapeuten, die Gespräche mit der Selbsthilfegruppe und die notwendigen Übungen mit dem kranken Kind setzen sie zeitlich gewaltig unter Druck. Da kann es leicht passieren, dass die anderen ein wenig zu kurz kommen.

Trotzdem sollten Sie Ihren gesunden Kindern zeigen, dass Sie für sie da sind und sie lieb haben – auch wenn die Belastungen extrem sind. Machen Sie es sich zur Regel, sich regelmäßig Zeit für die Geschwister zu nehmen. Diese Zeit gehört dann nur ihnen. Sie können miteinander reden, einen Spaziergang machen, gemeinsam spielen, einkaufen gehen oder andere Dinge unternehmen. Hauptsache, diese Zeit ist ausschließlich für Ihre gesunden Kinder reserviert. Damit geben Sie ihnen das Gefühl, wichtig genommen zu werden und mit ihren Sorgen und Wünschen nicht allein zu sein. Wenn möglich, gönnen Sie sich öfter mal eine Pause, die Sie spontan für gemeinsame Aktivitäten nutzen: *„Ich habe Lust auf ein Eis. Wer von euch will mit zum Italiener?"*
Ihre Kinder wissen genau, dass die Eltern wegen der Behinderung oder Krankheit von Schwester oder Bruder stark eingespannt sind, viele Sorgen haben und mit ihren Kräften manchmal am Ende sind. Daher werden sie es umso mehr schätzen, dass Sie Zeit finden, sich mit ihnen zu beschäftigen: *„Mami und Papi mögen uns genauso wie Helge. Obwohl sie heute einen irren Stress*

Kapitel 7: Familienleben mit Handicap

hatten, sind sie mit uns noch ein Eis essen gegangen. Ehrlich, wir finden unsere Eltern super!"

Nun gehören Sie hoffentlich nicht zu den Eltern, die aus einem schlechten Gewissen heraus die Zuwendung, die sie den gesunden Kindern zuteil werden lassen, übertreiben. Diese Väter und Mütter werden von der Angst getrieben, dass ihren gesunden Kindern etwas zustoßen könnte: *„Nicht auszudenken, wenn Britta oder Dirk auch noch krank werden!"* Deshalb dürfen Britta und Dirk nichts von dem, was für ihre Altergenossen selbstverständlich ist. Mit den Freunden allein Camping machen? Unmöglich! Mit der besten Freundin eine Radtour unternehmen? Viel zu riskant! Skateboard fahren, Skilaufen, vom 10-Meter-Brett springen – kommt nicht in Frage. Möchten Sie wirklich Ihre Kinder von allem, was ihnen Freude macht, ausschließen? Lassen Sie sich nicht von irrationalen Ängsten dazu verleiten, sondern gestehen Sie Ihren Kindern die Freiheiten zu, die andere im gleichen Alter auch haben.

Und weil wir schon einmal dabei sind: Belasten Sie Ihre nicht behinderten Kindern nicht mit überzogenen Erwartungen. Das kann nämlich schnell passieren. Denn so manche Mutter, so mancher Vater fokussiert seine Wünsche auf den gesunden Nachwuchs, weil das gehandicapte Kind außerstande ist, die Hoffnungen der Eltern zu erfüllen. Ebenso wenig sollten Sie den Geschwistern die Bürde aufhalsen, lebenslang für den behinderten Bruder oder die kranke Schwester zu sorgen. *„Versprecht uns, dass Ihr Helge zu euch nehmt, wenn wir im Alter nicht mehr in der Lage sein werden, ihn zu betreuen, oder wenn wir tot sind."* Dieses Ansinnen ist aus Sicht der Eltern verständlich, aber unredlich den Geschwistern gegenüber. Alle Ihre Kinder haben das Recht, ein eigenes Leben zu führen. Auch das behinderte. Darum sollten Sie die Fürsorge für den Kranken nicht den anderen zuschieben, sondern rechtzeitig nach Lösungen für die Zukunft suchen. Das kann beispielsweise ein Platz in einer betreuten Wohngemeinschaft oder in einem Heim sein, das über die geeigneten Pflegeeinrichtungen verfügt. So werden Sie allen Beteiligten gerecht.

Schwierig, aber nicht unmöglich: Eltern erzählen

- Annegret und Rainer haben zwei Kinder. *„Unsere Tochter **Klara** ist zwölf, ihre Schwester **Trudi** zehn Jahre alt. Mit fünf hatte Trudi einen Verkehrsunfall und muss seitdem im Rollstuhl sitzen. Bis heute kommt sie nur schwer mit ihrer Behinderung zurecht. Immer, wenn ihr auf Anhieb etwas nicht gelingt, bekommt sie einen geradezu hysterischen Wutanfall. Sie kreischt und schlägt um sich. Und sollte sie in diesem Moment eine Tasse in die Finger kriegen, flöge die garantiert an die Wand"*, berichtet die Mutter. *„Mit der Zeit wurden diese Ausbrüche immer häufiger und schlimmer, so dass wir uns nicht mehr trauten, Trudi allein zu lassen."*, erzählt der Vater. *„Natürlich musste sich auch Klara um ihre Schwester kümmern und deshalb eine Menge Freizeit opfern. Erstaunlicherweise kamen von ihrer Seite aber niemals Klagen. Sie hat die Aufgaben, die bestimmt für ein zwölfjähriges Mädchen nicht einfach sind, prima gemeistert."* *„Bis eines Tages folgendes passierte,"* sagt Annegret: *„Ich komme ins Kinderzimmer, weil ich die beiden heftig streiten hörte. An der Tür kriege ich mit, wie Klara zu Trudi sagt: ‚Denk' ja nicht, dass du mir wie Mama und Papa was vormachen kannst. Ich weiß genau, dass du gar nicht so hilflos bist, wie du dich immer anstellst. Wenn du wolltest, könntest du viel mehr allein schaffen. Aber du willst ja nicht. Das Einzige, was dich interessiert, ist, dass sich unsere Eltern nur um dich kümmern. Du bist eine blöde, egoistische Kuh, die mir gestohlen bleiben kann!'. Ich dachte, mich trifft der Schlag. Sollte es tatsächlich möglich sein, dass uns Trudi die ganze Zeit getäuscht hatte? Rainer und ich beschlossen daraufhin, unser Verhalten zu ändern. Wenn Trudi jetzt einen Wutanfall bekommt, rennen wir nicht gleich hin, sondern warten, ob sie sich von selbst wieder beruhigt. Anscheinend hat die Therapie Erfolg. Denn*

Kapitel 7: Familienleben mit Handicap

Trudi kann mittlerweile viel mehr als früher ohne fremde Hilfe bewerkstelligen. Und die zornigen Attacken sind ebenfalls zurückgegangen. Gleichzeitig hat sich das Verhältnis der beiden Mädchen sichtlich gebessert. Wir denken, wir sind alle gemeinsam auf einem guten Weg."

- Christa berichtet von einer interessanten Erfahrung: *„ Wir haben drei Kinder, von denen das mittlere unter Lernschwäche leidet.* **Stefan**, *unser Ältester, hat bis heute massive Probleme, diese Krankheit seines Bruders zu akzeptieren. Ich spüre, dass ihm das Ganze peinlich ist und er am liebsten seinen Bruder vor anderen verleugnen würde. Ganz anders* **Christoph**, *der Kleine. Er kommt phantastisch mit* **Roland** *zurecht. Wenn man die beiden zusammen spielen sieht, sollte man nicht glauben, dass es da einen Unterschied gibt. Christoph geht ganz normal mit ihm um. Für ihn ist die Behinderung seines Bruders kein Makel. sondern eine Tatsache, die er ohne weiteres als selbstverständlich annimmt. Ich glaube, dass es für ein Kind, das in eine Familie mit Behinderung hineingeboren wird, wesentlich einfacher ist, mit dieser Belastung umzugehen. Erstgeborenen Kindern fällt das dagegen schwer, weil sie etliche Zeit in einer normalen Familie gelebt haben und sich erst später mit dem Problem Behinderung auseinander setzen müssen. Die einen packen es, die anderen nicht. Unser Großer ist dafür ein überzeugendes Beispiel."*

- Helmut hat eine Überraschung bereit. Der Vater von zwei Mädchen berichtet: *„Unsere* **Sabrina** *steht kurz vor der Mittleren Reife. Es wird also langsam Zeit, sich darüber Gedanken zu machen, was sie denn mal werden will. Als ich Sabrina fragte, antwortete sie voller Überzeugung: ‚Das weiß ich doch schon längst. Ich werde Krankenschwester. Weißt Du, Papi, ich möchte anderen Menschen helfen.' ‚Wie bist du darauf gekommen?', wollte ich wissen. ‚Ich denke,* **Ursel** *hat mich drauf gebracht. Mir hat es immer viel Freude gemacht, mich um sie zu* *kümmern und dazu beizutragen, dass sie trotz ihrer Behinderung ein fröhliches Leben führt. So gesehen kann ich Ursel eigentlich nicht genug danken. Denn sie hat mir die Augen geöffnet für das, was wirklich wichtig ist.'"*

Tun oder lassen: Die Eltern-Ampel

- Machen Sie Ihre Kinder nicht zu Krankenpflegern.
- Die Krankheit oder Behinderung Ihres Kindes ist nichts, was man verschweigen muss – also kein Grund, sie zu tabuisieren.
- Lassen Sie Ihre gesunden Kinder mit ihren Bedürfnissen und Sorgen nicht allein.

- Schenken Sie Ihrem gesunden Nachwuchs genügend Aufmerksamkeit.
- Akzeptieren Sie, dass es schwer ist, mit der Behinderung zurecht zu kommen.
- Fördern Sie die Stärken Ihres Sorgenkindes und nicht die Schwächen. Sprechen Sie im Familienkreis offen über Ursache und Auswirkung der Krankheit.
- Erlauben Sie den Geschwistern eine gewisse Distanz.
- Denken Sie daran: Auch Gesunde haben Bedürfnisse, die Sie erfüllen sollten und auch können.
- Motivieren Sie die ganze Familie, an einem Strang zu ziehen. Gemeinsam lässt sich das Handicap und die damit verbundenen Belastungen besser meistern.

8
Der Krieg der Kids

**Bis die Nase blutig ist.
Wenn im Kinderzimmer
die Fäuste fliegen**

In diesem Kapitel erfahren Sie, ...

- warum Kinder aggressiv werden
- welche Spielregeln kleine Raufbolde beachten müssen
- wie Aggressivität eskalieren kann – und was Sie von Fall zu Fall tun können
- was Sie von Opfern und Schlägern wissen sollten
- weshalb Harmonie im Kinderzimmer Wunschdenken ist
- wie Stress und Frust bei Kindern Gewalttätigkeit provozieren
- ob Sie Ihre Kinder bestrafen sollen – oder nicht
- was andere Eltern beim Thema Gewalt unternehmen
- was Sie in Zukunft tun oder lassen sollten

Kapitel 8: Der Krieg der Kids

„Und plötzlich hat er zugeschlagen." Auch Kinder können hassen

Gewalt unter Geschwistern gibt es seit Menschengedenken. Denken Sie nur an das biblische Eifersuchtsdrama zwischen Kain und Abel, das im Brudermord endete. Heute, rund zweitausend Jahre später, geht man natürlich zivilisierter miteinander um. Trotzdem steckt in der Geschwisterbeziehung nach wie vor ein erhebliches Aggressions-Potenzial. Das Verhältnis Ihrer Kinder ist emotional geprägt; doch sie können im Spannungsfeld zwischen Liebe und Hass gut leben. Brüder, die sich morgens noch grün und blau geprügelt haben, sitzen abends schon wieder friedlich vereint in ihrem Zimmer und hecken gemeinsame Streiche aus. Beißen, Treten, Schlagen, Schubsen, Kratzen und Beleidigen – was für Eltern eine Horrorvorstellung bedeutet, ist für Kinder im täglichen Miteinander völlig normal. Denn das Ausleben von Aggressionen führt – so paradox es auch klingen mag – zum Abbau von Spannungen und Konflikten. Kinder attackieren Kinder, um sich abzureagieren, um der Wut auf den Gegner ein Ventil zu verschaffen, um Bruder oder Schwester eins auszuwischen, um die Geschwister zu ärgern, um sich zu wehren oder um einfach zu zeigen: *„Ich bin der Größte!"*
Aggression ist zunächst einmal nichts, was man verdammen müsste. Denn Aggression gehört zum menschlichen Verhalten dazu, weil sie uns die Kraft gibt, unsere Interessen gegen den Widerstand anderer durchzusetzen. Ohne ein gesundes Maß an aggressiver Antriebsstärke wird ein Mensch leicht zum Opfer. Er lässt sich viel zu viel gefallen, knickt ein, statt dem Angreifer Paroli zu bieten, und ist zu schwach, die eigenen Belange durchzupauken. Wenn Ihre Kinder also miteinander raufen und dabei ihre Kräfte messen, können Sie ganz beruhigt sein. Spielerisches Gerangel ist erlaubt.
Nun kann es aber schnell passieren, dass sich Kinder im Eifer des Gefechts immer wilder aufführen, so dass die Situation eskaliert. Selbst Zwerge, die noch im Sandkasten spielen, sind im Streiten schon früh geübt.

- **Roman** und **Leni** bauen in trauter Harmonie gemeinsam eine Sandburg. Alles läuft prima, bis Roman seiner Schwester plötzlich die rote Schaufel

> *„Und plötzlich hat er zugeschlagen."*
> Auch Kinder können hassen

aus der Hand reißt: *„Gib her, ich brauch' die jetzt!"* Leni sieht das überhaupt nicht ein und will ihr Teil zurückhaben. Sie weiß aber, dass sie gegen den starken Roman nicht so einfach ankommt. Deshalb versucht sie gar nicht erst, ihm die Schaufel wieder wegzunehmen, sondern tritt ihren Bruder kräftig gegen das Schienbein. *„Ich will meine Schaufel wieder haben!"* Roman wehrt den Angriff lässig ab, knufft Leni gegen die Brust und verkündet laut, damit es auch die anderen Kinder im Umkreis hören können: *„Du doofe Ziege, da kannste lange warten. Die Schaufel kriegst du nicht."* Die anderen Kinder johlen Roman begeistert zu und feiern ihn als Helden. Der hat es seiner Schwester gezeigt! Schon beginnen manche, sich ebenfalls zu balgen, denn Zoff macht Spaß und wirkt ansteckend.

Leni kämpft mit den Tränen der Wut, stürzt sich auf den Bruder und kratzt ihn quer durch das Gesicht: *„Mistkerl, her mit meiner Schaufel! Sonst sag' ich Mami, wie gemein du bist."* Roman schaut in die Runde und verkündet gönnerhaft: *„Reg' dich ab. Hier hast du deine blöde Schaufel. Ich gehe jetzt mit Thorsten auf das Klettergerüst. Mit so 'nem Baby wie dir spiele ich sowieso nicht."*

Wenn Sie als Mutter erleben müssen, wie Ihr liebenswerter Sprössling sich von jetzt auf gleich in einen rabiaten Rüpel verwandelt, würden Sie am liebsten in dem berühmten Mauseloch verschwinden. Was sollen nur die anderen Mütter denken, die diesen unrühmlichen Streit auf den umliegenden Bänken des Spielplatzes mitbekommen haben? Sicher werden Sie nun für eine miserable Mutter gehalten, die ihre Kinder schlecht erzogen und nicht im Griff hat. Keine Sorge, alle Eltern gelangen früher oder später an den Punkt, wo sie fassungslos die aggressive Seite ihrer Kinder kennen lernen. Dieses Ereignis ist kein Einzelphänomen, sondern kommt in nahezu allen Familien vor.

Kinder geraten schnell in Streit, aber sie vertragen sich auch genauso schnell wieder miteinander. Dabei kann es dann auch mal passieren, dass die Kontrahenten wie kleine Berserker aufeinander losgehen und sich eine blutige Nase holen. Kinder im Vorschulalter sind noch nicht in der Lage, mit ihrer Aggressivität verantwortungsvoll umzugehen. Sie können nicht abschätzen,

> **„Ich hau' dir in die Fresse"**
> **Spielregeln für Raufbolde**
>
> - Streiten und Raufen sind erlaubt. Aber nur, wenn es dabei fair zugeht.
> - Ist der eine dem anderen körperlich deutlich unterlegen, sind Handgreiflichkeiten verboten. Ein Angriff wäre feige und unehrenhaft.
> - Die Chancen müssen gleich verteilt sein. Zwei gegen einen oder aus dem Hinterhalt attackieren ist verboten.
> - Der Kampf muss sofort beendet werden, wenn Verletzungen oder Sachbeschädigungen drohen.
> - Verbaler Schlagabtausch ist okay. Aber man muss sofort damit aufhören, wenn der Gegner sich nicht wehren kann.
> - Bevor die Fäuste fliegen, muss man versuchen, ob sich der Konflikt nicht friedlich lösen lässt.

wie weit sie beim Einsatz ihrer Körperkräfte gehen dürfen. Daher sind Sie als Eltern gefordert, eine klar Grenze zwischen dem zu ziehen, was erlaubt und was verboten ist.

Wenn Sie sich auf den Standpunkt stellen, dass Kinder ihre gewalttätigen Auseinandersetzungen ohne Hilfe von Erwachsenen allein regeln müssen, lassen Sie Ihre Kinder in einer emotionalen Ausnahmesituation allein. Dabei brauchen sie gerade jetzt Ihre Unterstützung und keine falsch verstandene Liberalität. Wenn wir Gewalt unter Kindern tolerieren oder sogar ignorieren, signalisieren wir unser Einverständnis mit solch aggressivem Benehmen. Mag sein, dass viele Erwachsene von der Vorstellung geleitet werden, ein Kind müsse lernen sich durchzusetzen. Aber bedenken Sie bitte: Indem wir Brutalität als Mittel des Durchsetzungsvermögens billigen, nehmen wir gleichzeitig in Kauf, dass es Opfer gibt. Möchten Sie wirklich in einer Gesellschaft leben, in der die Schwächeren auf der Strecke bleiben und nur das Gesetz des Stärkeren gilt?

Es fing alles so harmlos an. Die Stufen der Eskalation

Kinder können sich ihre Geschwister nicht aussuchen. Deshalb ist es nichts Ungewöhnliches, dass es feindliche Brüder gibt oder sich zwei Schwestern spinnefeind sind. Ebenso kommt es vor, dass sich zwei Geschwister gegen ein drittes verbünden oder aber Bruder und Schwester sich innig zugetan sind.

„Und plötzlich hat er zugeschlagen."
Auch Kinder können hassen

- **Rüdiger** beispielsweise kann seinen jüngeren Bruder nicht ausstehen. *„Wenn ich die blöde Fresse schon sehe, wird mir übel"*, motzt der Vierzehnjährige. *„Ich könnte den ganzen Tag nur kotzen, so übel wird mir von dem Anblick."* Diese Anwürfe lässt der zwölfjährige **Ronald** natürlich nicht auf sich sitzen. *„Du bist doch ein Vollidiot, der nur Scheiße im Kopf hat. Guck bloß mal in den Spiegel. Bei deinem Pickelgesicht hast du null Chancen, jemals eine Freundin zu kriegen."* So ging es eine Zeitlang hin und her. Bis es dann wirklich ernst wurde. Das Telefon klingelte. Franziska, eine Klassenkameradin von Rüdiger, war am Apparat. Ronald griff zum Hörer: *„Hallo, Franzi! Nee, du, Rüdiger ist im Moment nicht da. Was willst du überhaupt von dem Typen?" „Was? Fragen, ob er dein Tanzstundenpartner werden will? Bist du jetzt total bekloppt?" „Wieso? Das will ich dir sagen. Rüdiger ist das letzte Schwein. Ich verrate es dir. Er guckt sich heimlich Pornohefte an, der Wichser. Nun überleg' mal, was er mit dir machen wird. Der geht dir bestimmt an die Wäsche."* Während des Telefonats ist Rüdiger ins Zimmer gekommen und hat die letzten Sätze seines Bruders gehört. Er reißt ihm das Telefon aus der Hand, aber vergebens: *„Franzi, bist du noch da? Hör mal ..."* Aber Franziska hat schon aufgelegt. In maßloser Wut stürzt sich der Ältere auf den Jüngeren und beginnt eine wüste Schlägerei. Nach einigen Minuten hebt Ronald die Hand und ruft: *„Frieden! Ich kann nicht mehr."* Doch Rüdiger kennt kein Erbarmen. Er greift nach dem erstbesten Gegenstand und haut Ronald mit voller Wucht das Telefon ins Gesicht. Den entsetzten Eltern, die durch den Lärm aufgeschreckt den letzten Gewaltakt noch miterleben, bleibt nichts mehr übrig, als mit dem verletzten Ronald ins Krankenhaus zu fahren.

Aggression hat zahlreiche, verschieden ausgeprägte Facetten. Bereits im ersten Lebensjahr ist bei Kleinkindern ein aggressives Verhalten zu beobachten, wobei Jungen fast immer die Aktiveren sind. Solange sich Kinder noch nicht ausreichend in Worten artikulieren können, setzen sie den Körper als Ausdrucksmittel ein. Denn sie haben schnell gelernt, dass sie mit Beißen, Treten oder Kneifen zumeist ihr Ziel erreichen. Sie erhalten nicht nur die gewünschte Aufmerksamkeit der Erwachsenen, sondern können sich auch hervorragend gegenüber den Geschwistern behaupten.

Mit vier Jahren sollte ein Kind dann so weit sein, dass es Konflikte nicht allein durch körperlichen Einsatz löst. Spätentwickler brauchen entsprechend länger. So sind selbst Kinder von sechs oder sieben Jahren vielfach noch nicht in der Lage, ihren Streit verbal auszutragen und greifen daher zu dem bekannten Mittel der körperlichen Auseinandersetzung. Bleibt bei dieser Balgerei alles im Rahmen, brauchen Sie als Eltern nicht einzugreifen. Vor allem dann nicht, wenn Sie nicht wissen, worum es eigentlich geht. Halten Sie sich nach Möglichkeit aus der Streiterei heraus und geben den beiden Kampfhähnen die Gelegenheit, sich von allein wieder zu versöhnen. So tragen Sie dazu bei, das soziale Verhalten Ihrer Kinder zu fördern.

Überhaupt müssen Erwachsene akzeptieren, dass Aggression untrennbar zum Entwicklungs-Prozess eines Kindes gehört. Denn: Raufen macht Spaß, stärkt die Durchsetzungskraft und lehrt, die eigenen Grenzen einzuschätzen. Ein weiterer positiver Aspekt ist, dass Ihr Kind durch die Konfrontation mit anderen begreift, was Rücksicht bedeutet. Durch die Reaktion des Unterlegenen lernt es: *„Pass auf, hier bin ich zu weit gegangen. Ich darf den anderen nicht verletzen."* Im Spiel leben Kinder ihre natürlichen Aggressionen aus, indem sie gegenseitig ihre Kräfte messen. Besitzt Ihr Sohn eine Menge Temperament, muss er sich irgendwie Luft verschaffen. Ein kleiner Boxkampf unter Brüdern eignet sich dazu ideal. Auch in der Kissenschlacht mit den Geschwistern kann wunderbar überschüssige Energie abgebaut werden. Bei diesen Gelegenheiten wird immer mal geknufft und geschubst, aber „böse" ist diese spielerische Aggression mit Sicherheit nicht.

Alles nur Spaß – oder blutiger Ernst? Gratwanderung für die Eltern

Vom harmlosen Spiel, bei dem die Aggression unverhüllt zu Tage tritt, hat sich dagegen die heimliche Aggression ein Stück weit entfernt. Man kämpft nicht mehr mit offenem Visier, sondern mit versteckten Waffen. Kinder, die diese Methode beherrschen, sind häufig geschickte Intriganten. Sie machen die Geschwister mit Verleumdungen bei den Eltern schlecht, tischen Lügen auf oder stellen falsche Behauptungen auf, strafen den anderen mit Nichtachtung oder

Alles nur Spaß – oder blutiger Ernst?
Gratwanderung für die Eltern

benehmen sich in Gegenwart von Bruder oder Schwester nett und freundlich, um hinter deren Rücken dann um so übler zuzuschlagen. Das Hinterhältige an der heimlichen Aggression aber ist, dass sich der Übeltäter kaum greifen lässt.

- *„Was meinst du?"* fragt **Saskia** scheinheilig, als sie von ihrer Mutter auf ihr fieses Verhalten der kleinen Schwester gegenüber angesprochen wird. *„Das war doch nur Jux, als ich gesagt habe, dass Babsi mit Absicht den Teller kaputt gemacht hat."*

Indem Saskia leugnet, ihre Schwester angeschwärzt zu haben, stellt sie sich als unschuldig hin. Für Babsi wird es damit schwierig zu beweisen, dass Saskia eine Verleumderin ist. Mobbing-Opfer, die unter heimlichen Aggressionen anderer leiden müssen, werden eigentlich nie so richtig kontern können. Zumal Eltern als Schiedsrichter ebenfalls überfordert sind. Wem sollen sie glauben: Dem, der angeblich nur Spaß gemacht hat? Oder dem anderen, der versichert, ungerechtfertigt beschuldigt worden zu sein? Die Entscheidung wird in jedem Fall zu einem Balance-Akt für Väter und Mütter, weil sie immer das Risiko eingehen, einem Kind Unrecht zu tun.

Eine weitere Stufe der aggressiven Eskalation wird erreicht, wenn es zu verbalen Gewalttätigkeiten kommt. Was ist zu tun, wenn Sie Ihren Filius zu seiner Schwester sagen hören:

„Hau' ab, du Drecksau. Oder ich mach' dich kalt."

Wie reagiert eine Mutter in diesem Moment? Soll sie ihrem Sohn eine runterhauen, an sein Ehrgefühl appellieren, ihn mit Liebesentzug oder Hausarrest bestrafen oder gar ein Auge zudrücken, weil er diese Bemerkung doch gar nicht so gemeint hat? Schwierige Frage.

Es kann ja sein, dass die Schwester auch nicht auf den Mund gefallen ist und genauso deftig austeilt: *„Fick dich doch selber. Wenn du mich nur mit einem Finger anrührst, trete ich dir voll in die Eier."* Damit steht es pari zwischen den Geschwistern, der Konflikt ist für den Augenblick gelöst und Sie können

Kapitel 8: Der Krieg der Kids

Bitte nicht anbiedern. Eltern sind keine Kumpel

Häufig verkünden Väter voller Stolz: *"Ich bin der beste Kumpel meines Sohnes."* Oder Mütter erklären sich zur besten Freundin ihrer Tochter. Dabei vergessen Väter und Mütter gern, dass sie in erster Linie Eltern sind. Kumpel und Freunde finden Kinder unter ihresgleichen – von ihren Eltern erwarten sie anderes als Kumpanei und Anbiederung. Sie tun Ihren Kindern keinen Gefallen, wenn Sie sich mit ihnen auf das gleiche Niveau begeben und ihnen alles durchgehen lassen, was Kinder unter sich so treiben. Ihre Kinder suchen in Ihnen keinen gleich gesinnten Kameraden, sondern eine Person mit natürlicher Autorität, an der sie sich orientieren können. Kindern brauchen während ihrer Entwicklung Bezugspersonen, die ihnen Sicherheit und Vertrauen vermitteln, aber auch die nötigen Grenzen aufzeigen. Nur dann können sie ein Gespür dafür aufbauen, wie weit sie gehen dürfen und wann sie das gesetzte Limit überschreiten.

Wer sich als Erwachsener ständig mit seinen Kindern solidarisiert, für alles Verständnis aufbringt und jede Missetat entschuldigt, wird bald nicht mehr respektiert werden. Die Kinder tanzen Ihnen dann buchstäblich auf der Nase herum.

Kinder müssen nicht nur, sondern wollen auch erzogen werden. Deshalb geben Sie ihnen die erforderlichen Leitlinien, damit sie wissen, wohin der rechte Weg führt.

sich zurückzuziehen, um in aller Ruhe nachzudenken, woher Ihre Kinder diese furchtbare Sprache haben. Sollte Ihre Tochter der verbalen Attacke jedoch ebenso fassungslos gegenüberstehen wie Sie, müssen Sie reagieren. Denn diese Wortwahl übelster Sorte, derer sich Ihr Sohn bedient, können Sie nicht einfach hinnehmen. Selbstverständlich werden Sie sich nicht auf dasselbe Niveau unter der Gürtellinie begeben, auch wenn Ihnen in diesem Augenblick etliche passende Schimpfwörter einfallen mögen. Antworten Sie statt dessen sachlich und machen Ihrem Kind konsequent klar: So nicht! Sie können beispielsweise sagen: *"Ich mag diese Ausdrucksweise nicht. Damit hast du mich sehr verletzt und auch deiner Schwester weh getan. In Zukunft will ich so etwas von dir nicht mehr hören."* Damit haben Sie Ihrem Sohn zu verstehen gegeben, was Sie bei seinen Worten empfunden haben. Weil er weiß, was Wehtun bedeutet, kann er Ihre Gefühle nachvollziehen. Vielleicht gibt das den Anstoß, über seine Ausdrucksweise einmal nachzudenken und in Zukunft besser aufzupassen bei dem, was er sagt. Lassen Sie sich nicht auf Diskussionen ein. Wiederholen Sie Ihre Aussage und beenden Sie damit das Thema.

Alles nur Spaß – oder blutiger Ernst?
Gratwanderung für die Eltern

Nach so einem Vorfall werden Sie ziemlich geschockt sein. Wie kann der Junge sich so unmöglich benehmen! Sie sind zutiefst von Ihrem Kind enttäuscht und beginnen, an Ihren mütterlichen Qualitäten zu zweifeln: *„War denn alles verkehrt, was ich in den vergangenen Jahren gemacht habe? Bin ich eine schlechte Mutter, weil ich offensichtlich in der Erziehung versagt habe? Kenne ich überhaupt den wahren Charakter meines Kindes oder habe ich mir die ganze Zeit nur etwas vorgemacht, war gar nicht existent?"*
Wenn Kinder untereinander Obszönitäten austauschen, brauchen Sie deswegen Ihre Erziehungsmethoden nicht in Frage zu stellen. Verbales Schweinigeln gehört zu den Spielarten kindlicher Aggression. Wenn der sieben Jahre alte Axel seinem Bruder Daniel, neun Jahre alt, *„Du Schlappschwanz"* zuruft und als Antwort *„Schwules Schwein"* zurückbekommt, ist dieser Vulgär-Dialog zunächst einmal unter Imponiergehabe zu verbuchen. Kinder unter sich benutzen eine eigene Sprache, die sich stark an Kraftausdrücken orientiert. Bereits im Kindergarten haben sie Bekanntschaft mit Wörtern gemacht, die uns Erwachsenen die Sprache verschlagen. Ihre Sprösslinge gehen wesentlich unbefangener damit um. Sie setzen diesen Schmuddel-Slang ein, um anzugeben, die anderen zu dominieren oder den eigenen Willen durchzusetzen.
Kinder wissen, dass sie mit vulgären Ausdrücken rasch und effizient Wirkung erzielen können – ohne körperlichen Einsatz bringen zu müssen. Und: Die meisten Kinder lieben starke Worte. Dabei interessiert sie die Bedeutung wenig, vielmehr kommt es auf den gewünschten Effekt an. Oft ist ihnen gar nicht klar, was sie da von sich geben. Die Ankündigung *„Ich mache Hackfleisch aus dir"* heißt nicht, dass diesen Worten auch Taten folgen. Kinder sind einfach von dieser Art der Sprache fasziniert, die sie zu Hause nie zu hören bekommen, Außerdem haben sie die Erfahrung gemacht, dass man andere damit wunderbar ärgern kann und Erwachsene regelmäßig zum Ausflippen bringt. Auch wenn sich Ihre Kinder nicht über den Wortgehalt im Klaren sind, sollten Sie den Gebrauch solcher Gossenausdrücke nicht auf sich beruhen lassen. Erklären Sie Ihren Kindern, was derartige Ausdrücke bedeuten und welche negativen Folgen sie haben können. Denn nur so lernen sie, diese Begriffen künftig nicht mehr oder zumindest nicht mehr so unbedacht einzusetzen.

Nachgetreten. Zur Rolle des Opfers

Kinder müssen lernen, mit Aggressivität umzugehen. Dazu gehört auch, damit fertig zu werden, selbst einmal Opfer von aggressivem Verhalten zu sein. Denn es lässt sich nicht vermeiden, dass sie auch einmal auf einen Gegner treffen, der stärker ist als sie selbst.

Wenn die kleine Schwester vom großen Bruder getriezt wird, muss sie feststellen, dass sie ihm körperlich nicht gewachsen ist. Diese Niederlage tut weh, weil sie mit Gefühlen wie Ohnmacht, Enttäuschung und Wut verbunden ist. Doch das Mädchen wird für die Zukunft auch die richtigen Konsequenzen aus dieser negativen Erfahrung ziehen. *„Ich werde mich nicht mehr mit meinem Bruder anlegen, weil er mir überlegen ist. Aber ich werde mir eine andere Lösung ausdenken, wie ich mich besser gegen ihn wehren kann."*

Verletzungen gibt es aber auch bei verbalen Attacken. Täglich werden Kinder auf der Straße, im Kindergarten oder in der Schule von anderen angemacht und stehen dieser verbalen Gewalt hilflos gegenüber. Besonders dann, wenn Kinder sensibel oder nicht schlagfertig genug zum Kontern sind, leiden sie unter solchen Anwürfen, die sich zumeist auf vulgärem Niveau bewegen. Weil sie nicht wissen, wie sie auf den geballten Wortangriff reagieren sollen, bekommen sie Angst. Der Kontrahent bemerkt diese Verunsicherung natürlich sofort und verstärkt seine üble Beschimpfung. Irgendwann traut sich das attackierte Kind nicht mehr nach draußen oder weigert sich, in den Kindergarten oder in die Schule zu gehen. Hilfe von Erzieherinnen und Lehrern ist kaum zu erwarten, weil Erwachsene verbale Aggression unter Kindern oft übersehen. Ihr Kind fühlt sich daher den „bösen" anderen schutzlos ausgeliefert.

Möglicherweise hat eins Ihrer Kinder ähnliches erlebt und benimmt sich deshalb zu Hause gegenüber den Geschwistern so auffallend hässlich. Vielleicht bezweckt es mit seinem Verhalten, dass Sie als Erwachsene endlich seine Not zur Kenntnis nehmen und eingreifen. Sollten Sie solche Verhaltensauffälligkeiten bemerken, sprechen Sie mit Ihrem Sohn oder Ihrer Tochter darüber. Denn was Ihr Kind jetzt braucht, ist Zuwendung, Verständnis und das Gefühl, mit seinen Sorgen und Ängsten nicht allein zu sein.

Es ist aber auch ein anderes Szenario denkbar. Stellen Sie sich vor, Ihr Sohn David liest friedlich in einem Abenteuerschmöker. Das geht so lange gut, bis Gerry hinzukommt, ein richtiger Temperamentbolzen, der immer nur Unsinn im Kopf hat. Natürlich hat er nichts Besseres zu tun, als David das Buch wegzuziehen. Nach einigem Hin und Her kommt es zur Kabbelei, wobei Gerry seinen Bruder an den Haaren zieht. Nun reißt auch dem besonnen David die Geduld und er schlägt zurück. In diesem Moment macht er eine entscheidende Erfahrung: Es ist prima, auch mal Sieger zu sein.

Mit dieser Einstellung begibt sich David jedoch auf gefährliches Terrain. Nun, wo er sich mit körperlicher Gewalt erfolgreich behauptet hat, wird er unter Umständen nicht wieder auf seine gewohnte Friedfertigkeit zurückkommen. Wenn Sie verhindern wollen, dass „Opfer" durch eigenes aggressives Verhalten auf den Geschmack kommen und „Täter" werden, müssen Sie rechtzeitig damit beginnen, Ihren Kindern gewaltfreie Methoden zur Problemlösung nahe zu bringen. Das wird Ihnen um so besser gelingen, wenn Sie dieses aggressionsarme Konfliktmanagement in der eigenen Familie vorleben und praktizieren.

Gestörte Familienverhältnisse. Schlägertypen sind hausgemacht

- **Roy, Bea** und **Uli** sind eine richtig verschworene Bande. Die Geschwister gehen gemeinsam durch dick und dünn, treten füreinander ein und verstehen sich prächtig. So war es zumindest bis vor zwei Monaten. Seitdem haben sich die drei sehr verändert. Die Nachbarn wundern sich: Das hat es doch noch nie gegeben, dass sich die Kinder von Familie Lindner auf offener Straße anbrüllen und prügeln. Aus der Schule flattern die ersten Briefe ins Haus – mit der Bitte, die Eltern mögen doch schnellstmöglich kommen, um mit den zuständigen Lehrern ein Gespräch über die auffälligen Verhaltensweisen ihrer Kinder zu führen. Kürzlich ist sogar eine Bekannte mit einer Arztrechnung vorbeigekommen. Ihre Tochter habe ins Krankenhaus gemusst, weil sie von Roy brutal getreten worden sei.

  Was ist geschehen? Seit der Vater arbeitslos ist, hängt bei Familie Lindner der Haussegen schief. Um die Haushaltskasse aufzubessern, geht die Mutter abends putzen, doch das Geld langt vorn und hinten nicht. Täglich geraten die Eltern miteinander in Streit; am Wochenende hat der Vater Mami sogar eine Ohrfeige gegeben. Danach ist er in die Kneipe gegangen und erst spät nach Hause gekommen. Dabei hat er laut gegrölt und stark nach Schnaps gerochen. Als Uli ihn am nächsten Morgen fragte *„Na, Papi, gestern wohl ein bisschen viel getankt?"*, hat der Junge eine Riesentracht Prügel mit dem Gürtel bekommen. Und das waren nicht die letzten Schläge. Immer wieder schlagen die Eltern jetzt zu, wenn sie von den Kindern genervt werden. Und kein Ende ist abzusehen.

Es ist müßig zu erklären, dass Gewalt in der Familie unter keinen Umständen gutgeheißen werden kann. Als Außenstehender kann man trefflich den moralischen Zeigefinger heben, als Betroffener sieht man manches ganz anders. Hinzu kommt, dass der Maßstab für Gewalt von Fall zu Fall ziemlich unterschiedlich gesetzt wird. Frauen bewerten Gewalt im Allgemeinen anders als Männer; und was in der einen Familie bei Auseinandersetzungen als normal gilt, wird in einer anderen bereits als unerträgliche Aggression verurteilt. Manche Eltern halten einen Klaps auf den Po für legitim, andere lehnen körperliche Züchtigung jeglicher Art als Erziehungsmittel strikt ab. Der Satz *„Eine Tracht Prügel hat noch keinem Kind geschadet"* wird wohl so schnell nicht auszumerzen sein – allen gutgemeinten Elternratgebern zum Trotz.
Große familiäre Probleme wie Arbeitslosigkeit, sozialer Abstieg, Trennung der Eltern oder Tod eines Angehörigen, aber auch Gewaltanwendungen von Eltern untereinander oder gegen ihre Kinder sind Ausnahmesituationen, die aggressives Verhalten bei Heranwachsenden auslösen können. Das gilt ebenso, wenn Eltern ihre Kinder vernachlässigen oder ihnen nicht genügend Zuwendung entgegenbringen. Die Konflikte in der Familie überfordern Kinder und machen ihnen Angst. Aus dem Gefühl der Hilflosigkeit heraus entsteht dann sehr oft unbändige Wut, die an anderen ausgelassen wird. Tragen die Eltern ihre Differenzen dazu noch offen vor den Kindern aus, indem sie streiten oder sogar handgreiflich werden, wirkt sich dieses „Vorbild" unmittelbar auf das Verhalten der Kinder aus. In der Aggression der Kinder spiegeln sich dann die Auseinandersetzungen der Eltern wider. Wenn Kinder zu Hause längere Zeit nur

Gewalt erfahren, werden sie selbst Gewalt anwenden, um ihre eigenen Konflikte zu lösen. Denn andere Lösungsmöglichkeiten haben sie von Haus aus nicht gelernt.

Friede, Freude, Eierkuchen.
„Bei uns zu Hause gibt's keinen Krach"

Die Familie ist für Kinder der ideale Beobachtungsposten. Genau wird registriert, wie sich die Erwachsenen etwa bei Konflikten verhalten. Und so, wie sich die großen Vorbilder benehmen, machen es in ähnlicher Situation auch die Kinder. Nur dumm, wenn in den häuslichen vier Wänden Konflikte tabu sind. Bei den geringsten Anzeichen von Meinungsverschiedenheiten wird der Mantel des Friedens ausgebreitet: *„Bei uns wird nicht gestritten!"* Und Beißen, Treten, Kneifen oder andere unsäglichen Verstöße gegen die Regeln der Harmonie kommen schon gar nicht in Frage.
Konfliktfeindliche Eltern bemühen sich unentwegt, Differenzen im Keim zu ersticken. Kommt es unter den Geschwistern hin und wieder zu Rangelein, wird sofort eingegriffen. Wie sollen Kinder in so einer Atmosphäre ihre Emotionen frei entfalten? Wer den Deckel niemals lockert, riskiert, dass der Kessel eines Tages explodiert. Wenn Geschwister gezwungen werden, immer nur friedfertig miteinander umzugehen, werden sie irgendwann mal richtig zuschlagen. Denn Rivalität, Eifersucht, Wut und Neidgefühle lassen sich nicht auf Dauer unter dem Deckel halten.
Wesentlich klüger verhalten sich Eltern, die eine offene und ehrliche Streitkultur pflegen. Natürlich ohne Verbalinjurien und ohne körperliche Gewalt. Sie demonstrieren mit ihrem Verhalten, dass man Konflikte durchaus zivilisiert austragen kann. Ein Vorbild, das wirklich nachahmenswert ist.
Auch mit den Auseinandersetzungen im Geschwisterverbund gehen intelligente Eltern geschickter um. Beispielsweise führen sie den „Runden Tisch" ein, an dem alle Platz nehmen, wenn es mal wieder Zoff im Kinderzimmer gegeben hat. Bei dieser Familienrunde darf jedes Kind erzählen, was ihm passiert ist. Egal, ob Bruno die Schwester als doofe Pute beleidigt hat, ob Klara der kleinen Evi absichtlich Kakao übers Kleid geschüttet hat, ob Torsten Bru-

Kapitel 8: Der Krieg der Kids

der Wolfgang den Tennisschläger geklaut hat – alles kommt auf den Tisch und wird ausdiskutiert. Diese offene Aussprache gibt den Kindern das Gefühl, von den Eltern ernst genommen zu werden. Zugleich trägt die Debatte entscheidend zu einer Konfliktlösung bei, die allen Beteiligten gerecht wird.

Besonders prekär wird die Lage, wenn die Geschwister in einer Partnerschaftskrise unterschiedlich Partei ergreifen. Während die Schwester zum Vater hält, ist der Sohn auf Seiten der Mutter. Eigentlich wollen alle gemeinsam nur das eine: Dass die Eltern sich wieder vertragen und zusammenbleiben. Doch die Loyalität zum einen oder anderen stellt die Geschwister auf eine unerträgliche Zerreißprobe. So kommt es zum Stellvertreterkrieg im Kinderzimmer. Das Papa-Lager fetzt sich mit der Mama-Partei, wobei alle Mittel recht sind, um den persönlichen Favoriten zu verteidigen. Das kann zu schlimmen gewalttätigen Zusammenstößen zwischen Brüdern und Schwestern führen. Denn gegen die, die im Grunde genommen Schuld an der ganzen Misere haben, können sich die Geschwister nicht wenden. Also verprügelt ein Bruder den anderen und meint eigentlich den Vater, der in seinen Augen der Verursacher der Krise ist. Und die Schwester zerkratzt der Schwester das Gesicht aus lauter Enttäuschung über die Mutter, die sich vom Vater trennen will.

Aber es muss nicht immer so etwas Dramatisches sein, was Kinder aggressiv werden lässt. Häufig enden bereits die alltäglichen Reibereien unter den Geschwistern in Geschubse, Knuffen und Treten. Vielfach führen Rachegefühle, Neid und Eifersucht dazu, dass man dem anderen eins auswischen will und dafür schweres Geschütz auffährt. Da verbünden sich zwei Geschwister miteinander, um den Bruder, diesen eingebildeten Streber, mit vereinten Kräften auf die Matte zu legen. Da stellt der eine dem anderen ein Bein, weil der schon wieder die größte Portion Nachtisch bekommen hat. Und die ältere Schwester, die ihre Geschwister immer bei der Mutter verpetzt, wird in der Nacht aus dem Bett gezerrt und gemeinsam verhauen.

Daher ist es ein Fehler, wenn Eltern einem Kind eine Sonderstellung einräumen. Etwa um auszuspionieren, was der große Bruder in seiner Freizeit so treibt. Selbst wenn die Sorgen berechtigt sind, dass Helmut in schlechte Gesellschaft gerät, ist es nicht Aufgabe seines Bruders, ihn zu kontrollieren. Auf diese Weise treiben Eltern einen Keil zwischen die Geschwister, was wiederum die Beziehungen der Kinder untereinander in eine Schieflage bringt. Man beginnt, sich zu misstrauen, wehrt sich gegen das Ausforschen der eigenen Privatsphäre und greift schließlich zu rigideren Mitteln, um den anderen in die Schranken zu weisen.

Ohne Rücksicht auf Verluste. Von Angstbeißern und Frustrüpeln

Übermäßiges aggressives Verhalten kann aber auch andere Ursachen haben. Es ist allerdings nicht immer ganz leicht, denen auf die Spur zu kommen. Deshalb sollten Sie Ursachenforschung betreiben, wenn Ihr Sohn oder Ihre Tochter sich zu einer beißwütigen Furie entwickelt.

In zahlreichen Fällen entsteht Aggression aus einem Gefühl von Angst und Unsicherheit. Dieses unangenehme Empfinden versuchen viele Kinder durch Körpereinsatz zu kompensieren. Mit der Pose *„Seht her, wie stark ich bin"* wird die eigene Schwäche verdeckt. Mehr noch: Das betroffene Kind versucht, seine Ängstlichkeit zu bekämpfen, indem es andere attackiert und besiegt.

Verunsicherungen bilden sich oft aus Veränderungen heraus. Tritt in den gewohnten Ablauf etwas Neues, Unbekanntes ein, bringt das Kinder in Verlegenheit: *„Was mache ich jetzt?"* Weil sie nicht wissen, was da auf sie zukommt, handeln sie nach dem Motto *„Angriff ist die beste Verteidigung"* und überspielen ihre Furcht vor dem Ungewissen mit Kraftprotzerei. Das Spektrum solcher aggressionsfördernder Veränderungen ist vielfältig. Wie Sie als Eltern von Geschwistern wissen, versetzt beispielsweise die Geburt eines Geschwisterchens Ihren Erstgeborenen in Aufregung, was leicht in Wut und Eifersucht ausarten kann. Aber auch der Umzug in eine anderer Stadt und der damit verbundene Verlust von Heimat und Freunden kann Ihr Kind stark beeinträchtigen. Ebenso bedeutet der erste Tag im Kindergarten oder der Wechsel auf eine andere Schule einen tiefen Einschnitt im Alltag Ihres Kindes.

Fragen Sie sich bitte bei der Forschung nach möglichen Ursachen für die kindliche Aggressivität auch, ob Ihr Sohn oder Ihre Tochter unter Leistungsstress leidet. Stellen Sie als Eltern zu hohe Erwartungen? Setzt ein Lehrer Ihr Kind unter Druck, bessere Noten zu erzielen? Oder fühlt sich Ihr Jüngster von den älteren Geschwistern gemobbt? Das und Ähnliches kann Ihr Kind so frustrieren, dass es aus Angst vor dem eigenen Versagen nach Möglichkeiten sucht, sich selbst zu bestätigen. Und was ist als Selbstbestätigung besser geeignet, als den aufgestauten Frust an körperlich schwächeren Kindern auszulassen? Das ist zwar nicht fair, aber es gewährleistet immerhin, dass man Sieger bleibt – in einem Moment, wo man als Kind für das persönliche Selbstwertgefühl dringend ein Erfolgserlebnis braucht.

Wie gesagt, brauchen Kinder bestimmte Grenzen, an die sie sich halten können. Nun neigen manche Väter und Mütter dazu, in dieser Hinsicht zu viel des Guten zu tun. Sie führen mit eiserner Hand ein strenges Regiment und fordern von ihren Kindern strikte Disziplin. Auch was Gefühle wie Wut, Trauer und Angst betrifft: *„Gefühle zeigt man nicht."* Aber damit sind Kinder überfordert – besonders dann, wenn sie temperamentvoll oder sensibel sind. Weil sie daheim unter der Aufsicht der Eltern stehen, werden sie ihre Gefühle früher oder später anderweitig ausleben. Im Zweifelsfall auf der Straße, in der Gruppe oder in der Schule, wo sie sich mit anderen Kindern anlegen.

Sie meinen, bei Ihnen bestehe diese Gefahr nicht, weil Sie Ihrem Nachwuchs unbegrenzten Freiraum zugestehen? Dieses Extrem ist genauso wenig wie das andere geeignet, Kinder davor zu bewahren, aggressiv zu werden. Weil Ihre Sprösslinge innerhalb der Familie tun und lassen können, was ihnen gerade in den Sinn kommt, kennen sie keine Grenzen. Auch nicht beim Einsatz von körperlicher Gewalt. Selbst falsches Verhalten hat für sie keine Folgen, denn Papi und Mami schimpfen niemals. Das geht so lange gut, bis Ihre Kinder irgendwann von anderen in die Schranken verwiesen werden. Lassen Sie Ihren Kindern nicht alles durchgehen, sondern geben Sie ihnen den Halt, den sie in ihrem Alter brauchen. Zeigen Sie ihnen, was im sozialen Miteinander erlaubt und was verboten ist. Das ist um so wichtiger, weil Kinder es als Zustimmung verstehen, wenn Sie über ihre Gewalttätigkeiten hinwegsehen.

Sind Sie mit Ihrer Ursachenforschung weitergekommen? Oder tappen Sie nach wie vor im Dunkeln? Dann sollten Sie nicht zögern, Ihr Kind selbst nach dem Grund seiner Aggressivität zu befragen. Setzen Sie sich mit ihm in aller Ruhe zu einem klärenden Gespräch zusammen: *„Ich merke schon seit einiger Zeit, dass du nicht so ganz glücklich bist. Was bedrückt dich? Warum hast du Kum-*

mer? Hat dir jemand was getan oder was Böses zu dir gesagt? Sag's mir doch, damit ich dir helfen kann. Ich mache mir richtig Sorgen um dich. Lass uns zusammen überlegen, was wir tun können. Ich möchte doch so gern, dass du bald wieder fröhlich bist und wieder lachen kannst."*

Ihrem Kind wird es bestimmt besser gehen, wenn es Ihnen sein Herz ausschütten kann. Auf diese Weise erfahren Sie nicht nur den Grund für sein Verhalten, sondern können ihm auch zeigen, dass Sie an seinen Sorgen Anteil nehmen. Ist das Problem erst mal bekannt, lässt sich viel leichter ein Ausweg finden.

Wenn das Kind durch familiäre Belastungen wie Scheidung oder Todesfall aus der Bahn geworfen ist, braucht es selbstverständlich ein hohes Maß an Verständnis, Liebe und Einfühlungsvermögen. Für Sie als ebenfalls Betroffene ist es sicherlich nicht leicht, sich selbst zurückzunehmen und die eigenen Sorgen hinten anzustellen. Doch Kinder sind nun mal keine Erwachsenen, die Konflikte allein mit dem Verstand in den Griff bekommen können. Also nehmen Sie sich die Zeit für Ihr betrübtes Kind, denn es braucht zur Zeit jede erdenkliche Unterstützung.

„Strafe muss sein." Oder etwa nicht?

Zunächst einmal sollten Eltern Gewalt nicht mit Gewalt beantworten.

- **Rita** hat ihrer großen Schwester **Astrid** eine geknallt. Mit feuerroter Wange kommt das heulende Mädchen zur Mutter gerannt und beklagt sich über die gemeine Schwester. Kurzentschlossen eilt die Mutter ins Zimmer der Schwestern, packt die überraschte Rita am Arm und gibt ihre eine schallende Ohrfeige. *„Das soll dir eine Lehre sein. Untersteh' dich, Astrid noch einmal zu schlagen!"*

Keine gute Reaktion von Ritas Mutter. Zum einen hat sie versäumt, sich nach dem Grund für die Auseinandersetzung zwischen den beiden Mädchen zu erkundigen; zum anderen sind ihr die Gefühle in einer Situation durchgegangen, in der Vernunft und Gelassenheit gefragt waren. Statt zu strafen wäre es besser gewesen, sich mit den Schwestern erst einmal zu unterhalten, dann auf die zwei einzuwirken, selbst eine Lösung für ihre Streitigkeiten zu finden – und wenn das nichts hilft, selbst als Schiedsrichter zu fungieren.

Selbstverständlich sind wir uns einig, dass bestimmte aggressive Verhaltensweisen in keinem Fall geduldet werden dürfen. Ganz gleich, worum es bei einem Streit unter Geschwistern auch geht: Es gibt keinen Grund, den anderen zu verletzen. Geben Sie Ihren Kindern ein unmissverständliches Stopp-Signal, wenn sie über die Stränge schlagen. Beharren Sie auf Ihrem Standpunkt – wenn Sie zaudern, ob Ihre Entscheidung richtig war, wird Ihre Unsicherheit als Schwäche ausgelegt werden. Geben Sie einen klaren Kurs vor: *„Mein liebes Kind, jetzt bist du zu weit gegangen. Das werde ich unter keinen Umständen akzeptieren. Aber ich bin bereit, mit dir über deine offensichtlichen Schwierigkeiten zu reden. Doch das heißt nicht, dass damit schon wieder alles gut ist. Ich erwarte von dir, dass du dein unmögliches Verhalten schnellstens änderst."*

Das konsequente Durchgreifen verfolgt gleichzeitig das Ziel, Ihrem Kind vor Augen zu führen, dass es mit seinem rüpelhaften Benehmen bei Ihnen keinen Eindruck machen kann. Wer anderen weh tut, kann nicht erwarten, dass seine Eltern ihn dafür loben. Im Gegenteil: Ein Schläger verscherzt sich alle Sympathie und macht sich keine Freunde. Gewalt imponiert nur Dummköpfen – aber will Ihr Kind tatsächlich eine Dumpfbacke sein? Sie sollten es fragen.

Auch wenn es abwegig klingt: Manche Kinder legen es mit ihrem aggressiven Verhalten darauf an, von den Eltern bestraft zu werden. Ganz einfach deshalb, weil Kinder mit dieser Bestrafung erreichen, dass sich Vater und Mutter endlich mit ihnen beschäftigen. Ein hoher Preis, um Aufmerksamkeit zu bekommen. Deshalb gilt die Regel: Belohnen Sie Ihr aggressives Kind nicht durch Beachtung, sondern lehnen Sie sein Fehlverhalten deutlich ab. Wenden Sie sich lieber dem Opfer zu, nehmen es liebevoll in den Arm und trösten es. Auf diese Weise lernt Ihr Rambo zweierlei: Erstens, dass sich körperliche Gewalt nicht auszahlt. Und zweitens, dass Schwäche kein Manko ist.

Übrigens: Ihr Eingreifen ist natürlich nicht nur auf körperliche Gewalt beschränkt. Kinder können andere auch seelisch grausam verletzen. Mit groben Beleidigungen, mit Spott und Häme, mit Ausgrenzen oder mit massiven Repressalien. Wenn Sie also mitbekommen, dass in dieser Hinsicht unter den Geschwistern etwas im Busch ist, müssen Sie handeln. Und zwar sofort.

„Strafe muss sein." Oder etwa nicht?

Von wegen feige.
Weglaufen kann ganz schön clever sein

Zum Streiten gehören immer mindestens zwei. Das heißt: Es gibt durchaus Möglichkeiten, einer Auseinandersetzung aus dem Weg zu gehen. Deshalb wäre es falsch, Ihrem Kind zu raten, sich grundsätzlich zu wehren, wenn es von einem anderen attackiert wird.
Erklären Sie Ihrem Sohn oder Ihrer Tochter stattdessen, dass es oft vorteilhafter ist, sich gar nicht erst provozieren zu lassen. Cool bleiben, versuchen, mit dem anderen sachlich zu reden, oder einfach auf stur schalten: Mit solch einem Verhalten gelingt es häufig, den Angreifer ins Leere laufen zu lassen. Er verliert die Lust zur Attacke und lässt sein Opfer in Ruhe. Ebenso klug ist es, wenn sich Ihr Kind nicht auf einen Zweikampf mit einem deutlich Stärkeren einlässt. Wer im Zweifelsfall wegläuft, um nicht selbst fertiggemacht zu werden, handelt nicht feige, sondern ausgesprochen clever. Umgekehrt sollte Ihr Sprössling natürlich seinerseits niemanden angreifen, der ihm körperlich unterlegen ist. Denn das wäre nun wirklich feige.
Verabschieden Sie sich bitte von dem Gedanken, Ihre Kinder seien die geborenen Helden. Man kann nicht immer Sieger sein – und nebenbei: Auch Helden sind gegen Straucheln nicht gefeit. Überlassen Sie es Ihrem Kind, ob es sich in einer bestimmten Situation körperlich zur Wehr setzen will oder nicht. Wenn Ihre Kinder überzeugte Pazifisten sind, sollten sie zudem nicht zur Gegenwehr gedrängt werden – zum Beispiel mit Aufstacheln wie *„Lass dir bloß nichts gefallen. Zeig' diesem Blödmann, dass du ein echter Kerl bist. Das wird ihm gut tun, selbst mal Angst zu bekommen."* Damit stürzen Sie Ihr friedfertiges Kind nur in Gewissenskonflikte. Vielleicht wird es Ihnen zuliebe den Kampf aufnehmen, aber nur mit halbem Herzen dabei sein. Und ganz gleich, wie der Fight ausgeht: Ihr Kind wird es Ihnen kaum verzeihen, dass Sie es zum Kämpfen gebracht haben. Denn aus freien Stücken wäre es nie mit einem anderen in den Clinch gegangen.

Kapitel 8: Der Krieg der Kids

Wie ein Wichtel auf Ecstasy: Eltern erzählen

Für Außenstehende ist es meist putzig zu erleben, wenn ein Dreikäsehoch in Rambo-Manier auf den großen Bruder losgeht. Eine Mutter aber sieht das anders.

- Vera erinnert sich noch heute mit Schrecken daran, als der dreijährige **Marlon** mit einem Spielzeuggewehr auf den zwei Jahre älteren **Ingo** anlegte. *„Für mich brach eine Welt zusammen, als Marlon seinen Bruder anschrie: ‚Hände hoch – oder ich knall dich ab, du mieses Dreckstück!'"*, berichtet die junge Mutter. *„Ich hatte mich doch so bemüht, meine beiden zu anständigen Kindern zu erziehen, die sich gegenseitig respektieren und verstehen. Und nun das. Im ersten Moment fühlte ich eine Riesenwut auf Marlon, den ich am liebsten nach Strich und Faden versohlt hätte. Aber dann habe ich mir gesagt, dass ein dreijähriges Kind wohl gar nicht weiß, was es da tut. Bevor ich selbst aktiv werden konnte, hatte Ingo schon die Sache in die Hand genommen. ‚Halt' die Klappe, du Angeber. Zwerge wie du dürfen noch gar nicht schießen.' Sprach's und ließ den überraschten Marlon stehen."* Vera fügt hinzu: *„Ich habe mir daraufhin meinen Jüngsten geschnappt und ein ernstes Wörtchen mit ihm gesprochen. Dabei habe ich ihm klar gemacht, dass man solche bösen Sachen nicht zu einem anderen sagt und dass Schießen sowieso etwas ganz Schlechtes ist. Marlon hörte aufmerksam zu, kletterte dann von meinem Schoß runter und kickte das Gewehr unter den Schrank. ‚Jetzt ist es weg und kann niemand mehr totmachen', verkündete er mit dem Brustton der Überzeugung. Da habe ich Marlon natürlich gelobt, weil er so ein kluger Junge ist."*

Wie ein Wichtel auf Ecstasy: Eltern erzählen

Beim Thema „Aggressivität bei Kindern" spielen Waffen generell eine wichtige Rolle. Kein Wunder, in Fernsehen, Kino und vielen Computerspielen werden Auseinandersetzungen ja fast immer mit Messer, Pistole oder Gewehr geführt. Kinder bekommen dadurch vermittelt, dass Waffen zum Streiten dazu gehören. Eltern dagegen sind von der Vorstellung nicht begeistert, dass Sohn oder Tochter mit einem Butterflymesser zur Schule gehen oder sogar einen Spielzeugrevolver unterm Kopfkissen haben, der von einem echten nicht zu unterscheiden ist. Doch manche Kinder sind derart waffengeil, dass Eltern insgeheim etwas Angst vor den eigenen Sprösslingen bekommen.

- Ein Vater von zwei Jugendlichen im Alter von 14 und 16 erzählt: *„Kürzlich hatte ich in der Stadt noch was zu besorgen. Als ich an einem Laden vorbeikam, in dem Messer, Gaspistolen und anderes Zeug angeboten werden, entdeckte ich auf einmal meine beiden Jungs.* **Andreas** *schaute sich gerade so eine nachgemachte Pumpgun an, während* **Steffen** *mit so einem Wurfdings – einem Wurfstern – liebäugelte. Ich denk', mich tritt ein Pferd. Nix wie rein in das Geschäft und den Verkäufer zur Rede gestellt: Wie er dazu komme, Minderjährigen so einen Mist anzudrehen. Das sei ein Fall für den Staatsanwalt und ich behielte mir entsprechende Konsequenzen vor. Dann habe ich mir meine Zwei geschnappt und sie auf der Straße zusammengefaltet. Auf meine Vorwürfe reagierte Andreas bemerkenswert kaltschnäuzig: ,Halt dich da raus, Alter. Was willst du überhaupt? Opa war doch selbst ein Nazi und du schwärmst doch auch immer noch von deiner Zeit beim Bund. Also bleib locker, wenn wir aufrüsten. Oder möchtest du, dass deine Söhne nach der Disco von irgend so einem Brutalo abgestochen werden?' Da habe ich zum ersten Mal so was wie Angst gespürt",* fährt der Vater fort. *„Sind das noch meine Söhne? Plötzlich hatte ich das Gefühl, zwei Fremden gegenüber zu stehen. Ich kenn' mich mit dieser Jugend nicht mehr aus."*

Kapitel 8: Der Krieg der Kids

Konflikte unter Geschwistern werden glücklicherweise in aller Regel mit harmloseren Mitteln ausgetragen.

- Bei **Ulrike** und **Henriette** kommt es immer wieder zu Rangeleien bei der Frage: Dein oder Mein? *„Die beiden Mädchen kriegen sich regelmäßig in die Haare, wenn es um das Thema Klamotten geht"*, berichtet ihre Mutter. *„Immer gibt es Gezerre um das Outfit. Mal streitet man sich um die grüne Bluse, mal ist es die neue Hose oder der frisch gewaschene Rolli. Kaum behauptet die eine Schwester, ein bestimmtes Kleidungsstück gehöre ihr, kommt von der anderen empörter Protest. Neulich ging es so sehr zur Sache, dass Ulrike ihrer Schwester eine Handvoll Haare ausgerissen hat. Da konnte ich nicht länger zusehen. Ich also rein zu den beiden und gefragt, was los sei. Es stellte sich heraus, dass Ulrike das Lieblings-T-Shirt ihrer Schwester zu einer Party anziehen wollte und Henriette das nicht erlauben wollte. Was tut eine Mutter in so einem Fall? Ich habe versucht, ein salomonisches Urteil zu fällen und den Mädchen folgenden Vorschlag unterbreitet: Henriette leiht Ulrike für die Party ihr Shirt, die versprechen muss, sehr sorgsam damit umzugehen. Im Gegenzug darf Henriette die neue Schultertasche ihrer Schwester mitnehmen, wenn sie am Wochenende mit ihrer Freundin ins Kino geht. Nach einigem Grummeln erklärten sich die beiden mit diesem Tauschgeschäft einverstanden. Bis zum nächsten Donnerwetter!"*

Tun oder lassen: Die Eltern-Ampel

- Gewalt ist nicht erlaubt. Das gilt auch für Sie.
- Unterbinden Sie Tätlichkeiten gegen Schwächere.
- Lassen Sie nicht zu, dass sich Ihre Kinder gegenseitig verbal oder körperlich verletzen.
- Belohnen Sie Ihr aggressives Kind nicht mit zusätzlicher Aufmerksamkeit.

- Normales Gerangel können Sie ignorieren – was sich liebt, das neckt sich.
- Mischen Sie sich ein, wenn sich die Lage zuspitzt und sprechen Sie mit den Kontrahenten.
- Bieten Sie Lösungsansätze an und geben Sie den Beteiligten die Chance, selbst einen Ausweg zu finden.
- Trennen Sie Ihre Kinder, wenn es zu Tätlichkeiten kommt.
- Schaffen Sie die Voraussetzungen für einen befriedigenden Kompromiss.
- Wenn alles nichts nutzt: Holen Sie sich Rat von einem Experten.

9
Zeit für interessante Verhältnisse

Neues Glück in der Patchwork-Familie. Wenn aus fremden Kindern plötzlich Geschwister werden

In diesem Kapitel erfahren Sie, ...

- dass die Patchwork-Familie voll im Trend liegt
- wie Scheidungskinder die Trennungsangst überwinden
- warum Ihre Kinder im neuen Familienverbund Orientierungshilfe brauchen
- wie alte und neue Geschwister lernen, ein Team zu werden
- wie Kinder mit veränderten Autoritäten klarkommen
- wie Sie das Vertrauen der neuen Kinder gewinnen können
- wie andere Eltern die Herausforderung Patchwork gemeistert haben
- was Sie in Zukunft tun oder lassen sollten

Kapitel 9: Zeit für interessante Verhältnisse

Frisch gemischt und bunt gewürfelt. Im neuen Verbund ist vieles anders

Patchwork gilt für viele Experten als das Familienmodell der Zukunft. Jede zehnte deutsche Familie setzt sich bereits nach dem bunt gewürfelten Fleckenteppich-Prinzip zusammen, hat das Bundesministerium für Familie, Senioren, Frauen und Jugend festgestellt. Danach leben hierzulande rund 850.000 Jungen und Mädchen in Stieffamilien. Die hohe Quote bei Scheidung und Trennung treibt den Trend zur Patchwork-Familie weiter an. Inzwischen werden bereits 50 Prozent aller in Deutschland geschlossenen Ehen innerhalb der ersten sieben Jahre wieder geschieden. Aber: Mehr als die Hälfte der geschiedenen Mütter und Väter finden nach einem Jahr schon wieder einen neuen Partner.

Für die Kinder bedeutet die neue Familie eine enorme Umstellung. Denn sie müssen sich nicht nur auf einen neuen Elternteil einstellen, sondern auch mit dem plötzlichen Zuwachs an Geschwistern fertig werden. Die bisherige Rangfolge, die Ihre Kinder in ihrem bisherigen Zuhause gewohnt waren, ist damit ausgehebelt. Der älteste Sohn findet sich auf einmal an zweiter oder dritter Stelle wieder, das verwöhnte Nesthäkchen verwandelt sich von jetzt auf gleich in eine große Schwester, weil ein unbekanntes Baby ihren angestammten Platz übernommen hat.

Aber es kann noch komplizierter kommen. Nach der Scheidung der Eltern werden die Geschwister auf Vater und Mutter aufgeteilt oder einem Elternteil allein zugesprochen und pendeln regelmäßig vom einen zum anderen. Wenn Papi oder Mami dann einen neuen Partner haben, der zudem noch eigene Kinder in die neue Verbindung mitbringt, entsteht turnusmäßig ein Familienverbund auf Zeit.

- Für **Angela** und **Ivo** ist diese Situation nicht immer leicht. Bis vor kurzem hat Papi ihnen ganz allein gehört. Nun müssen sie den leiblichen Vater mit zwei fremden Jungen teilen, die „Paps" zu ihm sagen und außerdem ihre neuen Brüder sein sollen. Meint jedenfalls Papi, wenn Angela und Ivo jedes zweite Wochenende zu Besuch kommen. Aber so ganz überzeugt sind die

Frisch gemischt und bunt gewürfelt. Im neuen Verbund ist vieles anders

beiden Geschwister nicht: *"Wieso sind Günter und Gerd unsere Brüder?"*, fragt Angela verwirrt. *"Wir sind doch gar nicht miteinander verwandt"*.

Familienverhältnisse können ziemlich verworren sein, für die betroffenen Kinder allemal. Familie ist da, wo Kinder sind – lautet die Definition, die den Zeitgeist widerspiegelt. Denn alternative Familienformen gibt es mittlerweile zuhauf. Neben der klassischen Kernfamilie mit zwei leiblichen Eltern zählen Familienforscher 74 verschiedene Zusammensetzungsmöglichkeiten beim Patchwork. Stiefvater- und Stiefmutterfamilien, Familien mit gemeinsamen Kindern und Stiefkindern, Familien, bei denen die Kinder dauerhaft leben und solche, bei denen die Kinder zeitweise zu Besuch sind. Aber auch Ein-Eltern-Familien, Eltern, die Kinder adoptieren oder in Pflege nehmen sowie gleichgeschlechtliche Paare, die beispielsweise Kinder aus dem Ausland aufnehmen – das alles und mehr läuft unter der Bezeichnung „Familie".
Für Kinder und Jugendliche hat diese Entwicklung weitreichende Konsequenzen. Sie können sich nicht mehr darauf verlassen, dass die Familie, in die sie hineingeboren wurden, ewig hält. Stattdessen müssen sie unter Umständen damit rechnen, künftig in mehreren Familien aufzuwachsen. Das eröffnet ein weites Konfliktfeld, weil Kinder zumeist unvorbereitet mit so einer einschneidenden Veränderung ihrer bisherigen sozialen Umgebung konfrontiert werden. Aber es lohnt sich, diese Schwierigkeiten durchzustehen. Familienforscher haben nämlich festgestellt, dass Kinder, die in alternativen Familienformen aufwachsen, ihren Altersgenossen aus traditionellen Familien einiges voraus haben. Sie sind beispielsweise oft eher in der Lage, Verantwortung zu übernehmen, können besser mit gesellschaftlichen Diskriminierungen und Vorurteilen umgehen und haben gelernt, was Emanzipation bedeutet.

„Zu mir oder zu dir?"
Scheidungskinder in Trennungsangst

Wenn die Familie zerbricht, gerät auch die Beziehung zwischen den Geschwistern aus den Fugen. Wie wird es mit ihnen weitergehen? Werden sie ebenfalls getrennt oder bleiben sie zusammen bei einem Elternteil?

Kapitel 9: Zeit für interessante Verhältnisse

> *„Habe ich was falsch gemacht?"*
> **Wenn sich Kinder schuldig fühlen.**
>
> *„Bin ich schuld daran, dass sich Papi und Mami trennen?"* Diese Frage bewegt viele Kinder, weil sie nicht verstehen, weshalb die Eltern auseinandergehen. Lassen Sie nicht zu, dass sich Ihre Kinder mit solchen Selbstvorwürfen quälen. Erklären Sie ihnen, dass die Trennung nichts mit ihnen zu tun hat. Wenn Ihre Kinder Genaueres wissen wollen, dann nennen Sie die Gründe für die Scheidung. Aber ohne den Partner schlecht zu machen.
>
> Sind Ihre Kinder verständig genug, um selbst zu entscheiden, bei wem sie später leben möchten, sollten Sie dieses Thema ansprechen. Auf diese Weise lässt sich unter Umständen bereits im Vorfeld klären, wo der künftige Lebensmittelpunkt der Kinder ist. Außerdem sollten Sie Ihre Kinder darüber informieren, wie das Familiengericht die weitere Vorgehensweise – beispielsweise das Sorge- und Besuchsrecht – geregelt hat. Sind die Geschwister damit nicht einverstanden, ist es vielleicht möglich, gemeinsam mit Ihrem Ex-Partner eine Regelung zu finden, die von allen Beteiligten akzeptiert wird.

Allzu häufig übertragen die Eltern ihre Konflikte auf die Kinder. Vater und Mutter fordern, dass ihre Kinder klar Partei für den einen oder die andere ergreifen – und vergessen dabei, dass ihre Kinder sie beide gleich lieb haben. Mit Tricks und Bestechungsversuchen wird um die Liebe jedes einzelnen Sprösslings gebuhlt. Oftmals mit Erfolg. Dann entstehen innerhalb der Familie zwei Fronten, die Brüder und Schwestern unweigerlich auseinander treibt. Unterstützt wird die Familienfehde in vielen Fällen noch dadurch, dass sich die jeweiligen Großeltern in den Konflikt einmischen. Auch sie bemühen sich, die Enkel pro oder contra zu beeinflussen. Sogar seelisch sehr robuste Kinder geraten dadurch enorm unter Druck. Sie wollen sich nicht auseinanderdividieren lassen, weil sich an ihrem Verhältnis zueinander nichts geändert hat. Doch der Zwang, der durch die Erwachsenen ausgeübt wird, erweist sich oft als stärker. Die Einheit der Geschwister zerbricht und lässt sich später nur schwer wieder kitten.

Selbst wenn nach der Scheidung das Sorgerecht geklärt ist, geht dieser Krieg häufig noch weiter. Da versucht die Mutter, der die Kinder vom Gericht zugesprochen wurden, alles,

Frisch gemischt und bunt gewürfelt. Im neuen Verbund ist vieles anders

um den „Ex" gegenüber den Geschwistern zu verunglimpfen. Besuchen die Kinder ihren Vater, der eventuell schon eine neue Familie hat, müssen erstmal Aggressionen abgebaut werden. Oft bemüht sich der Vater, seine leiblichen Kinder während der gemeinsam verbrachten Zeit besonders zu verwöhnen. Sehr zum Unmut der anderen, die sich durch die „Gäste" benachteiligt fühlen. Zurück bei der Mutter, werden die Kinder erneut mit Anwürfen gegen den Vater konfrontiert und wissen doch genau, dass er gar nicht so ist.
Immerhin haben die Geschwister durch das gemeinsame Erleben die Möglichkeit zu differenzieren. Sie haben erfahren, wie es beim Vater ist, und kennen die Situation bei der Mutter. Das versetzt sie in die Lage, sich eine eigene Meinung zu bilden.
Anders sieht es aus, wenn die Geschwister nach der Scheidung der Eltern aufgeteilt werden. Die Mädchen bleiben beispielsweise bei der Mutter, die Jungen ziehen zum Vater. Für die Geschwister bedeutet das, dass sie in Zukunft getrennt aufwachsen werden. Alle Gemeinsamkeiten brechen nach und nach weg. Statt dessen tritt ein neues Familienleben in den Vordergrund. Eine wachsende Entfremdung zwischen Brüdern und Schwestern lässt sich nur schwer verhindern, weil der gemeinsame Alltag fehlt. Selbst wenn sich die Kinder mit Einverständnis aller Eltern so oft treffen können, wie sie wollen: Es bleibt doch immer ein Besuch in einer Welt, die nicht mehr dieselbe ist. Kleine Kinder werden sich mit der veränderten Situation recht schnell zurechtfinden; ältere dagegen brauchen länger, um die Schwester oder den Bruder nicht mehr zu vermissen.
Das abwechselnde Leben in zwei Familien verlangt von Kindern ein hohes Maß an Flexibilität. Denn jede Familie hat ihre eigenen Regeln und Gewohnheiten. Was bei Ihnen erlaubt ist, wird Ihren Sprösslingen in der neuen Familie Ihres „Ex" unter Umständen verboten. Diese Diskrepanz sorgt für Verwirrung.

- **Frank** und **Frederik** sehen nicht ein, weshalb sie bei ihrer Mutter bis neun Uhr abends aufbleiben dürfen und bei Papi und seiner neuen Partnerin schon eine Stunde früher ins Bett müssen. Überhaupt geht es bei Paps viel strenger zu, während Mami alles wesentlich lockerer sieht. Verständlich, dass es den beiden Jungen schwer fällt, sich immer wieder aufs Neue anpassen zu müssen.

Helfen Sie Ihren Kindern, sich in beiden Gemeinschaften zurecht zu finden. Unterstreichen Sie nicht die Gegensätze zwischen Ihrer Lebensweise und der Ihres ehemaligen Partners, sondern versuchen Sie, die Kinder von den Vorteilen dieses Familientausches zu überzeugen – zum Beispiel so: *„Ihr habt jetzt zwei Familien. Daran müsst Ihr Euch erst mal gewöhnen. Die Situation ist sicher nicht so, wie ihr sie euch gewünscht habt. Aber versucht doch mal, auch die guten Seiten zu entdecken. Ich meine jetzt nicht, dass es vielleicht zum Geburtstag und zu Weihnachten mehr Geschenke gibt. Sondern, dass ihr wertvolle Erfahrungen machen könnt. Mit zwei verschiedenen Arten von Familienleben. Ihr könnt zum Beispiel jetzt auch Papis neue Frau um Rat fragen. Und außerdem habt ihr auf einmal zwei neue Geschwister. Das kann doch auch ganz spannend sein. Vor allem aber müsst ihr eins wissen: Wir haben euch alle lieb."*

Beständigkeit hat ausgedient.
Ihre Kinder brauchen Orientierungshilfe

Nach der Trennung vom alten Partner sehnen sich viele Mütter und Väter danach, wieder eine richtige Familie zu haben. Haben sie dann einen neuen festen Partner gefunden, glauben sie, dass nun alle Probleme gelöst seien. Freudestrahlend präsentieren sie ihren Kindern die neue Frau oder den neuen Mann an ihrer Seite – in der optimistischen Erwartung, dass der Nachwuchs ebenso begeistert reagiert. Wenn die Kinder das neue Familienmitglied aber nicht mit offenen Armen empfangen, ist die Enttäuschung groß. Die Eltern verstehen nicht, wieso sich die Geschwister so ablehnend verhalten. *„Wollt ihr denn nicht auch wieder in einer Familie leben?"* erkundigt sich die Mutter frustriert. Klar wollen die beiden. Aber sie wünschen sich zumeist die ursprüngliche Familie zurück und hoffen insgeheim darauf, dass Papi und Mami sich doch wieder zusammenraufen. In dem Moment, wo der oder die Neue mit Sack und Pack einzieht, wird den Geschwistern bewusst, dass sie diese Hoffnung begraben können. Der Traum von der Rückkehr zu den alten Familienverhältnissen ist endgültig ausgeträumt. Das muss erst einmal verkraftet werden.

Kinder, die aus ihrem gewohnten Lebensumfeld gerissen werden, fallen in ein

Beständigkeit hat ausgedient.
Ihre Kinder brauchen Orientierungshilfe

tiefes Loch. Vieles von dem, woran sie sich bisher orientiert haben, gibt es nicht mehr. Ein Elternteil ist ausgezogen, vielleicht auch noch ein Bruder oder eine Schwester. Statt Ordnung herrscht Chaos. Während Ihre Kinder noch dabei sind, sich in der neuen Lage zurechtzufinden, zeichnet sich bereits eine weitere Veränderung ab: Mamis neuer Partner hat ebenfalls Kinder, mit denen man in Zukunft zusammenleben soll. Sie können nicht verlangen, dass Ihre eigenen Kinder diese „Eindringlinge" freudig begrüßen. Für Kinder sind die anderen Kinder zunächst einmal Fremde, mit denen sie nichts am Hut haben. *„Aber ihr habt euch doch immer noch ein Geschwisterchen gewünscht"*, argumentieren Sie jetzt vielleicht. Oder: *„Ist das nicht toll, dass ihr jetzt zwei neue Geschwister zum Spielen habt?"* Mag sein, dass Ihre beiden das allmählich auch so sehen und sich mit den neuen Spielkameraden anfreunden. Doch machen Sie sich bitte keine Illusionen: Bis es in der Geschwisterbeziehung so reibungslos und harmonisch läuft, fließt noch etliches Wasser den Rhein hinunter.

Auf sanftem Kurs.
Behutsam fährt man besser

Für Sie hängt der Himmel in der neuen Partnerschaft voller Geigen; Ihre Kinder aber wünschen sich, dass diese Beziehung mit Pauken und Trompeten untergeht. Greifen Sie jetzt nicht zu rigiden Mitteln, um Ihre kleinen Widerspenstigen auf Kurs zu bringen. Sie würden die Trotzhaltung nur verstärken. Versetzen Sie sich bitte einmal in Ihre Kinder. Es ist noch gar nicht so lange her, dass sie die Trennung von einem Elternteil verschmerzen mussten. Möglicherweise haben sie sogar Angst, ihren Vater oder ihre Mutter ganz zu verlieren. In dieser Situation taucht auf einmal ein neuer Partner auf, den Sie offensichtlich sehr mögen. Und schon brechen bei Ihren Kindern gerade verheilte Wunden auf. Hat Mami den Neuen lieber als Papi? War der Neue vielleicht sogar schuld daran, dass unsere Familie auseinander gegangen ist? Misstrauen macht sich breit.

Um neues Vertrauen aufzubauen, brauchen Ihre Kinder jetzt Zeit. Es wäre unklug, sie vor vollendete Tatsachen zu stellen: *„Das ist der Horst, mein neuer Freund. Wir werden ab nächster Woche zusammenwohnen. Ach ja: Natürlich*

Kapitel 9: Zeit für interessante Verhältnisse

kommen seine beiden Jungs auch mit. Lasst uns gleich mal überlegen, wer mit wem das Zimmer teilt." Beziehen Sie Ihre Kinder unbedingt in die Zukunftsplanung mit ein. In offenen Gesprächen können Sie feststellen, was im Moment geht und was nicht. Vielleicht sind Ihre Kinder noch nicht so weit, einen neuen Vater und weitere Geschwister zu akzeptieren. Dann ist es auf jeden Fall besser, vorläufig bei zwei getrennten Haushalten zu bleiben. Die Familienmitglieder in spe können sich dann ja mal hier und mal dort beschnuppern und so vielleicht zu einer Lösung kommen, die allen gerecht wird.

Wenn sich Ihre Kinder im Augenblick gegenüber Ihrem neuen Partner ablehnend verhalten, zwingen Sie sie nicht zum Kontakt. Sympathie muss sich langsam entwickeln – auch der künftige Stiefvater kann nicht ruckzuck in seine neue Rolle schlüpfen. Geben Sie allen Beteiligten Gelegenheit, sich Stück für Stück kennen zu lernen, damit allmählich eine richtige Familie zusammenwachsen kann.

Sobald Sie sich entscheiden, mit einem neuen Partner ein zweites Glück zu wagen, sollten Sie Ihren Kindern diesen Entschluss begreiflich machen und positiv begründen. Wichtig dabei ist, Kindern mögliche Ängste zu nehmen. Erklären Sie ihnen, dass Ihre neue Liebe keine Gefahr bedeutet: *„Wisst ihr, ich habe jemanden gefunden, mit dem ich gern mein Leben teilen möchte. Das heißt aber nicht, dass ich euch nicht mehr lieb hätte. Nein – wir werden alle zusammen eine neue Familie sein. Und ich weiß jetzt schon: Der Horst wird euch sehr, sehr gern haben. Außerdem brauchen wir eure Hilfe, damit unsere neue Familie eine richtig gute Familie wird. Deshalb müsst ihr uns sagen, was für Euch wichtig ist. Denn eine richtige Familie werden wir nur, wenn ihr euch wohlfühlt und es euch gut geht. Dann geht es uns allen gut."* Verläuft dieses erste Gespräch zufriedenstellend, können Sie gegebenenfalls gemeinsam mit Ihren Kindern beschließen, das nächste Mal Horst dazuzuholen.

Und wenn zum neuen Vater auch noch neue Geschwister hinzukommen? Auch darauf sollten Sie Ihre eigenen Kinder sorgfältig vorbereiten. Etwa so: *„Ich kann mir gut vorstellen, dass es für euch nicht einfach ist, auf einmal zwei neue Brüder zu bekommen. Den beiden geht es sicherlich genau so. Aber bevor ihr beurteilen könnt, ob ihr Marius und Christoph mögt oder nicht, müsst ihr die zwei erst einmal kennen lernen. Ich denke, ihr seid fair genug, um den Jungen* *eine echte Chance zu geben. Vielleicht stellt ihr ja fest, dass sie Super-Kumpel sind. Eins habe ich übrigens schon rausgekriegt: Die beiden spielen genau wie ihr gern Basketball. Das ist doch schon mal was. Und noch etwas: Auch wenn wir bald eine große Familie sind, werde ich euch so lieb haben wie immer. Großes Indianerehrenwort!"*

Alles auf Anfang.
Wie sich Positionen verändern

- **Bettina** hat schlechte Laune. Ihre Lieblingspuppe ist futsch. Nicht einfach weg oder verlegt – nein, schlimmer: Isabella hat sie. Die neue Schwester, die der Stiefvater mit in die Familie gebracht hat. *„Früher wäre das nicht passiert,"* denkt Bettina voll Zorn. *„Früher, als Bernd, Florian und ich noch bei Mami und unserem richtigen Papi gewohnt haben, war ich das einzige Mädchen in der Familie. Da musste ich meine Spielsachen mit keinem teilen. Aber nun ist diese blöde Isabella da. Und Mami hat gesagt, sie sei meine liebe Schwester und ich solle sie auch mal mit meinen Puppen spielen lassen. Aber dass sich die Ziege gleich meine Lieblingspuppe gekrallt hat, finde ich megamies. Wirklich, früher war alles besser."*

Bekommen Kinder durch die Gründung einer Patchwork-Familie neue Geschwister, beginnt das große Stühlerücken. Angestammte Positionen müssen geändert, Rollen neu verteilt und Besitzstände aufgegeben werden. Das bedeutet vielfach Kampf. Das älteste Kind, das bisher unter den Brüdern und Schwestern den Ton angab, bekommt ein anderes vorgesetzt, das nicht nur älter, sondern auch stärker ist. Der Stammhalter, der als einziger Junge unter drei Schwestern bislang der Hahn im Korb war, wird plötzlich von einem anderen Knaben aus dieser komfortablen Sonderstellung gedrängt. Und das konkurrenzlose Einzelkind sieht sich auf einmal mehreren Konkurrenten gegenüber, mit denen es um die Zuneigung der Eltern wetteifern muss.

Neue Geschwister bedeutet: Auf gewohnte Privilegien verzichten und teilen, teilen, teilen. Das eigene Zimmer, Spielzeug, möglicherweise auch Anziehsachen – aber vor allem die Zeit und die Liebe der Eltern. Dabei lauert auf Sie eine be-

Kapitel 9: Zeit für interessante Verhältnisse

sonderes Falle. Wenn Sie Ihren Stiefkindern besonders viel Zuwendung schenken, um als Mutter oder Vater akzeptiert zu werden, können Ihre leiblichen Kinder darauf mit extremer Eifersucht reagieren. Denn sie fürchten, Ihre Zuneigung an die anderen zu verlieren. Umgekehrt liegt der Fall natürlich ähnlich. Wenn Sie sich mit den eigenen Kindern sehr intensiv beschäftigen, um ihnen die neue Situation zu erleichtern, werden die anderen mit Sicherheit neidisch. Schon hängt Ihnen das Etikett der typischen Stiefmutter an, die für die neu hinzugekommenen Kinder nichts übrig hat und stattdessen die eigenen vorzieht.

Problematisch kann es auch sein, wenn in der neuen Familie eingefahrene Konstellationen und Gewohnheiten aufeinandertreffen, die nicht ohne weiteres kompatibel sind. In so einem Fall ist von allen Seiten ein hohes Maß an Kompromissbereitschaft erforderlich, um das Familienleben auf eine gemeinsame, von allen respektierte Basis zu stellen.

Andererseits ergeben sich durch die neuen Geschwister auch viele interessante Perspektiven. Endlich bekommt Ihr Sohn die Spielgefährten, die er sich immer schon gewünscht hat; endlich hat Ihre Tochter die lang ersehnte beste Freundin gefunden, mit der sie Freud' und Leid schwesterlich teilen kann. Mit den neuen Geschwistern kann man eine Menge unternehmen und man hat wichtige Verbündete gewonnen, um die eigenen Wünsche mit vereinten Kräften gegenüber den Eltern durchzusetzen. Zuweilen finden durch den familiären Zuwachs sogar lange vorhandene Animositäten ein Ende.

- Teenager **Caro**, die ihren zehnjährigen Bruder für ein nervtötendes Monster hält, ist glücklich, mit der 15 Jahre alten **Manu** eine neue Schwester bekommen zu haben, die ebenso für „Tokio Hotel" und Jeansklamotten schwärmt. Auch **Kevin** und **Patrick** liegen sich nicht mehr in den Haaren, seit es den großen Bruder **Philipp** gibt, der die beiden zum Reiten mitnimmt.

Versuchen Sie nicht mit Gewalt, etwas zusammenzubringen, was peu á peu sowieso zusammenwachsen wird. Es gibt für die erweiterte Kinderschar so viel Neues und Interessantes zu entdecken. Deshalb räumen Sie Ihren Lieben die Zeit ein, die sie brauchen, um eine richtige Familie zu werden.

Wenn Sie und Ihr neuer Partner irgendwann ein gemeinsames Kind bekommen sollten, wird es für die Halbgeschwister noch einmal brenzlig. Denn nun beginnt das altbekannte Spiel wieder von vorn. Ob Mami und Papi das neue Kind wirklich nicht lieber haben als uns? Ist das Baby jetzt die Hauptperson und rangieren wir unter ferner liefen? Wird der Schreihals bestimmt nicht bevorzugt? Eifersüchtig werden diesmal alle Geschwister zusammen darüber wachen, dass ihre Rechte nicht zugunsten des Neuankömmlings beschnitten werden.

„Wer hat denn hier das Sagen?" Probleme mit alten und neuen Autoritäten

Von den zahlreichen Variationen der modernen Familie ist diese besonders interessant: Ein Frau lernt einen Mann kennen und lieben. Sie beschließen zusammenzubleiben, ziehen in eine gemeinsame Wohnung. Damit verändert sich das Leben der Frau auf einen Schlag: Die Junggesellin aus Überzeugung ist plötzlich Mutter von drei Kinder geworden. Sie trifft auf ein eingespieltes Team mit klar verteilten Rollen und Zuständigkeiten. Anfangs fühlt sich die frischgebackene Mama ziemlich verunsichert, denn bislang hatte sie keine Erfahrung in der Kindererziehung. Instinktiv fühlt sie, dass sie als Außenseiter die fest geschlossene Kinderfront kaum aufbrechen kann. Wen soll sie fragen? Ihr Mann tröstet sie: *„Das schaffst du schon. Mit Geduld und Einfühlungsvermögen kommst du mit der Bande bald klar. Außerdem sind die drei ganz einsichtig, wenn du vernünftig mit ihnen redest."*

Wenn er sich da mal nicht irrt. Die Geschwister spüren natürlich, dass die Stiefmutter Angst hat, etwas falsch zu machen. Diese Furcht nutzen die beiden Brüder mit ihrer Schwester aus, um die Eltern gegeneinander auszuspielen. Ordnet Papas Neue tagsüber etwas an, beschweren sich die Kinder abends beim Vater, der die Anweisung seiner Frau häufig wieder kippt. Denn er entwickelt Schuldgefühle gegenüber seinen Kindern, weil er ihnen durch die Scheidung die leibliche Mutter entzogen hat. Durch besondere Nachsicht will der Vater das nun wieder gutmachen – ohne dabei zu berücksichtigen, dass er damit die Autorität der neuen Mutter systematisch untergräbt.

Wenn Sie sich in einer ähnlichen Situation befinden, nützt es gar nichts, den Kopf vor den täglichen Schwierigkeiten in den Sand zu stecken. Sprechen

Kapitel 9: Zeit für interessante Verhältnisse

Sie mit Ihrem Partner und schildern ihm eindringlich Ihre Probleme. Machen Sie ihm klar, dass Sie jetzt seine Hilfe brauchen. Denn erst wenn Sie beide einträchtig eine gemeinsame Strategie fahren, lässt sich das Bollwerk der Geschwister einnehmen. Klären Sie eindeutig, wer in der Familie was entscheidet. Legen Sie Verantwortlichkeiten fest, an die sich jedes einzelne Familienmitglied halten muss. Und: Was Vater oder Mutter sagt, gilt ohne Wenn und Aber.

Dieses Management der Autoritäten bedeutet auch, dass Sie Ihre Verhaltensweisen gegenüber den Kindern ändern. Warum müssen Sie immer den ersten Schritt machen? Je verzweifelter Sie um die Anerkennung von Corinna, Malte und Sascha betteln, desto geringer sind die Aussichten, die Zuneigung der drei Geschwister zu bekommen.

Es ist doch durchaus möglich, dass der kleine Malte schon längst mal zu Ihnen auf den Schoss gekrabbelt wäre, wenn ihn die anderen nicht davon abgehalten hätten. Oder dass Corinna Ihnen gern vorführen würde, wie gut sie schon Kuchen backen kann, sich aber nicht traut, weil die anderen dagegen sind. Vielleicht haben Sie auch schon längst gemerkt, dass die treibende Kraft der elfjährige Sascha ist, der seinen Bruder und seine Schwester immer wieder gegen Sie aufstachelt. Nur, weil er den Verlust seiner leiblichen Mutter nicht verwinden kann und „die Neue" deshalb ablehnt.

Wenn Sie also Ihre neuen Kinder nicht zusammen gewinnen können, wählen Sie einen anderen Weg. Finden Sie heraus, welche Vorlieben jedes einzelne Kind hat und haken Sie dort ein. Beispiel: Sascha ist glühender Fan von Bayern München. Der Top-Verein kommt in Ihre Stadt zu einem Bundesliga-Spiel, für das Sie rechtzeitig drei Karten besorgen. Darüber hinaus machen Sie sich fußballkundig, damit Sie vor Ihren Männern nicht wie Klein-Doofi dastehen. Kurz vor der Begegnung legen Sie lässig die Tickets auf den Tisch und erklären beiläufig: *„Papa und ich gehen am Samstag zum Fußball. Wir wollten immer schon mal Bayern München live erleben. Wenn du möchtest, kannst du gern mitkommen, Sascha."* Der Junge wird sich dieses Ereignis kaum entgehen lassen. Gehen Sie nach dem Spiel noch gemeinsam ein Eis essen oder unternehmen Sie sonst etwas, was Sascha Spaß macht. Mit Sicherheit wird sich der kleine Rebell am Abend eingestehen, dass Papas Neue doch nicht so übel ist.

Bleiben Sie auf dem eingeschlagenen Kurs. Sie drängen sich nicht auf, schmeicheln sich nicht ein, sondern lassen Sascha die freie Wahl, ob er zusammen mit Ihnen einen Teil seiner Freizeit verbringen will. Wenn er Sie braucht, sind Sie da. Wenn nicht, auch gut. Schließlich haben Sie noch anderes zu erledigen. Nach und nach wird Sie der Junge als Kumpel akzeptieren. Denn er hat etwas Entscheidendes gelernt: Seine neue Mutter zu mögen bedeutet nicht, dass er seine leibliche Mutter deshalb weniger gern hat. Es spricht für Sascha folglich nichts dagegen, beide Mütter gleichzeitig zu lieben. Vielleicht bringt ihn diese Erkenntnis schon bald dazu, seinen Geschwistern gegenüber die Parole ausgeben: *„Schluss mit dem Streik. Die Neue ist soweit okay. Das habe ich jetzt gründlich gecheckt. Also, Leute, geben wir ihr eine Chance."*

Ob Sie nun mit Corinna ein neues Kuchenrezept ausprobieren oder mit Malte den Streichelzoo besuchen: Es spielt keine Rolle, auf welchem Weg Sie die Zuneigung Ihrer Kinder gewinnen. Wichtig ist allein, dass Sie es schaffen.

Partnerwahl auf dem Prüfstand: *„Mein richtiger Papi ist viel netter"*

- *„Ich finde den neuen Freund von Mami supersüß"*, verkündet die vierzehnjährige **Nicole** mit glänzenden Augen. *„Letzten Sonntag hat er mir eine rote Rose mitgebracht. Für meine hübsche Große, hat er gemeint und ganz lieb gelächelt. Ich wäre richtig froh, wenn Harald unser neuer Vater werden würde.". „Du tickst doch wohl nicht mehr normal"*, entgegnet der zehnjährige Bruder. *„Dieser Affe hat uns gerade noch gefehlt. Den kannst du doch nicht mit Papi vergleichen!" „***Uwe** *hat recht. Papi ist viel netter. Der kann Fußball spielen, nimmt uns mit zum Angeln und macht nicht so 'nen Aufstand mit Blumen und so"*, bestätigt **Rolf**, zwölf Jahre alt.

Wenn sich Geschwister über den neuen Partner von Vater oder Mutter uneins sind, kann daraus ein Loyalitätskonflikt entstehen. Die Schwester hält zur Mutter und ihrem Freund, die Jungen bilden eine Opposition, die den Neuen um keinen Preis im Familienverbund dulden will. Gleichzeitig haben sie Gewissensbisse, weil sie wissen, dass sie mit ihrer Ablehnung der Mutter weh tun. Häufig spielt dabei auch eine Rolle, dass sich Kinder, deren Eltern getrennt leben oder geschieden sind, dem abwesenden Elternteil besonders verpflichtet fühlen. Unbewusst wird der neue Partner deshalb schlecht gemacht, weil es ja Verrat am richtigen Vater wäre, den anderen toll zu finden.

Nehmen Sie Ihren Kindern diese Angst. In einem ausführlichen Gespräch mit den beiden Nein-Sagern könnten Sie ihnen zum Beispiel sagen: *„Ich weiß, dass es schwer für euch ist, dass Papi und ich auseinandergegangen sind. Mir ist das anfangs auch nicht leicht gefallen, ohne Papi auszukommen. Aber manchmal ist es so, dass Eltern sich trennen, weil sie sich nicht mehr lieb genug haben. Aber das bedeutet nicht, dass Papi und ich nie mehr einen neuen Partner haben werden. Als ich Harald kennen lernte, war ich sehr froh und habe mir gewünscht, dass ihr ihn als meinen neuen Freund respektiert und gern habt. Vielleicht meint ihr, dass Papi damit nicht einverstanden wäre. Aber das ist nicht so. Papi möchte, dass wir glücklich sind, und er freut sich, dass ich so einen netten Mann gefunden habe. Genau so wünsche ich mir, dass er eine neue Frau findet, mit der er wieder eine Familie gründen kann. Papi hat also überhaupt nichts dagegen, wenn ihr Harald nett findet. Denn das heißt ja nicht, dass ihr Papi deswegen nicht mehr lieb habt. Seht die Sache doch mal so: Ihr braucht keine Angst zu haben, Papi zu verlieren, sondern könnt euch freuen, einen neuen Freund zu bekommen. Und ich wette, wenn ihr Harald erst mal besser kennt, werdet ihr merken, dass er wirklich ein prima Kerl ist. Aber um das festzustellen, müsst ihr ihm die Möglichkeit geben zu beweisen, dass er tatsächlich eine Menge drauf hat. Was meint ihr: Ist das nicht einen Versuch wert?"*

Alles wird gut. Denn Familie hat Zukunft

Diese Daten stimmen optimistisch. *Marina Rupp* vom Staatsinstitut für Familienforschung an der Universität Bamberg räumt auf mit dem Vorurteil, dass erfolgreiche, gebildete Paare lieber in schnelle Autos und schöne Reisen investieren als in Babystrampler und Kinderwagen. In einer 15 Jahre dauernden Langzeitstudie mit rund 1500 jungverheirateten Eheleuten hat die Wissenschaftlerin Interessantes herausgefunden: 18 Prozent hatten in dieser Zeit drei

Alles wird gut. Denn Familie hat Zukunft

oder mehr Kinder bekommen, während im Bundesdurchschnitt lediglich 14 Prozent der Familien kinderreich sind. Nach 15 Jahren waren 60 Prozent der Mütter sehr zufrieden mit ihrem Leben; von den Frauen mit weniger Kindern waren es nur die Hälfte. Über 70 Prozent der Ehepaare mit drei oder mehr Kindern beurteilten ihre Partnerschaft sogar als sehr oder vollkommen glücklich; von den kinderlosen Paaren waren es 64, von den Paaren mit einem oder zwei Kindern nur 57 Prozent.

Aber Sie haben es ja schon immer gewusst: Kinder gehören zum Glück einfach dazu. Deshalb ist Ihr Entschluss, mit einer neuen Familie einen zweiten Start zu wagen, gut und richtig. Auch wenn anfangs etliche Probleme gelöst werden mussten. Und wie kommen Ihre Kinder mit der neuen Situation klar? Das Trauma, das die Trennung der leiblichen Eltern hervorgerufen hat, ist nach wissenschaftlichen Erkenntnissen nach etwa zweieinhalb Jahren verarbeitet. Spätestens dann hat sich die neue Familie etabliert; jedes Kind hat im Verbund seinen festen Platz gefunden.

Mit Geduld, Toleranz und viel gegenseitigem Verständnis haben es die alten und neuen Geschwister erreicht, ein stabile Beziehung aufzubauen. Mit allem, was dazu gehört. Mal Regen, mal Sonnenschein, mal herzliche Freundschaft, mal heftiger Zoff.

Roland und **Meike**, **Werner**, **Marlene** und **Gero** haben sich nach zwei Jahren in ihrer Patchwork-Familie bestens eingelebt, wie das folgende Gespräch zeigt:

Frage:
„Roland und Meike, wie war das damals, als euer Vater seine neue Freundin Elisabeth mit nach Hause brachte?"

Roland:
„Na ja, erst haben wir gedacht: Okay, Paps hat 'ne Neue. Doch dann merkten wir, dass es diesmal wohl was Ernstes werden würde."

Meike:
„Da haben wir uns schon Gedanken gemacht. Ich habe dann Mami angerufen und ihr von Elisabeth erzählt. Mami hat gesagt, wir sollten uns keine Sorgen machen. Es sei doch schön, wenn Paps eine nette neue Frau kennen gelernt habe."

Kapitel 9: Zeit für interessante Verhältnisse

Roland:
„Wir haben uns mit Elisabeth auch auf Anhieb gut verstanden. Doch dann kam der Schock: Da gab es noch drei Kinder!"

Frage:
„Wie war eure Reaktion?"

Meike:
„Wir konnten uns zuerst nicht vorstellen, wie das gehen soll – drei Kinder dazu. Was hatten wir mit denen überhaupt zu tun? Aber unser Protest hat uns nicht viel geholfen. Denn Paps machte uns unmissverständlich klar, dass er mit Elisabeth, ihren Kindern und uns eine neue Familie gründen wollte."

Roland:
„Vor der Begegnung mit den anderen waren meine Schwester und ich ziemlich skeptisch. Wir hatten uns fest vorgenommen, uns von denen nicht einwickeln zu lassen."

Frage:
„Und was habt ihr gedacht, Werner, Marlene und Gero?"

Marlene:
„Begeistert waren wir auch nicht. Denn wir fanden es so, wie es jetzt war, eigentlich ganz toll. Mami gehörte uns dreien allein, und jetzt sollte auf einmal ein neuer Kerl dazu kommen, der obendrein noch zwei Kinder mitbrachte."

Gero:
„Also, ich fand das toll. Endlich mal jemand anderes, mit dem ich spielen kann."

Werner:
„Das ist wieder mal typisch für dich. Gerade mal in der ersten Klasse – und schon eine eigene Meinung."

Frage:
„Wie lange hat es denn gedauert, bis ihr fünf ein echtes Team geworden seid?"

Villa Kunterbunt: Eltern erzählen

Roland:
„Zuerst waren wir gegenseitig ziemlich misstrauisch. Aber dann haben wir viele Gemeinsamkeiten entdeckt. Ich spiele zum Beispiel unheimlich gern Schach. Und Werner ist endlich mal ein Partner, der mithalten kann."

Marlene:
„Für mich ist es toll, dass ich in unserer Familie nicht mehr das einzige Mädchen bin. Mami hatte früher wenig Zeit, um mit mir shoppen zu gehen. Sie musste ja arbeiten. Jetzt machen Meike und ich ganz viel gemeinsam. Ohne die Jungs, die von Mädchen sowieso keine Ahnung haben."

Frage:
„Bleibt nur noch Gero übrig. Dein Wunsch von einem gleichaltrigen Spielkameraden hat sich nun leider nicht erfüllt. Bis du trotzdem mit den neuen Geschwistern zufrieden?"

Gero:
„Na klar. Jetzt kann ich mir doch aussuchen, mit wem ich was mache. Und wenn meine Brüder und Schwestern was vorhaben, wozu ich keine Lust habe, gehe ich eben mit Paps runter an den See und fange Frösche. Die lasse ich dann zu Hause rumhüpfen und alle Mädchen kreischen wie verrückt. Das ist echt geil."

Villa Kunterbunt: Eltern erzählen

- „Ich habe mir nie träumen lassen, einmal Mutter von sechs Kindern zu sein", berichtet **Marie-Theres**. „Nach der Trennung von meinem Mann lebte ich glücklich und zufrieden mit meiner kleinen Tochter. Bis ich dann Mario kennen lernte. Mario ist Italiener und liebt Bambini. Doch als ich dann erfuhr, dass er Vater von fünf Kindern ist, musste ich erst mal tief durchatmen. Vor der ersten Begegnung hatte ich einen richtigen Bammel. Aber wider Erwarten ist alles glatt gelaufen. Die Kinder sind süß! Mario und ich haben dann relativ schnell geheiratet.

Kapitel 9: Zeit für interessante Verhältnisse

Unsere Großfamilie funktionierte vom ersten Tag an prima – mit einer Ausnahme. Meine Tochter Klara fühlt sich in unserer turbulenten Villa Kunterbunt nicht so recht wohl. Früher, als wir beide noch allein waren, herrschte natürlich Ruhe und Ordnung in der Wohnung. Jetzt ist vom Keller bis zum Dachgeschoss den ganzen lieben langen Tag nur Jubel, Trubel, Heiterkeit. Typisch italienisch eben. Aber ich weiß auch, dass man ein Kind mit einem völlig anderen Naturell nicht zwingen kann, die fremden Verhaltensweisen zu adaptieren. Deshalb nehme ich mir täglich mindestens eine Stunde Zeit, um nur für Klara da zu sein. Ich denke, das tut ihr und auch mir gut. Denn zwischen uns besteht eine enge Mutter-Tochter-Bindung, die ich um nichts in der Welt aufgeben würde. Konflikte mit den übrigen Geschwistern gibt es dadurch nicht. Die Bande ist so unbeschwert und temperamentvoll, dass sie auch mal ganz gut ohne mich klar kommt. Übrigens: Seit kurzem scheint sich was Neues anzubahnen. Chiara, unsere Älteste, ist jetzt immer häufiger mit Klara zusammen. Die Große scheint einen guten Einfluss zu haben, denn Klara fängt langsam an, aus sich herauszugehen. Das macht mich sehr froh."

- **Hartmut** und **Olga** sind beide zum zweiten Mal verheiratet. Olgas Kinder leben in der neuen Familie, die beiden Jungen von Hartmut wohnen bei seiner ersten Frau. Jedes zweite Wochenende holt der Vater seine Kinder ab, damit sie Samstag und Sonntag bei ihm und seiner neuen Familie verbringen. *„Für mich ist es immer etwas Besonderes, wenn ich meine beiden endlich wieder bei mir habe"*, erzählt Hartmut. *„Natürlich versuche ich dann, den Jungen jeden Wunsch zu erfüllen."* *„Du verwöhnst sie maßlos"*, wirft Olga ein. *„Ich bin der Meinung, dass wir als Besuchsfamilie nicht dazu da sind, deine Kinder von vorn und hinten zu bedienen. Sie müssen sich genau wie die anderen Geschwister in unsere Ordnung einfügen und sollten nicht bevorzugt werden. Außerdem kann ich Berti und Andrea nicht vermitteln, weshalb deine Söhne all das dürfen, was ihnen verboten ist."* *„Hast ja recht",* gibt der Vater zerknirscht zu. *„Mein Verhalten ist nicht fair euch gegenüber. Aber verstehst du mich nicht auch ein bisschen, dass ich für die beiden Jungs ein besonders guter Vater sein will, wo ich sie doch so selten sehe?" „Nein, das sehe ich nicht so"*, entgegnet seine Frau. *„Für Gregor und Oskar sind die Wochenend-Besuche mittlerweile was ganz Normales. Deshalb sollten wir ebenfalls zur Normalität übergehen und die beiden nicht anders behandeln als Berti und Andrea." „Ich will's versuchen"*, nimmt sich Hartmut vor. *„Aber du musst mir helfen. Allein schaffe ich das nie. Denn wenn ich meine beiden Prachtkerle sehe, werde ich bestimmt wieder schwach."*

- *„Als mein Mann und ich beschlossen hatten, mit unseren Kindern zusammenzuziehen, wollte ich alles richtig machen"*, erinnert sich **Judith**. *„Aber bald machte ich die Erfahrung, dass die neue Familie nicht so problemlos funktionieren kann. Ich komme mit den drei Kindern meines Mannes hervorragend zurecht – bis seine Ex anruft und die Töchter gegen mich aufhetzt. Nach so einem Anruf sind die Mädchen wie verwandelt. Sie reagieren bockig, werden frech und versuchen, bei meinem Mann Stimmung gegen mich zu machen. Darüber hinaus sorgen sie für Streit im Kinderzimmer, indem sie meine beiden kleinen Jungs ungeheuer triezen. Es dauert dann einige Tage, bis alles wieder im Lot ist. Eigentlich verstehe ich mich mit den Mädchen sehr gut, nicht zuletzt deshalb, weil ich mir immer schon eine oder mehrere Töchter gewünscht habe. Ich weiß nicht, was ich machen soll. Immer wieder funkt die ehemalige Frau meines Mannes dazwischen, um unser Familienleben zu stören. Ich kann nur hoffen, dass die Mädchen eines Tages so vernünftig sind einzusehen, dass ihre leibliche Mutter nur Unfrieden stiften will. Ich werde jedenfalls um meine Familie kämpfen."*

Sicher sollte man nicht so blauäugig sein zu erwarten, dass in so einer komplizierten Gemeinschaft, wie es die Patchwork-Familie nun mal ist,

Kapitel 9: Zeit für interessante Verhältnisse

immer alles glatt läuft. Doch es gibt einige Spielregeln, die Ihnen und Ihrer Familie das Leben erleichtern. Die Eltern-Ampel sagt Ihnen, was Sie tun oder lassen sollten, um das Miteinander für alle Beteiligten so angenehm und harmonisch wie möglich zu machen. Ich wünsche Ihnen auf jeden Fall viel Erfolg dabei, eine richtig glückliche Familie zu werden.

Tun oder lassen: Die Eltern-Ampel

- Stellen Sie Ihre Kinder nicht vor vollendete Tatsachen.
- Verzichten Sie auf einen Partner, der mit Ihren Kindern nicht zurecht kommt.
- Bevorzugen Sie keines aus der gewachsenen Kinderschar – das schürt unnötige Rivalitäten.
- Zwingen Sie Ihren Kindern keine neuen Verhaltensweisen aus anderen Kulturkreisen auf, sondern suchen Sie nach Kompromissen, die alle zufrieden stellen.

- Lassen Sie sich und Ihren Kindern Zeit, um sich an die veränderte Situation zu gewöhnen.
- Geben Sie Ihren eigenen Kindern den nötigen Halt und Vertrauen – und nehmen Sie die neuen Geschwister mit offenen Armen auf.
- Wappnen Sie sich mit Geduld, wenn das Zusammenleben anfangs schwierig ist.
- Reagieren Sie sensibel auf Unstimmigkeiten und Eifersüchteleien unter den Geschwistern, denn gegenseitiges Akzeptieren ist ein langwieriger Prozess.
- Bleiben Sie gelassen und generös, wenn die neuen Kinder Kontakt zu ihrem Vater oder ihrer Mutter aufnehmen.

DIE RICHTIGEN ELTERN-RATGEBER FÜR DIE WICHTIGEN JAHRE

ENTWICKLUNG UND ERZIEHUNG

978-3-934333-33-8

978-3-934333-34-5

978-3-934333-35-2

978-3-934333-22-2

GESUNDHEIT

978-3-934333-11-6

978-3-934333-07-9

978-3-934333-28-4

978-3-934333-29-1

978-3-934333-13-0

978-3-934333-14-7

978-3-934333-08-6

978-3-934333-05-5

Kindergarten und Schule

978-3-934333-36-9

978-3-934333-19-2

978-3-934333-12-3

978-3-9804493-2-8

Familie

978-3-934333-16-1

978-3-9804493-6-6

978-3-934333-32-1

978-3-934333-26-0

978-3-934333-27-7

978-3-934333-01-7

978-3-934333-38-3

978-3-934333-06-2